教师教育系列教材

U0655786

小学生团体心理辅导
(微课版)

张文霞　主　编

李淑莲　副主编

清华大学出版社

北　京

内 容 简 介

本书在吸收市场上相关书籍优点的基础上，更加注重实用性。从团体实务技能出发，用一章内容简要阐述了小学生团体心理辅导方案的筹划与实施，借助自我意识、情绪调节、同伴交往、感恩之心、团体凝聚力、品格优势、创造力、注意力和心理韧性这九个主题案例，构建了完整的团体辅导教学体系，全方位培育小学生积极的心理品质。在呈现形式方面，每个主题内设置了层层递进的八个单元，每个单元均可按照小学生的课堂时长安排教学，且每个环节都配备了教师引导语与教师总结语，操作便捷。

本书的主要读者群体为高校心理学、小学教育专业本科生，以及心理健康教育、小学教育方向的研究生，同时也可作为广大小学心理教师的教学辅助用书。

图书在版编目(CIP)数据

小学生团体心理辅导：微课版 / 张文霞主编. --北京：清华大学出版社，2025.9.
(教师教育系列教材). -- ISBN 978-7-302-70010-4

Ⅰ. G448

中国国家版本馆 CIP 数据核字第 2025MW6931 号

责任编辑：陈冬梅
装帧设计：刘孝琼
责任校对：么丽娟
责任印制：刘海龙

出版发行：清华大学出版社

网　　　址：https://www.tup.com.cn, https://www.wqxuetang.com
地　　　址：北京清华大学学研大厦 A 座　　　　邮　　编：100084
社 总 机：010-83470000　　　　邮　　购：010-62786544
投稿与读者服务：010-62776969, c-service@tup.tsinghua.edu.cn
质量反馈：010-62772015, zhiliang@tup.tsinghua.edu.cn
课件下载：https://www.tup.com.cn, 010-62791865

印 装 者：大厂回族自治县彩虹印刷有限公司
经　　销：全国新华书店
开　　本：185mm×260mm　　印　张：15.25　　字　数：368 千字
版　　次：2025 年 9 月第 1 版　　印　次：2025 年 9 月第 1 次印刷
定　　价：49.80 元

产品编号：107782-01

前　言

　　小学生团体心理辅导是一种在团体情境中提供心理帮助与指导的心理辅导形式，它借助团体内的人际交互作用，推动个体心理成长。小学生团体心理辅导教材的建设历经多年努力，凝聚了众多专家和教师的心血。根据国家教材委员会制定的《习近平新时代中国特色社会主义思想进课程教材指南》及教育部相关文件，明确了课程与教学改革需解决的重点问题。结合地方本科师范类学校的办学定位，确定课程目标，精选课程内容，不断丰富教材资源。以就业为导向，以培养应用型人才为目标，以夯实理论基础和形成实践能力为根本，以培养应用能力和综合素质为主线，以"学、会、做"为标准，以工学结合为突破口，以工作过程为基础，以真实工作任务为载体，优化教材结构，助力学生掌握团体心理辅导活动的基本技能。

　　本书的特色体现在以下几个方面。

　　第一，实践指导性强。小学生团体心理辅导本身是一门实践性很强的学科，因此本书在介绍基础理论的基础上，精选教学内容，设计了九个主题案例，构建了完整的团体辅导教学体系，全方位培育小学生积极的心理品质。

　　第二，实用性突出。每个主题内设置了层层递进的八个单元，每个单元均符合小学生的课堂时长安排，且每个环节都配备了教师引导语与教师总结语，操作便捷，实用性强。

　　第三，资源保障丰富。每个主题都提供了前后测量表和配套资源，有的主题活动也提供了一些备选方案，供使用者根据实际情况酌情选用。

　　本书由吉林师范大学教育科学学院张文霞组织编写，并负责最后的统稿和审订，李淑莲协助完成。全书共十章，具体分工如下：张文霞负责撰写第一章；井雯华负责撰写第二章；安啸负责撰写第三章，朱琛琛为第三章做了前期工作；孙盈负责撰写第四章；刘佳新负责撰写第五章；李悦负责撰写第六章；蒲星月负责撰写第七章；袁铭负责撰写第八章；李聪负责撰写第九章；刘昭颖负责撰写第十章。本书获得了清华大学出版社的大力支持和尹飒爽编辑的悉心指导，在此表示深深的谢意！

　　本书在编写过程中，参考了很多同类著作和期刊等，限于篇幅，恕不一一列出，特此说明并致谢。

　　由于编者水平有限，书中难免存在疏漏和不足之处，恳请同行专家及广大读者批评指正。

编　者

目　录

**第一章　小学生团体心理辅导方案的
　　　　　筹划与实施** 1

　第一节　小学生团体心理辅导方案的筹划 1
　　一、设计前必须考虑的因素 1
　　二、设计原则 2
　　三、小学生团体心理辅导方案设计的
　　　　内容 3
　　四、方案设计的一般步骤 6
　　五、各阶段设计的重点 8
　　六、每次团体活动的设计内容 11
　　七、团体方案设计应注意的问题 11
　第二节　小学生团体心理辅导方案的
　　　　　实施 12
　　一、团体的形成 12
　　二、团体的启动 16
　　三、团体的运作 19
　　四、团体的结束 20
　本章小结 21
　思考题 22

第二章　自我意识主题 23

　第一节　自我意识主题方案的筹划 23
　　一、团体性质与团体名称 23
　　二、团体目标 23
　　三、团体领导者 23
　　四、团体对象与规模 24
　　五、团体活动时间及频率 24
　　六、团体设计理论依据 24
　　七、团体活动场所 24
　　八、团体评估方法 24
　　九、团体方案 25
　第二节　自我意识主题方案的实施 26
　　第一单元　快乐相识会 26
　　第二单元　我眼中的我 28
　　第三单元　你眼中的我 29

　　第四单元　独一无二的我 31
　　第五单元　自我突破 33
　　第六单元　自我控制 35
　　第七单元　自我管理 37
　　第八单元　拥抱更好的自己 38
　附录 40
　本章小结 43
　思考题 44

第三章　情绪调节主题 45

　第一节　情绪调节主题方案的筹划 45
　　一、团体性质与团体名称 45
　　二、团体目标 45
　　三、团体领导者 45
　　四、团体对象与规模 46
　　五、团体活动时间及频率 46
　　六、团体设计理论依据 46
　　七、团体活动场所 46
　　八、团体评估方法 46
　　九、团体方案 46
　第二节　情绪调节主题方案的实施 48
　　第一单元　快乐相识会 48
　　第二单元　情绪万花筒 49
　　第三单元　情绪变奏曲 51
　　第四单元　情绪妙妙屋 53
　　第五单元　情绪消防员 55
　　第六单元　情绪来敲门 57
　　第七单元　情绪欢乐颂 58
　　第八单元　美好说再见 60
　附录 62
　本章小结 65
　思考题 66

第四章　同伴交往主题 67

　第一节　同伴交往主题方案的筹划 67

一、团体性质与团体名称 67
二、团体目标 67
三、团体领导者 67
四、团体对象与规模 68
五、团体活动时间及频率 68
六、团体设计理论依据 68
七、团体活动场所 68
八、团体评估方法 68
九、团体方案 69
第二节 同伴交往主题方案的实施 70
第一单元 友伴空间 70
第二单元 相约同伴 72
第三单元 金星和火星 74
第四单元 小小合作家 76
第五单元 听见美好 78
第六单元 学会拒绝 80
第七单元 夸夸暖人心 82
第八单元 展望新未来 84
附录 85
本章小结 87
思考题 88

第五章 感恩之心主题 89
第一节 感恩之心主题方案的筹划 89
一、团体性质与团体名称 89
二、团体目标 89
三、团体领导者 89
四、团体对象与规模 90
五、团体活动时间及频率 90
六、团体设计理论依据 90
七、团体活动场所 91
八、团体评估方法 91
九、团体方案 91
第二节 感恩之心主题方案的实施 93
第一单元 心心相聚 93
第二单元 爱在身边 95
第三单元 感恩父母 97
第四单元 感恩老师 98
第五单元 感恩朋友 101

第六单元 感恩祖国 104
第七单元 感恩自然 105
第八单元 感恩之心 108
附录 110
本章小结 111
思考题 111

第六章 团体凝聚力训练 112
第一节 团体凝聚力训练方案的筹划 112
一、团体性质与团体名称 112
二、团体目标 112
三、团体领导者 113
四、团体对象与规模 113
五、团体活动时间及频率 113
六、团体设计理论依据 113
七、团体活动场所 114
八、团体评估方法 114
九、团体方案 114
第二节 团体凝聚力训练方案的实施 115
第一单元 缘分真奇妙 115
第二单元 团体初体验 117
第三单元 巧度磨合期 118
第四单元 信任大考验 121
第五单元 友谊万万岁 123
第六单元 团结力量大 125
第七单元 携手共向前 127
第八单元 祝福与告别 129
附录 130
本章小结 131
思考题 132

第七章 品格优势训练 133
第一节 品格优势训练方案的筹划 133
一、团体性质与团体名称 133
二、团体目标 133
三、团体成员 133
四、团体领导者 133
五、团体活动时间及频率 134
六、团体设计理论依据 134

七、团体活动场所 134
八、团体评估方法 135
九、团体方案 135
第二节 品格优势训练方案的实施 136
第一单元 我们的小世界 136
第二单元 优势大探索 137
第三单元 品格大寻宝 139
第四单元 品格大优化 141
第五单元 品格大比拼 142
第六单元 优势显身手 147
第七单元 优势小竞赛 149
第八单元 英雄分别会 151
附录 152
本章小结 161
思考题 161

第八章 创造力训练 162

第一节 创造力训练方案的筹划 162
一、团体性质与团体名称 162
二、团体目标 162
三、团体领导者 162
四、团体对象与规模 163
五、团体活动时间及频率 163
六、团体设计理论依据 163
七、团体活动场所 163
八、团体评估方法 164
九、团体方案 164
第二节 创造力训练方案的实施 165
第一单元 很高兴认识你 165
第二单元 创造力的起点——
好奇心 166
第三单元 创造力的先导——
想象力 168
第四单元 创造力的要素——
冒险性 170
第五单元 创造力的关键——
流畅性 172
第六单元 创造力的基础——
灵活性 173

第七单元 创造力的本质——
独创性 175
第八单元 开心落幕 178
附录 180
本章小结 183
思考题 183

第九章 注意力训练 184

第一节 注意力训练方案的筹划 184
一、团体性质与团体名称 184
二、团体目标 184
三、团体领导者 184
四、团体对象与规模 185
五、团体活动时间及频率 185
六、团体设计理论依据 185
七、团体活动场所 185
八、团体评估方法 185
九、团体方案 186
第二节 注意力训练方案的实施 187
第一单元 知你知我 187
第二单元 深呼吸与细观察 189
第三单元 注意如此重要 192
第四单元 克服分心有妙招 194
第五单元 注意的魔力 196
第六单元 抗干扰我最强 198
第七单元 别跑开，我的注意力 200
第八单元 我的注意我做主 204
附录 206
本章小结 211
思考题 211

第十章 心理韧性训练 212

第一节 心理韧性训练方案的筹划 212
一、团体性质与团体名称 212
二、团体目标 212
三、团体领导者 212
四、团体对象与规模 213
五、团体活动时间及频率 213
六、团体设计理论依据 213

七、团体活动场所 214
八、团体评估方法 214
九、团体方案 214
第二节 心理韧性训练方案的实施...........216
第一单元 有缘相识 216
第二单元 高效课堂我能行 217
第三单元 目标专注 219
第四单元 积极认知 221
第五单元 挫折伴我成长 222

第六单元 家庭支持 224
第七单元 人际协助 226
第八单元 美好回忆 229
附录 231
本章小结 232
思考题 232
参考文献 233

第一章　小学生团体心理辅导方案的筹划与实施

课程目标

知识目标： 学生通过对九个主题的亲身体验描述主题活动的理论基础，阐明其常用技术和评估方法，并分析不同主题对学生心理成长发展的作用。

能力目标： 学生能够结合体验过的主题，根据不同年龄段学生的特点设计出符合学生心理成长的主题方案。在实施方案中，学生能够高效地组织、领导、沟通并分析解决问题，独立带领团体。

素质目标： 学生在体验与感悟中感恩伟大的祖国，激发民族自豪感，践行社会主义核心价值观，树立投身基础教育的职业理想，坚定心理育人的教育情怀。

重点与难点

➤ 小学生团体心理辅导方案设计的内容。

➤ 每次团体活动的设计内容。

➤ 小学生团体心理辅导方案的实施。

第一节　小学生团体心理辅导方案的筹划

团体心理辅导方案设计是团体领导者必备的能力，恰当的团体方案是团体心理辅导顺利进行的有效保障。团体方案就像地图，引领团体达到目标。团体领导者正是依据事先设计好的团体方案，周密地组织和实施团体计划，评估和不断改进团体方案，才能有效地带领团体发展，促使团体成员的积极变化，达成团体心理辅导的目标。

一、设计前必须考虑的因素

(一)团体需求的考虑

领导者在设计方案前应先了解该团体方案是为了满足哪类人的需求，以及具体是什么需求；有哪些问题有待解决；究竟是成员的、组织者的、领导者的需求，还是有其他需求介入；运用何种方法来了解和确定需求。同时，也要考虑成员需求的个别差异，如社会地位、人口、文化、教育等，参与同一团体的需求也有可能不同。

(二)团体目标的考虑

领导者在设计方案时打算呈现什么目标；团体的任务与功能是什么；团体目标是否清晰可测；团体目标、任务与功能的判断评估是否有适当的程序；方案设计与实施前能否可预期辅导成效；成效是否可测量评估。

(三)文献与方式的考虑

在设计团体方案前是否已参考过同类型团体的方案；其实施效果如何；如何收集相关文献；过去同类方案的实施效果如何，有无可以改进的地方；过去的同类方案是否适合运用在本次团体中；本次团体方案的设计者、主办者、赞助者及领导者对过去的惯例、方案及模式是否了解、熟悉。

(四)社会文化的考虑

任何团体方案的设计者或团体领导者都必须考虑社会文化背景，否则团体形成后，若无法克服接踵而来的问题，必然影响团体的发展。因此，团体辅导的领导者、设计者必须从专业伦理的角度出发，思考该方案是否符合组织期望，是否考虑到当地或成员的文化特性。例如，学校心理辅导老师带领团体设计方案时，必须要考虑学校性质、学生素质、区域文化、生活作息等因素。

(五)团体运作的考虑

方案设计后，在实施上是否有困难；对招募、甄选、宣传等工作是否有利；团体辅导实施的时间、地点、道具、器材等是否可以配合；方案的特色是什么；是否能结合领导者的专长、个性与领导风格；方案是否可以随时进行修正；是否有可替代的方案活动。

(六)成效评估的考虑

团体辅导结束后，如何进行评估；由谁来执行评估；评估的标准是什么；评估资料如何收集，是否可以量化；评估结果对相关人员及单位有何影响；评估结果是否公开，如何公开；评估和反馈是否可能出现预期之外的结果。

二、设计原则

不同的领导者有不同的领导理念、个性、习惯、经验、技巧和专业训练，因此在设计团体方案时必须加以考虑。一般在进行方案设计时应遵循以下原则。

(1) 领导者要了解自己的特质、能力、偏好和带领风格。

(2) 领导者要了解自己所要带领的团体及其对象的特质和目的。

(3) 评估自己与所要带领的团体之间的适配性，即领导者必须选择、设计自己熟悉或有把握带领的活动，避免带领不了解、不熟悉的团体活动。因此，在设计新活动时，领导者在带领之前至少自己要实际操作一遍，以积累实际经验。

(4) 若有多个团体领导者，在设计方案时应明确各自的分工，事先要充分沟通、讨论。

(5) 设备设计，包括整个团体方案以及每次团体计划所需的设备。

(6) 方案设计要贴近实际、具体可行，把握团体的目标与性质。

(7) 方案内各项活动的设计要有一致性，前后连贯。基本上是由易入难，由浅入深，由人际表层互动到自我深层经验，由行为层次、情感层次到认知层次，渐进式引导成员融入团体，开展团体活动。

(8) 方案设计应考虑成员的特性，如性别、年龄、表达能力、职业背景等因素。一般来说，不同特性的团体，其方案设计的重点也有所差异。

(9) 方案设计要有弹性和安全方面的考虑，避免团体过程受阻或对成员造成身心伤害。特别是对深层次、治疗性的团体来说，方案设计更应考虑领导者的能力经验及其风险。

(10) 在进行方案设计时，活动选择的标准应依据成员的需求、团体的目的和预期的结果。活动不是团体娱乐，不应只为有趣好玩、使人兴奋或产生高昂的情绪。团体活动只是为了达成团体目标的一种手段或方法。

此外，方案设计好之后应与团体督导者、经验丰富的领导者及同行相互讨论，适时修正。任何一个团体方案设计要达到完美无缺是非常困难的，即使是理想的方案在团体中实际运作时也可能会产生问题。但是，基于团体动力的运作，设计前的周全考虑与规划是必要的，团体形成后的方案评估与修正更是不可或缺的。有效的领导者应善于学习、虚心求教、反省自我、敏锐观察，才能发挥团体辅导的功能，确保团体成员的权益。

三、小学生团体心理辅导方案设计的内容

一般来说，团体心理辅导都有事先安排、设计好的团体计划书和程序，团体计划书一方面可作为正式带领团体时的指引，另一方面也是向行政部门申报计划、申请经费及对外宣传、招募成员的重要依据。团体计划书的总体要求为方案名称要清楚明确，使人一目了然，能够了解团体的性质、目标；活动地点应标示清楚，活动时间应有起止日期；团体活动是持续式(每周一次)还是集中式(一整天以上)，参加对象的条件如何，也要加以说明界定；理论依据力求简要叙述，浅显易懂，即理论能生活化、活动化、实用化。更重要的是，团体的总目标、阶段目标及活动目标，也应在方案中加以陈述。如果能将团体中要进行的工作、活动资源、家庭作业、时间分配、方案评估方法等状况清楚注明，则有助于将要参加团体人员及其他相关人员了解团体。团体计划书一般包括以下 10 项内容。

(一)团体性质与团体名称

团体性质包括说明该团体是结构式、半结构式还是非结构式的；是发展性、训练性还是治疗性的；是开放式还是封闭式的；是同质还是异质的等。团体名称包括学术性名称及宣传用的副标题。团体名称设计要符合团体性质、团体目标以及对象的特征，力求新颖、生动，且具有吸引力，避免"标签效应"。

团体辅导的性质、目标确定后，在团体的名称上也需要下一番功夫。为了吸引参加者，不必将所有的活动都冠以"团体辅导"的名称。在实际生活中，团体辅导是一种心理辅导的形式，具体到一个团体活动，用什么名称既要考虑新颖性、独特性、可理解性，还要考虑到成员的心理承受与接纳的习惯。不过，无论用什么名称，都应点明活动的主题，目标应清晰明确。

(二)团体目标

团体目标包括整体目标、阶段目标和每次聚会的具体目标。具体而言，团体目标是指经过团体辅导后，成员在认知、情绪和行为方面应达成哪些改变。团体辅导开始之前，最重要的一环就是确定团体辅导的目标。小学生团体辅导的目标大致可以分为两类。

第一类是以开发心理潜能，促进人格成长，增进心理健康为目标的发展性团体辅导，

或称为开发性团体辅导。通过团体内的讨论，以及形式多样的、有趣的活动，团体成员共同探讨成长发展中关心的问题，加深对自我的认识、对他人的认识，开发身心潜能，促进人格成熟。

第二类是以训练为主的团体辅导。目的是训练小学生的创造力、注意力、心理韧性等。

上述的两类团体辅导目标是从宏观的角度划分的。实际上，具体到每一个团体辅导，目标是非常具体明确、可操作的。团体辅导的目标既可以看作团体成员参加团体的期望，也隐含着团体领导者的期望和目的。作为团体辅导的设计者，在确定团体辅导目标时必须充分考虑以下问题：为什么要组织团体辅导；团体辅导的主要任务是什么；团体辅导的性质是发展性的还是训练性的；采取哪些方法可以达到团体辅导目标。

(三)团体领导者

团体计划书应明确团体领导者的基本资料。例如，领导者与协同领导者是谁；他们的基本经验与背景是否适合，受过何种团体训练；带领过哪些团体。樊富珉教授指出，领导者对人的看法，对辅导理论的了解程度，甚至领导者个人的性格、风格及人际沟通模式，都会影响方案设计。

此外，为确保团体效能的充分发挥以及成员利益不受损害，在有条件的情况下最好能聘请具有心理辅导理论基础、有团体经验且曾受过督导训练的专家担任督导员，为团体领导者提供专业指导。团体若能邀请同行或者团体学习者担任观察员，则可为团体领导者提供更客观、多角度的反馈资料，以协助团体领导者提升专业技能。

(四)团体对象与规模

团体计划书要明确团体招募成员的类型、来源、人数、招募与甄选方式。成员的类型包括性别、年龄等，而对象的确定与团体目标密不可分。团体成员的来源，除了自由报名参加者外，也可由老师推荐、家长代为办理报名。团体成员的特点直接影响团体方案和活动设计：年龄层低，则可倾向动态性活动设计；同性团体，则可设计肢体性活动；两性团体，则可设计分享性活动；内向性者，则可倾向催化性活动设计；外向性者，则可倾向多元化活动设计。

团体辅导进展是否顺利，效果是否理想，与团体规模有直接关系。团体规模过小，人数太少，团体活动的丰富性及成员交互作用的范围欠缺，成员会感到不满足、有压力，容易出现紧张、乏味、不舒畅的感觉；团体规模过大，人数太多，团体领导者难以关注每一个成员，成员之间沟通不畅，参与和交往的机会受到限制，团体凝聚力难以建立，并且成员没有足够的分享交流时间，致使在探讨原因、处理问题、学习技能时流于草率、片面、表面，进而影响活动的效果。

团体规模会影响团体中的沟通行为，所以，长期以来，这一直是学者们探讨的课题。但理想人数多少为宜，看法差别较大。纳皮尔(Napier，1989)认为，5人小组有足够的空间让团体成员可以有机会转换角色；亚隆(Yalom，1985)认为，7人团体最理想，不过5~10人也可以接受；慕兰(Mullan，1978)认为，在分析型团体中人数应该为7~10人。一个团体应该多大规模为宜，可以根据以下几个因素确定：成员的年龄及背景；领导者的经验及能力；团体的性质与类型；成员问题的类型等。从年龄来考虑，少年团体以3~5人为宜；从团体领导者来考虑，初学者和经验不足者领导团体，以小规模团体5~6人为宜。对于经验丰富、能力较强的辅导师，团体规模可稍微扩大。从团体的类型来看，开放式团体辅导一般人数较多，因为团体成员是流动的，为了便于成员之间有足够的交往机会，应保持一定人数；而封闭式的团体辅导人数不宜过多。从问题的类型来看，主要取决于团体辅导的目标。以治疗为目标的团体辅导人数不宜多，一般为 5～8 人；以训练为目标的团体辅导人数居中，一般为 10～12 人；以发展为目标的团体辅导，参加者可适当多一些，一般为 12～20 人。

(五)团体活动时间及频率

团体活动时间及频率包括团体活动时间的总体安排、何时进行、所需时间、次数、间隔时间、每周几次、每次多长等。团体心理辅导的组织方式主要有两种，一种是持续式团体，另一种是集中式团体。持续性团体是定期活动，持续一段时间。团体持续时间多长为宜，活动间隔多少适当，每次活动多长时间合适，这些是团体辅导计划者设计方案时必须考虑的。一般来说，团体由创始期、过渡期、工作期到结束期需要一个发展的过程，团体产生有助于成员治疗与改变的因素也需要时间。团体持续时间太短，效果受影响；但持续时间过长，成员容易对团体产生依赖，领导者及成员的时间、精力也不允许。

总体来看，一个团体持续多久为好，多长时间聚会一次，每次聚会多少时间，取决于团体的类型及成员。一般认为，以 8～15 次为宜，每周进行 1～2 次，每次时间为 1.5～2 小时，持续 4～10 周。成长性团体、训练性团体、人际关系团体和会心团体次数可少一些，为 8～10 次；而治疗性团体次数可多一些，为 10～15 次。对于青少年团体而言，针对他们注意力不容易集中、兴趣易转移的特点，最好活动次数较多，每次活动时间较短，为 30～50 分钟。

在团体辅导实施过程中，活动的时间虽有规定，但不必墨守成规，团体领导者可以根据具体情况灵活掌握。如果预定的时间到了，发现有些问题还需要深入，在征得成员同意后可以适当延长。另外，也有一些团体领导者在团体开始时并不规定活动时间及间隔，由团体成员视活动情况自行决定。集中式团体辅导常常是将团体成员集中住宿，利用节假日休息时间组织活动。集中时间以多长为宜也要视团体目标、成员特点而定。一般以 3～5 天为宜，最多不超过一周。

(六)理论依据及参考资料

团体设计必须有理论支持，这是团体方案形成的关键。因此，每一个团体方案都可以视为团体领导者依据其所选定的理论设计出来的。例如，可以是依据咨询心理学的流派，如现实治疗、理情治疗、心理分析等选择设计而来；也可以依据一套训练方案，如压力处理训练、自我肯定训练等设计而来。团体方案依据的理论模式不同，团体形式、介入处理的原则与具体的步骤也就不同。如果团体辅导方案没有理论支持，团体辅导各种活动和过程就缺乏内在的逻辑联系，难以达到团体目标。此外，团体计划书还须详细列出引用文献、参考资料、参考方案等。

(七)团体活动场所

团体辅导在何处进行，对环境有何具体要求，活动场所的布置、陈设、座位安排、舒适程度、温度、灯光、色彩、空气、挂图摆饰等如何，这也是学者研究团体辅导时常常考虑的因素。对团体活动的场所的基本要求有：避免团体成员分心，也就是要使团体成员在没有干扰的条件下集中精神投入团体活动；有安全感，能够保护团体成员的隐私，不会有被别人偷窥、监视的感觉；有足够的活动空间，可以随意在其中走动、活动身体、围圈坐；环境舒适、温馨、幽雅，使人情绪稳定、放松。

一般来说，一间宽敞、清洁、空气流通、气温适当的房间，最好有隔音条件，没有固定桌椅，是最理想的场所。团体活动中成员可以在地毯上席地而坐，随意坐成大圈，或分组坐成小圈，也可以使用折椅。静态活动时，如小组讨论、讲授等，成员围圈而坐为宜，彼此视线都能接触，沟通通畅。动态活动时，如轻体操、盲行等，可以根据活动要求自由行动。如果没有理想的场所，只有教室形式的摆满桌椅的房间可用时，团体领导者可以动员团体成员动手，挪动桌椅，尽量整理出活动所需的空间。实在有困难，围桌而坐也可，但要注意尽量不坐在拐角上，以免妨碍沟通。

(八)团体评估方法

团体心理辅导是否达到预期目标，团体成员的反应是否满意，团体领导者的工作方法与技巧使用是否恰当，团体内成员的合作是否充分，今后组织同类团体心理辅导可以做哪些改进，这些都是团体评估的重要内容。团体评估的方法因团体目标不同、层面不同、类型不同、对象不同而有所区别。一般而言，团体评估包括过程与结果评估、团体互动状况与个别成员评估、评估方法或工具及预定评估的时间等。

(九)团体方案

团体方案包括总体方案设计、团体流程设计、单元执行计划设计，乃至每次具体活动如何组织实施。其必须注明各次聚会的单元名称，单元目标，预定进行的活动名称、时间安排，预定活动的内容、步骤、方式及所需器材等。

(十)其他

除以上方案设计的内容外，还包括团体经费预算表、广告等宣传品、成员申请报名表、成员筛选工具、参与团体契约书、团体评估工具以及其他相关资料。例如，活动中要用到图、表、文章等资料，录音机、录像机等设备，均应准备充分，以备使用。

四、方案设计的一般步骤

团体方案设计的步骤并无统一的规定和程序。樊富珉教授根据多年教授团体心理辅导以及带领团体学习者设计方案的经验，将团体方案设计步骤整理如下。

(一)了解服务对象潜在需求

要举办团体心理辅导，必须先了解服务对象对团体的需求有哪些。辅导人员可以通过小学生的困扰问题，或比较普遍的问题，判断团体辅导方式是否有组织的必要。例如，对那些人际关系欠佳的人通过团体辅导进行社交技巧训练，为他们提供更丰富的人际互动和模仿及演练的机会，较易获得显著的成果。

最有效的需求了解方式是直接对相关人群进行观察或评估。例如，小学生是否经常出现某些不适应行为，通过观察、问卷调查、心理测验等方法，可以有效辨识出心理辅导的需求。另外，还有一种需求了解的方法是通过对小学生相关人员进行间接的调查。例如，学校心理辅导人员在与教师和家长接触的过程中，通过访谈或问卷调查的方式，也可以找出他们所关心的学生的适应问题。同时，在短时间内重复听到多人对同一问题表达关切，就表示该问题值得进一步探讨，并且有较大的服务需求。这样，组织团体心理辅导就能为更多的人提供帮助。

(二)确定团体的性质、主题与目标

针对服务对象，了解与评估他们的需要，然后再决定你所要设计的团体是针对什么人；他们的年龄、性别以及存在哪些问题；要解决什么问题；希望达到什么目标；哪种类型的团体心理辅导适合你要帮助的对象；团体属于发展性的还是训练性的；同质团体有利还是异质团体有利。

(三)收集相关文献资料与方案

团体性质和目标确定后，辅导师就要通过查找相关资料、阅读书籍和杂志等方式，为团体设计提供理论支持。同时，也要了解和收集同类团体是否有人带领过；有哪些可以借鉴的经验；有哪些需要注意避免的问题。

(四)完成团体方案设计表

资料准备充分后，设计者就要思考和讨论解决问题所涉及的各类因素。例如，明确带领团体心理辅导的人员及其有无助手的要求及条件，领导者与助手如何分工；团体心理辅导以何种形式进行；何时组织团体心理辅导为宜；团体心理辅导进行的地点在哪里，环境条件如何，有无后备场地；团体成员招募采用哪些方法，是否实施甄选；采用什么方法进行团体心理辅导效果评估，所选测验量表是否容易获得；需要哪些花销，有无财政预算；团体活动各种道具是否具备。在此基础上，完成团体方案设计表。

(五)规划团体整体框架及流程

通过完成团体过程设计表和团体活动单元计划表，编制出团体辅导详细过程计划，认真安排每次聚会活动，即进行方式及活动的设计。活动的设计是为了引发成员在团体中经历学习的四个阶段，即个人的经验—经由与他人分享自己经验的过程，个人回顾与整理自己的感受、看法—个人归纳、分析出一些概念、原则或新的自我了解—尝试将新的自我发现或前面所习得的概念、原则应用到团体之外的情境中，以达到预定的目标。

领导者的带领、成员的反应、活动引发及累积的效果均自然而然地影响团体的发展过程，因此，同样的设计对不同团体实施时，可能会有不同的内容及结果出现。领导者需要准备一些备用的活动，视团体发展的状况来弹性调整原先的计划。同时，还要准备进行每一次活动要使用的大纲及必需的材料。

(六)设计招募广告

团体计划书完成后，就要开始设计团体成员招募广告。一般情况下，发展性、教育性、预防性的团体，其团体目标具有共性，广告招募即可。例如，增强自信心、提高社交技巧、学习沟通方法、提升生活适应能力等类型的团体，可以通过设计精美的广告(包括有吸引力的广告词、有视觉效果的画面等)来吸引团体成员。

(七)团体方案的讨论与修订

辅导者可将设计好的团体方案在同行之间进行讨论，或先组成一个试验性小团体试用一次，与同行、督导者讨论试用结果，再加以修改完善。

五、各阶段设计的重点

团体心理辅导的发展过程，根据成员心态、领导功能及团体动力开展等情况的不同，可分为多个阶段。一般而言，针对团体内不同的发展阶段，在方案设计与活动选择上也有不同的考虑重点。

(一)团体初始阶段的设计重点

团体刚开始成立时，领导者和成员都会感受到一定的压力，特别是后者。成员可能会感到焦虑、担心、犹豫、防卫、观望、拘束、好奇等，害怕被拒绝，感到陌生，缺乏安全感，甚至懊恼自己为何要参加团体。领导者除了展现温暖、真诚、关怀、尊重、包容、开放等特质，并多运用同理、反应、支持、倾听、澄清、增强等技巧之外，在方案设计与活动选择上也需要多做考虑。具体包括：从营造温馨气氛开始，设计轻松的互识活动，澄清成员的期待，拟定团体契约与规范，设计初步的、公开的自我表露等。

1. 营造温馨氛围的活动

针对成员在团体初始期的心态，团体方案中可以设计一些有助于团体成员放松的练习。例如，成员第一次到达团体活动地点时，领导者可以播放一些配合团体第一次活动性质的音乐。同时，设计一些小创意，如小卡片、小花等(可结合团体首次拟开展的活动目标)，让成员在美好的第一印象中融入团体，并喜爱团体。避免团体成员一进入团体辅导室，就处于冷冷清清、彼此对视的尴尬情境。

2. 设计轻松的相识活动

团体成立初始，成员彼此不熟悉，因此，必须设计相互认识的活动。传统方法是常用成员自我介绍或通过纸笔作业介绍自己，这种方法容易使成员增加压力，甚至引发成员的抗拒和恐惧反应。因此，在团体初始期设计成员相互认识的活动，最好在轻松、温馨的氛围下进行，如"寻找我的那一半""对对碰""滚雪球"等活动。

3. 澄清成员期待的活动

为了使团体有效运作并了解成员的需求，同时作为修订方案的参考，团体初始期应设计催化性活动来整合成员的参加动机，并让领导者有机会说明团体活动的导向，包括团体性质、功能、目标等，通过领导者与团体成员的相互交流，才能达成共识。

4. 拟定团体契约，建立运作规范

团体人数少则几人，多则十几人，每个人都有自己的个性特点。因此，有效的团体运作取决于成员对认可契约的遵守，团体初始就必须建立团体规范。在活动设计方面，可以采用较生动、非教条的方式。例如，让成员用句子完成法来订立规范，如"在一个团体中，当……时，我觉得最舒服""在这个团体中，我最害怕的是……""我最喜欢团体的人……""在团体中不喜欢看到……"。

5. 设计避免深层次分享的活动

团体初始，成员大多互不认识，对彼此的人格特质和人际互动模式缺乏了解，能立即表露自我的人较少。领导者在设计活动时应谨慎，避免成员因开放程度不一、自我表露过多过深产生受伤或泄密等问题。因此，团体初期设计的自我分享活动应尽量偏于表层或威胁性较小。

(二)团体过渡阶段的设计重点

在团体过渡阶段，成员之间彼此的信任尚不充分，分享不够具体深入，人际互动比较形式化，成员的心理反应差异极大。有的成员投入、开放、自主、喜悦、欢乐；也有的成员冷漠、沉默、焦虑、矜持、依赖、抗拒、持续观望、攻击、防卫等。领导者为了以更开放、包容、尊重、温暖等特质与成员互动，除运用初始阶段的技术如摘要、解释、联结、设限、保护等技巧之外，也可在设计方案时，选择增加团体信任感与凝聚力的活动来催化团体动力。

1. 设计此时此刻的分享性活动

为了解决成员不信任的问题或满足凝聚团体向心力的需求，领导者在团体过渡阶段可以刻意地设计一些结构性活动，让成员在团体中分享感受。例如，运用一些肢体活动，如盲行、信任走路、信任跌倒、信任圈、合力举人等信任游戏，并利用这些刺激情境去谈论团体当下彼此关于信任的情感，激发成员真诚开放。

2. 设计引发成员中层次自我表露的活动

团体进行一段时间之后，成员的自我开放行为也会随之加深。领导者适时运用并设计中层次分享活动，有助于成员认同团体，催发更多成员有自我探讨、自我了解的机会，如"我喜欢的人""小小动物园""三个最"等活动。

3. 设计探讨人际关系的活动

团体过渡阶段，领导者应注意到成员不信任自己、不信任他人的各种表现并加以处理。常见的情况是：成员不积极主动，不愿说出自己的感受，害怕自己表露出负向情绪，或将注意力放在别人身上，只顾"帮助"别人，给予别人建议而少谈自己等。有时团体成员会产生挑战领导者的行为。为此，领导者可多设计检视团体盲点及团体内人际关系的活动，如"猜猜哪里变了""寻找灯塔""信任之旅""团体温度计"等活动。

4. 设计催化团体动力的活动

有时团体动力发展缓慢、领导者能力有限或者成员的心理防卫与身心状态不佳，领导者可借助对团体环境的布置、对视听器材的运用来促进团体发展。音乐是非常有效的团体催化工具，不论是在团体进行前后、中场休息时间还是团体进行过程中，都可选择合适的音乐来催化。另外，也可设计一些动态性、兼具感性分享与理性交流的活动，如"拍打穴位""同舟共济""突围闯关""组歌比武"等活动。

(三)团体工作阶段的设计重点

团体进入工作阶段后，已经建立了团体信任感和凝聚力，成员在团体中渴望学习和成长，期望个人问题能够得到解决或团体目标能够达成。在此阶段，领导者除了提供信息，运用面质、高层次同理心、自我表露、反馈、联结、折中、建议等技巧外，也可以降低对团体的掌控，给予成员更多自由互动与成长的空间。团体方案可以设计一些能够引发深层次自我表露、促进成员间正向与负向反馈的活动，或者探讨个人问题、促进成员改变行为的活动等。

1. 针对团体目标设计活动

团体动力增强后，领导者应迅速抓住这一工作契机，将团体引导到原先设定的目标上，针对团体原先设定的主题、功能设计活动，如自我肯定、人际沟通、生涯探索、团队合作、理性与情绪管理等。

2. 针对成员需求设计活动

每位成员参加团体的行为动机不同，这些行为动机来自不同的内在需求。因此，团体成效评估不仅取决于是否达成团体目标，还取决于是否满足团体成员的需求。领导者在达成团体目标的同时，应兼顾多数成员伴随在团体活动过程中产生的"非预期性需求"。例如，带领人际关系训练团体 6 次后，若发现大多数成员存在亲子关系困扰，领导者可以适时调整团体方案，加入亲子关系的活动内容。

3. 针对团体特殊事件设计活动

团体发展的任何阶段都可能发生特殊事件。因此，有效的领导者不应执着于原先的团体计划，而应根据实际情况灵活调整。例如，领导者带领"自信团体"，当有成员忽然情绪失控地说，"我觉得自己很差，一无是处"，领导者切忌让其他人盲目认同或安慰当事人，而是可以通过活动帮助其改变看法，包括：让当事人向团体中他认为最有活力、最充实的成员诉说其心境；当他看到一位团体成员拥有某种自己欠缺的特质时，就让他将自己的想法告诉对方，并让其思考如果他要获得这种特质，自己需要做些什么，以及如何做。

4. 针对团体活动设计催化性活动

尽管工作期间团体动力流畅，凝聚力强，但领导者仍要敏锐地观察团体气氛与发展动态。必要时，可弹性设计催化性活动，引发成员自我思考，彼此给予反馈。例如，通过"此时此刻"整理焦点问题，回顾过去经验，或利用音乐、绘画、舞蹈等方式，帮助成员达到更深层次的自我觉察等。

5. 针对领导者专长设计活动

团体进入工作期，成员开始深入探索个人的困扰并分担团体促进的责任。此时，领导者可以根据自己的专业背景、训练导向、经验技术与个人专长设计活动。因为当领导者带领自己擅长或熟悉的活动时，能够更加得心应手地发挥其效能。

(四)团体结束阶段的设计重点

团体发展进入结束阶段，成员难免会有依依不舍、如释重负或问题悬而未决等感觉，因此领导者除了必须以身作则，保持开放自我、尊重支持、积极负责的态度，运用反映、反馈、评估、整合等技术外，在活动设计上还应回到中层或表层的自我表露，让成员有机会回顾团体经验，彼此给予与接受反馈，自我评估进步程度与团体的进展状况，处理离开团体的情绪与未完成事项，并互相祝福与激励。

团体结束后的一段时间内，也可以在方案设计中加入追踪辅导或聚会等活动，如读书会、谈心会、郊游等。领导者既可借此评估团体成效，同时也可鼓励及督促成员继续成长。

总之，团体辅导因成员特性、问题性质、目标功能等不同而形成复杂的团体动力。每一个团体发展阶段的活动设计都应有特殊考虑，同时方案设计也必须与团体的整个目标功能紧密结合，相辅相成，以发挥最佳效果。

六、每次团体活动的设计内容

团体心理辅导全过程可以分为四五个不同的发展阶段。而每一次团体聚会也可以分成热身活动、主要活动和结束活动三个部分。为此，每次团体聚会都可以根据聚合过程设计相应的活动。

(一)热身活动

热身活动是为团体开场打破僵局，促使成员进入团体，增强团体凝聚力，增进成员彼此互动，为主要活动做准备。常见的热身活动包括"微笑握手""成长三部曲""刮大风""松鼠与大树""无家可归""解开千千结""小时候的歌""天气报告"等。热身活动切忌过多、过长，一般为 5～10 分钟。热身不足，团体难以有效启动；热身过度，则会影响团体正常进行。

(二)主要活动

主要活动是指团体的核心活动，是关系团体目标是否达成的关键。应按照团体内容和目标进行设计，因团体阶段不同、目标不同而有所差异。常用的活动类型有绘画、深入讨论、角色扮演等。

(三)结束活动

一般在每次团体结束前 5～10 分钟，领导者应对该次团体进行总结，通过让成员分享心得与巩固所学，预告下次团体的主题，并布置家庭作业，使成员能够实践所学内容。

七、团体方案设计应注意的问题

(一)避免为活动而活动

任何一种方案或一项活动，都只是团体辅导的工具或手段，而不是目的，应尽量避免活动过多而不注重交流分享。为了发挥活动的功能，领导者必须能恰当地发挥领导效能及发展团体动力，有时还需要外在条件的配合，如环境设备、成员参与、行政支持等。

(二)避免照葫芦画瓢

有些团体领导者在设计团体方案时，只是简单地参考或抄袭他人的团体方案与活动，对团体方案设计的概念及活动的操作方式并不清楚，且在带领团体时缺乏灵活性，导致团体发展过程中出现问题，成员权益受损，参与意愿不高。严谨的做法是事先与同行组成一个团体，将所设计的方案或不熟悉的团体活动在团体中实际操作一遍，共同探讨实施过程中的经验感受和问题焦点。

(三)避免不适当的活动

团体发展需要循序渐进，由表及里、由浅入深。团体成员的心态也需要有一个适应和转变调整的过程。如果领导者对各类活动的应用范围和功能了解不足，往往会设计或安排不适当的活动。例如，开始阶段安排负向的活动，这往往会阻碍团体发展。

(四)避免活动衔接不当

团体是一个不断发展的过程，团体中使用的各种活动不是孤立、分离的，活动之间应该有内在的逻辑联系，配合团体目标，巧妙衔接，连贯流畅、一气呵成。如果活动衔接不当，会使成员产生跳跃、不确定的感觉，影响团体效能。例如，进行"赠送礼物"的练习前，如果有"乐趣分享"活动作为铺垫，成员之间有了一定的了解基础，那么赠送的礼物就更有针对性，更具个性化，能够满足不同成员的需要。

(五)接受督导并与同行探讨

方案设计后应先向有经验的领导者或督导者请教，认真思考该团体方案或活动会给成员带来何种感受、何种经验、何种认知收获，以及对个人和团体有哪些益处。针对上述问题仔细思考，或者通过与同行探讨交流，激发思考，可以使设计的方案与活动得到确认和支持，为有效实施奠定基础。

第二节　小学生团体心理辅导方案的实施

团体是一个探索自我的地方，参与者将有机会探索和澄清自己的价值观、行为和人际关系，以及坦诚而严肃地了解自己的生活状况。团体辅导活动类型较多，团体规模、名称、参加对象、辅导目标等也各不相同。但是，从组织和实施的角度来看，所有的团体辅导都是按照以下步骤展开：确定团体辅导的目标及活动名称；设计团体辅导活动方案及程序；甄选团体成员组成团体；实施团体辅导计划；对团体辅导的结果进行总结评估。本节将对团体辅导组织与实施的具体过程、必须考虑的问题及应该采取的方法等进行详细介绍，以便初学者在操作团体辅导时可以参照。

一、团体的形成

团体辅导效果与团体成员的构成密切相关。因此，成员的选择必须慎重。同时，成员最好是自愿参加的，这样比较容易达到预期效果。因为成员若自愿参加团体，必然怀有期待的意愿，可以促进团体的凝聚力，使成员较早地认同团体，并信任其他成员。但是，在学校教育中，有时是教育工作者根据需要挑选一些学生参加。比如，学习有一定困难或行为有一定问题的学生，这些学生本人是非自愿的，他们的防卫心理较强，团体开始时的抗拒力会比较大。在这种情况下，团体领导者必须做好工作，采用有效的技巧，吸引团体成员由非自愿变为喜欢团体辅导。

(一)成员招募

团体成员的组成一般需要通过面谈进行。在报名面谈中，团体领导者可以向报名者说明团体的目标、要求、性质等，同时了解报名者的期望。一旦确定名单后，可以通过发信函、邮件或打电话等方式通知团体的地点、时间、日期，以及团体对穿着的要求、与团体组织者联络的方式。当被选择的成员完成签约书后，就可以正式成为团体成员。

1. 成为团体成员的条件

从团体辅导的特点来看，成为团体成员应具备以下三个条件。

(1) 自愿报名参加，并怀有改变自我和发展自我的强烈愿望。

(2) 愿意与他人交流，并具备与他人交流的能力。

(3) 能坚持参加团体活动全过程，并遵守团体活动的各项规则。

需要注意的是，那些性格极端内向、羞怯、孤僻、自我封闭的人和有严重心理障碍的人不宜参加团体辅导。

2. 招募团体成员的方法

团体成员的来源途径主要有三种：一是通过宣传手段，成员自愿报名参加；二是辅导师根据平时辅导情况，选择有共同问题的人，建议他们报名参加；三是通过其他渠道，如班主任介绍或其他辅导人员转介而来。发展性团体辅导主要通过广告或通知来招募成员。

(二)团体成员的筛选

已经报名且自愿参加团体辅导的申请者并不一定都适合成为团体成员。因此，团体辅导的组织者还需要对申请者进行筛选。筛选必须考虑的因素包括性别、年龄、人格类型、智能水平、家庭状况、先前的团体经验、参加团体的期望。对于筛选是否必要的看法，大部分学者认为，团体与成员需要互相配合得当，才能产生积极效果，因此筛选是必要的。筛选方法有面谈法、心理测验法和书面报告法等。

1. 面谈法

筛选的主要方法是团体领导者与申请者进行一对一的面谈。尽管个别的面谈相当耗费时间，但非常必要。面谈的作用有以下三点。

(1) 团体领导者可以通过面谈，做出有效的评价，判断申请者是否适合参加团体辅导。面谈可以了解申请者的背景、个性、参加动机、问题类型等。并不是所有人都适合参加团体，那些无法在团体中获益，甚至会阻碍和破坏团体进程的人最好不参加。此外，有的团体辅导是有明确对象与明确目的的。比如，增强自信心团体是针对自卑感严重的人而设计的。但广告贴出后，报名的人数超过团体可容纳的数量时，可以采用心理测验的方法，如使用"自我评估"量表，筛选出自卑感较重的人参加团体。对于那些自我形象比较健康的学生，可以动员他们不参加，或建议他们以后参加其他更适合他们的团体。

(2) 个别面谈可以使团体领导者与成员增进了解，建立信任感，从而缓解成员紧张、担忧的心理。团体辅导的效果与团体成员对团体领导者的信任有密切关系。筛选是成员了解领导者、选择领导者的过程。如果成员对领导者难以信任，或对团体的具体活动不感兴趣，可以做出不参加的选择。也就是说，团体领导者和申请者可以相互选择，申请者有权自己做出抉择。

(3) 团体领导者有机会预先向申请者详细说明团体的目标、规则、内容、运作方式及对参加者的要求和期望等，使申请者对团体的潜在价值有所了解。在招募成员的过程中，潜在的团体成员有权知道团体的目标、基本程序、领导者对他们的期望，以及参与团体过程中可能会有哪些遭遇和收获，以便做出正确的选择。

另外，筛选面谈不仅限于申请者，领导者还可以通过与和申请者有直接关系的人接触，如家长、同学、老师等，以进一步全面了解申请者情况。

2. 心理测验法

筛选还可以采用心理测试。20 世纪 50 年代后期，舒茨(Schutz)针对团体工作制定了一套基本人际关系指标，让领导者预知个别成员在团体中可能出现的性格或行为倾向。这套指标主要测试以下三个层面。

(1) 成员与他人能否建立深入而良好的关系，包括他们是否有被人喜欢的倾向，是否喜欢他人或关心朋友等。

(2) 个人对权力的态度，包括他们如何接受权力或使用权力，对领袖的看法和服从的程度等。

(3) 个人坚持自己原则的程度，包括在公开场合如团体聚会时能否坚持己见等。

利用测试结果，不仅可以评价申请者是否适合参加团体，而且可决定是将有同类型倾向的人组成团体，还是将不同类型的人组成团体。

3. 书面报告法

筛选还可以采用书面报告形式。领导者要求申请者书面回答一些问题，作为筛选的依据。常见的问题包括：你为什么想参加这个团体？你对团体有什么期望？你有什么问题希望在团体中得到帮助？你认为自己可以对团体做出哪些贡献？请写一篇简单的自传，说明你生活中重要的事件与人物。

作为团体策划者，在筛选成员时，无论采取哪种筛选方法，都要认真考虑以下问题。

(1) 他(她)为什么要参加团体辅导？他(她)的主要问题是什么？

(2) 他(她)的自我形象如何？他(她)是否考虑改变？

(3) 他(她)想从团体中获得什么？团体是否能帮助他(她)达成目标？

(4) 他(她)希望知道领导者或团体的哪些事情？

(5) 他(她)是否了解团体的目的与性质？

(6) 他(她)的受教育程度及智能水平如何？

(7) 他(她)以前是否有过团体经验？

(8) 他(她)的性格特征及精神、身体健康状况如何？

团体成员的筛选工作虽然费时，但十分重要。它可以减少不确定性，对整个团体辅导的发展都有帮助。而且筛选过程也能让参加者对团体有心理准备，对领导者有基本的信任，并对团体有适当的期望，以便在团体辅导中积极配合。

(三)引导参加者关心团体的方法

团体辅导的效果往往与团体成员是否乐意参与、是否积极投入有关。在团体开始前，如何引导有参加团体意愿的人以积极的态度准备参加团体辅导，也是团体领导者不容忽视的问题。在团体辅导开始前引导有参加意愿的人关心团体的方法主要有五种，包括阅读有关文件、观看有关影视资料、筛选面谈时的承诺与建议、签订协约、召开预备会议。

1. 阅读有关文件

在团体辅导开始前，有些团体领导者会为已确定参加团体辅导的成员准备一些与团体辅导有关的文件、资料，并要求成员在参加团体活动前必须阅读这些资料。这些资料一般包括团体辅导目标的解释与说明；团体辅导所用的技巧与程序；领导者的教育背景、训练与资历；在团体中成员的责任，如何去面对团体辅导，包括如何去接受和做出反馈、如何分享分担正面和负面的感受、如何告诉别人你对他们的感受，等等。

2. 观看有关影视资料

有些团体领导者在团体辅导开始前，会组织成员观看与团体活动有关的录像、电影。通过观看，成员可以了解团体活动的实况，做到心中有数。有时，还会边观看边解说，以便增进成员的了解。国外学者研究表明，团体辅导开始前用认知方法为团体成员做准备是有效的。与没准备的团体相比，有准备的团体成员对团体更有信心，团体开始后人际互动更积极，成员表达情绪更多，承担个人责任更强，出勤率更高，团体辅导效果也更好。

3. 筛选面谈时的承诺与建议

筛选面谈是团体领导者与申请者双向选择的过程。有些申请者一方面对团体抱有期望，渴望参加并使自己有所改变，另一方面又担心忧虑。特别是在中国社会文化的影响下，一些人担心参加团体活动会被认为心理或精神有问题；在他人面前表露个人隐私会被别人鄙视；是否需要完全敞开自己；别人会不会歧视或排斥自己；等等。带着这些担忧参加团体的人，往往难以与他人轻松地交往。因此，团体领导者必须向申请者说明保密原则，并做出保密承诺。同时，在面谈时，当成员明确表示参加意愿，且领导者认为其合适时，可以给他提一些建议，具体如下。

(1) 把目标放在成长上。团体是建立在一个假设上的，即无论你目前的生活情况如何，团体都能为你提供机会探索自己的感受、价值、信仰、态度、思想和考虑可能的改变，从而让你变得更丰富，使你得到成长。如果你认为这种探索方式只适合有严重问题的人，就会错失很多改变的机会。即使你目前没有什么压力或问题，对未来可能遇到的问题也值得提前探索。

(2) 做个积极的参与者。如果你在团体中扮演积极主动的角色，就可以为自己争取到更多的帮助。一个沉默的旁观者，其收获是有限的，而且会被他人认为具有批判性。如果你不主动、热心地参与团体活动，不仅会阻碍团体的发展，也会剥夺他人从你这里学习的机会。

(3) 把团体当作实验室。团体情境相当于一个微缩的小社会。把团体当作实验室，可以用各种方法表达自己的不同侧面，而不会感到不安全和不自在。通过这种方式，你可以在团体中寻找实践新行为的机会。

(4) 给予和接受反馈。当别人表达一些与你有关的事情时，你可以让对方知道你的感受与反应，不管是正面还是负面的。你直接坦诚地给予反馈，可以增强团体成员之间的信任。当别人给予你反馈时，你应该认真倾听、思考，直到理解其中的含义。

(5) 表达你的真实感受。参加团体的主要目的之一是学习如何以直接的态度表达感受，包括正面和负面的感受。在平时，我们常常会压抑自己的思想与感情，害怕表达不当、过于夸大或保留太多。从经验来看，脑子里思考和将所想内容说出来是有很大差别的。团体是一个探索表达的理想场所，你应该直截了当地表达自己的想法，观察他人会有怎样的反应。

(6) 不要期望过高。虽然你希望在团体中探讨一些问题以获得帮助，但并非所有事情都能如你所愿。比如，你想在生活中有所改变，但这种改变无法一蹴而就；你期望他人完全了解你，但他们也许只能看到你某些侧面。相信自己，努力去尝试，团体辅导虽然不能解决所有问题，但是它会给你带来全新的体验和感受。

4. 签订协约

协约是指团体成员与领导者之间的协议，主要是为了引导团体成员达到团体目标。协约明确了团体成员的权利与责任，以及在团体内处世时需遵守的规则。签订协约的过程是一个协商的过程。通过协商，加强了团体成员与领导者的沟通，协商本身也是一个强调平等参与的过程，使团体成员在辅导员的鼓励下增强自信心。通过协商，可以使团体成员清楚了解以后在团体内的具体行动，明白团体的真正运作方式及团体对他的要求，从而起到缓解紧张情绪的作用。布朗(Brown，1984)提出的协约的内涵包括以下九个方面。

(1) 清楚说明团体目的和团体设立的原因。

(2) 个别成员的目标和希望，以及他们在团体中希望获得的东西，这些都应与团体的整体目标相契合。

(3) 团体运作的方法，如讨论、游戏等，以及成员是否有权利随时放弃参与不喜欢的项目。

(4) 团体的聚会时间、地点、次数。

(5) 有关守则、奖励与惩罚的细则。

(6) 要求成员对团体有投入感，包括准时到会、不能无故缺席、帮助其他成员等。

(7) 要求保密。若由于特殊情况需要将团体内资料向外呈报，必须说明原因及所涉及的范围。

(8) 个别成员若有需要时，能否独自约见团体领导者。

(9) 清楚说明团体与机构的关系(如学校、社会服务机构等)，以及团体成员的参与范围和机构期望需要配合的范围等。

协约的签订既可以是口头的，也可以是书面的，视团体成员的习惯而定。

5. 召开预备会议

在筛选面谈后，可挑选一些可能成为成员的人召开一次团体辅导预备会议。大家聚在一起相互认识一下。在预备会议中，领导者要让每个人都说说参加团体的目的、期望，以及他们想象中团体的功能。然后更详细地说明团体的目标，回答成员的问题，澄清不正确的观念，建立基本的团体规则。召开预备会议可以更快地使团体成员明确并投入团体的运作。如果在预备会议上，有的成员发现团体与他原来参与的目标有很大不同，可以提出取消参加团体的申请。

上述各种方法可视领导者的需要与人力情况选择。个别面谈较能了解欲加入成员的动机与适合性(并不是每个人都适合参加团体)。面谈过程中，一方面，协助成员了解团体及确定其参与意愿；另一方面，也使领导者了解成员的个别特质与问题。若是进行预备会议，对领导者而言，会较为经济，同时也具备介绍与澄清团体目标的机会，但无法像个别面谈那样有相互深入了解的机会。

二、团体的启动

团体活动的各项准备工作就绪后，团体就进入了实际操作阶段。一般而言，团体过程可大致分为导入阶段、实施阶段、结束阶段。每一阶段都有一些具有特征的感觉与行为，相应地，每一阶段也都有一些活动与训练。但团体启动是否顺利，主要取决于团体开始是否有明确的团体规范，以及第一次聚会的组织情况。

(一)团体规范的建立

团体辅导启动前一项重要的工作是领导者宣布团体活动的纪律或规则，并要求全体成员保证遵守，这是团体辅导活动顺利进行的保障。纪律的具体内容如下。

(1) 保守秘密。在团体活动中，成员应该尽量敞开心扉。但成员对团体活动中了解的信息必须保守秘密，今后不传播、不评论。团体外不做任何有损其他成员利益的事。

(2) 坦率真诚。团体活动中，成员应以坦率、真诚、信任的态度相待，不掩饰自己的真情实感，并对他人的表露提供反馈。

(3) 不与外界接触。团体活动期间，把注意力集中到此时此地，尽量少与外界接触，以免影响情绪，干扰活动，如避免打电话、听广播、看报纸、欣赏音乐等，保证参加所有活动。

(4) 避免与少数人交流。活动中应尽量争取和团体内每一个人都有交流的机会，避免只与自己喜欢的人交流。

R. C. 迪德里希和 H. 艾伦·戴伊认为，以下规则对于一切团体辅导都适用，这些规则就像基本守则，在团体开始时，向每一位成员宣布，参加团体的人必须遵守，违反了必须立即纠正。

(1) 在此时此地每一个成员都无条件属于这个团体。一个团体成员不论生气还是高兴，都不会改变他属于这个团体的事实。如果他想离开，团体也不会放弃他，因为他属于这个团体。

(2) 团体领导者的唯一权力是保护每个成员的"归属"，保证每个成员都得到别人的聆听。领导者有责任去注意每一个成员，确保每一个成员说的话都被听到，每一个成员都被注意到。

(3) 认真聆听每一个成员谈话，接纳他，尊重他。

(4) 实在主义。不论是在团体内还是在团体外，我们不在任何情况下伪装自己。我们不假装愿意做某些实际不愿意做的事，我们知道的事绝不假装不知道。

(5) 我们的目的是与人接触，只有接触后才能谈到感受。

(6) "真实"是由成员自己决定的，也是由成员自己感受的，甚至是他自己在生活中体验到的。我们尝试让每个人更清楚地认识自己。我们用聆听来了解他怎么感觉以及他内心的生活。

(7) 真诚地表现出我们自己与我们的情感。在团体中，任何自我表达都受欢迎，任何情感或思考的表达都受欢迎，不论它们被认为是好的、坏的，还是友善的、敌意的。我们设法使别人说出他真正的自我。

为保证团体的成效，在团体开始时，领导者可以要求成员保证达到团体的要求。

(二)首次聚会的组织

在正式进行首次团体聚会前，领导者除了完成成员筛选、团体场所环境布置及根据团体计划所需材料的准备外，对团体成员在首次出席团体聚会时面对陌生情境和经验所可能出现的畏缩和疑虑的反应，也应有所理解与准备。领导者如何邀请、说明，以及引导成员投入团体，是正式展开团体时需要面对的第一个问题。

1. 团体开始阶段的特点

领导者对于首次团体聚会正式开始之前的安排，不能掉以轻心，而应认真筹划，以使团体能够顺利开展。团体开始阶段，互不相识的人为了参加团体辅导而聚到一起。一方面，他们很想知道团体其他成员的背景、问题等；另一方面，又会有点恐惧感、焦虑感，既怕不被人接纳，又怕在他人面前出丑。为了让团体成员能安心、安全地参加团体，领导者可以事先把团体室布置得活泼、生动、轻松一些，并以亲切愉悦的态度欢迎成员到来，可以安排一些自然、简单且容易吸引成员的互相认识的游戏和活动，促进成员互相沟通以达到相识的目的，逐渐形成团体合作互助的氛围。

开始阶段的活动可以分为以静态讨论问题为主与以动态活动为主两类。前者适用于一些解决问题的团体，后者则适用于多种类型的团体，尤其适用于小学生。活动的性质有些是利用场地使成员表现出他们的基本行为，以便做出评估，也为了提高成员的参与兴趣。特别要强调的是，开始阶段的活动应以加强成员之间的认识和沟通为主，使成员建立信任关系。这一阶段常采用的活动既有非语言式交流形式，也有语言式交流形式。非语言的形式包括：轻松体操、放松感觉、步行者天国、微笑握手、按摩、盲行、哑口无言等活动。语言的形式包括：自我介绍、他者介绍、关注练习、名字串联等。随着活动的逐渐深入，成员的关系也由表及里，由浅入深，相互认同，相互信任，慢慢形成相互合作的团体气氛。

2. 明确首次团体聚会要考虑的内容

领导者应考虑的内容包括怎样开场；帮助成员彼此熟悉；设定积极的基调；澄清团体目标；解释领导者的角色功能；解释将如何指导团体；帮助成员用语言表达期望；使成员能有所表露；应用练习和活动；了解成员在团体中的舒适度；解释团体规则；解释将会应用的专业术语；评估成员相互作用的程度；打断成员的讲话，专注于内容，提出问题让成员看向其他人；结束首次会面。

3. 开始团体的具体操作

关于团体领导者如何建立一个团体，雅各布斯(Jacobs，1994)建议采取以下七种方式。

(1) 先对团体的目的及性质做开场白后，进行团体成员相互初步认识的活动，此模式最常用于心理教育及任务或工作团体，有时也适用于治疗性团体。

(2) 团体领导者用一两分钟做简要说明后，立即开始做相互介绍的练习，希望团体成员一开始就能投入，彼此分享，如今天的心情、姓名简介、自己最喜欢的动物及原因等。

(3) 进行一个详细的指导说明，并将有关此次团体事宜说得十分清楚，接着进入团体内容。这种方式通常用于有工作取向的团体，以协助成员进入工作状态。

(4) 开始时，先简短介绍团体的性质，再进一步说明团体的内容。这种方式较适用于任务或工作团体。在首次聚会时，互相交换意见，并明确团体的目标及认识成员。

(5) 开始时，先做简短的团体介绍，进而把团体分成两组讨论团体的目标，再回到大团体分享及讨论。分组可以增加成员讨论的机会。

(6) 先对团体做简单介绍，进而让成员完成"语句完成形式问卷"。此问卷的目的是引导团体成员将焦点专注于团体的目标，这种方式适用于工作或任务导向的团体、心理教育性及辅导治疗性团体。

(7) 先进行一个介绍性练习，而练习项目中的最后一项是团体成员对团体目标的最大期盼。这种方式不仅帮助团体成员介绍自己，还可将焦点投入团体的目标。

根据柯里(Curry，1992)的意见，在团体开始的介绍中，领导者可按以下方式介入。

"在我们这个团体里，不知道各位最希望学到什么？愿意以怎样的态度来参加这个团体。"(澄清成员对团体的期望，引导成员积极参与)

"我们或许可以谈谈每个人是怎么知道这个团体的，以及参加这个团体的动机及期望。"(澄清团体成员的参与动机及期望)

"每个人对这个团体的期望是什么？或许每个人都可以轮流分享。此外，也可以谈谈你希望团体是什么样子，或者你有什么担心？"(澄清成员对团体的期望)

"不知道我们团体成员中，有没有彼此相互认识的？如果有，你会担心些什么？"(澄清团体成员的关系)

"不知道各位过去是否参加过类似的团体？你的经验如何？对于这次团体你的期望如何？"(澄清过去团体经验及对此次团体的期望)

"你愿意参加这个团体吗？如果是，你的动机是什么？如果不是自愿参加的，又为何被送来？目前的感觉怎样？"(澄清自愿及非自愿参加者的动机及感受)

4. 首次会面结束

当结束首次会面时，领导者应该邀请成员表达各自的感受，以便为成员以后积极参与团体做准备。领导者可以提出以下问题：你对这次会面的感受如何？它和你所想象会发生的情况有多大差别？团体中发生的事件有哪些是你不理解或不喜欢的？你从团体中学到了什么？

三、团体的运作

团体辅导的过程是连贯的，从一个阶段过渡到另一个阶段是渐进的，阶段之间的界限不明显，难以严格区分。划分某一阶段主要是为了便于讨论和分析。经过上一阶段后，成员开始融入团体而不失自我，并试图找到自己在团体中的位置。他们通过互相探索、解决矛盾、互相适应，来明确彼此在团体中的关系。由不认识到相知相交而学习处世、待人的技巧，从而在参与团体的过程中发展潜能，实现成长。

这一阶段采取的团体活动形式和方法因辅导目的、问题类型、对象不同而有所差异。有的团体主要采用讲座、讨论、写体会、写日记等形式；有的团体采用自由讨论；有的团体主要采用行为训练、角色扮演等方法；还有的团体则采取一系列综合活动的形式。比如，由神经衰弱者组成的团体，通常先由领导者系统讲授有关神经衰弱的知识，然后通过讨论，帮助成员认识病情，分析原因，寻找解决对策。成员通过讨论交流、彼此沟通，达成共识，从他人身上领悟自身问题，从他人的意见中得到启发。最后，通过撰写体会进行深入思考和探索，树立信心，提出改进办法。

发展性团体大多通过一些有趣的活动，如自我探索、价值观探索、相互支持、脑力激荡等活动，以及活动后的交流分享来帮助团体成员成长。

自我探索常用的活动包括：我是谁、生命线、自画像、墓志铭、生命计划等。

价值观探索常用的活动包括：临终遗言、火光熊熊、生存选择、姑娘与水手等。

相互支持常用的活动包括：热座、金鱼缸、戴高帽等。

团体活动是团体成员互动的媒介，也是实现目标的手段。约翰逊等(Johnson et al.，1987)强调团体辅导的专业技巧以团体活动、团体讨论、辅导方式为主体。至于团体采取何种互动方式，要根据团体目标和成员特点选择。比如，中老年人可能不适合玩一些过于活泼的游戏；而对青少年而言，仅以团体讨论方式作为主要活动形式也不太适宜。

团体运作阶段是团体辅导的关键阶段。尽管各类团体辅导依据的理论不同、活动方式不同、实施方法也各不相同，但成员间相互影响的过程是相同的，即成员彼此分享自己或他人的心理问题和成长体验，争取他人的理解、支持、指导；利用团体内人际互动反馈，发现自己的缺点与不足，并加以改进；把团体作为一个实验场所，练习改善自己的心理与行为，以便将这些改变扩展到现实生活中。

四、团体的结束

团体结束阶段活动的目的是巩固团体辅导的成果，帮助团体成员做好分别的心理准备。实际上，团体成员能否深入掌握在团体内取得的经验，对团体留下美好的回忆，以及能否将团体中的学习成果应用到日常生活中，达到真正的成长目标，很大程度上取决于团体辅导结束阶段的活动安排。

(一)团体结束的意义

团体结束是一个动态过程，并非仅仅指最后一次聚会。一般来说，团体存在的时间越长，团体结束阶段需要注意的事项就越多，因为成员之间已建立了相当亲密、坦诚、互相支持的关系，对团体终结会产生强烈的情绪反应。团体的结束代表的是一种失落，当团体成员面对要和长时间相处、相互扶持的其他成员以及团体领导者分离的场景时，分离的焦虑或失落悲伤的情绪很容易产生，领导者应特别审慎地处理。过于仓促或过于拖拉的结束方式都会影响团体辅导的最终效果。

一个妥当的团体结束过程，可以帮助成员整理和巩固团体经验，深化并扩展团体影响力的功效。然而，在团体实际运作过程中，团体结束环节往往容易被忽视。一位有经验的领导者会充分而有效地利用各种形式把握结束的时机，使团体在温馨、积极、圆满的气氛中顺利结束，为团体画上一个圆满的句号。成员也会非常珍惜这段团体经历，在丰富、完整、愉悦而非感伤、痛苦、不情愿的氛围中相互告别。一个圆满的结束过程，将有助于团体成员勇敢地迈向没有团体成员和领导者扶持的美丽人生。

(二)团体结束的任务

团体结束阶段领导者应该做的事情如下。

1. 提前宣告团体即将结束

一般聚会 10～12 次的团体，领导者应在最后 2～3 次聚会时预告团体结束的时间。团体聚会次数越多，持续时间越长，或团体成员凝聚力越高，成员曾有失落悲伤经历的，则应再提前一些时间预告团体即将结束，如此成员可以有充分时间做好心理准备，领导者也有足够的时间在必要时妥善处理成员的分离失落情绪。

2. 带领成员回顾团体历程

领导者可通过复习团体活动、回忆团体中的重要事件等方式，带领成员回顾团体的经验，将团体心得、体会、收获加以系统整理。

3. 进行团体成效评估

领导者可通过成员填写心理测验量表或调查问卷，分享自己在团体中的体验和成就，展示团体中的作品或作业练习的成果，以及成员彼此反馈勉励等方式，协助成员整理自己的团体经验。

4. 协助成员做好面对未来生活的准备

领导者可引导成员制定团体结束后个人想要努力达成的具体行为目标，相互约定，彼此勉励，以使团体成效在现实生活中得以维持并拓展。

5. 互相道别与祝福

成员一一相互道谢与话别，互赠卡片，表达相互的期望与祝福。如果能保留一些文字的练习，对于团体成员将是一份最珍贵的礼物，如互送祝福卡、心愿卡、赠言卡等。它们可以被团体成员收藏，即使团体结束，成员赠送的文字和团体的照片也将成为生命中美好回忆的一部分。

(三)团体结束的活动

在团体结束阶段，常常采取的活动有：总结会、联谊会、反省会、大团圆等。通过团体的历程，原来互不相识的人已成为朋友，团体气氛和谐亲密，情绪高涨，身心放松，心情畅快，相互信任。在这种氛围下，离别多少都会有些伤感。因此，需要安排好结束的活动。即使团体结束后，也可以在必要时召集成员重新聚会，进一步交流，了解团体辅导的实际效果。

团体辅导按计划完成，团体自然结束是最理想的状态。但有时也会遇到一些困难和问题，导致团体不得不提前终结，如成员对团体失去兴趣、成员间产生不可调和的纷争、某些成员或领导者因故必须离开团体等。这时，必须尽量考虑周到，以防止突然结束给团体成员带来新的问题。

本章小结

团体领导者在带领团体之前，应妥善设计团体方案，明确团体的目标、过程与理论基础。整体的方案设计要考虑参加对象、具体目标、团体性质、时间地点、成员甄选方式、内容、形态、所需设备、材料等因素。同时，在团体活动实施前，需配合团体方案规划每次团体的热身活动、主要活动与结束活动，甚至每项活动的材料、时间都要在团体方案内注明。一份完整的团体活动计划书就像地图，指引团体活动的方向，让团体领导者心中有数，使团体成员有信心、有耐心、有恒心。团体辅导之前，必须认真、仔细地做好准备。

团体辅导活动类型较多，团体规模、名称、参加对象、辅导目标等也各有不同。但是，从组织和实施的角度来看，所有的团体辅导都是按以下步骤展开的：确定团体辅导的目标及活动名称；设计团体辅导活动方案及程序；甄选团体成员组成团体；实施团体辅导计划；对团体辅导的结果进行总结评估。

思考题

1. 小学生团体心理辅导方案设计的主要内容有哪些？
2. 团体不同发展阶段设计的重点有何区别？
3. 如何形成一个团体，并安排好首次聚会？
4. 请按照团体方案设计的步骤完成一份团体计划书。

第二章　自我意识主题

课程目标

知识目标：学生通过八个单元的亲身体验描述自我意识主题活动的理论基础，阐明其常用技术和评估方法，并分析不同单元对学生心理成长发展的作用。

能力目标：学生能够结合体验过的自我意识主题，根据不同年龄段学生的特点设计出符合学生心理成长的自我意识主题方案。在实施方案中，学生能够高效地组织、领导、沟通并分析解决问题，独立带领团体。

素质目标：学生在体验与感悟中树立投身基础教育的职业理想，坚定心理育人的教育情怀。

重点与难点

➤ 小学生自我意识主题方案设计的内容。
➤ 小学生自我意识主题方案的实施。

第一节　自我意识主题方案的筹划

一、团体性质与团体名称

团体性质：结构式、封闭式团体。
团体名称：自我探索者联盟。

二、团体目标

1. 总目标

团体总目标为帮助成员科学地认识自我，激励自我，管理自我。

2. 具体目标

(1) 团体成员能够正面评价自己，培养自尊心和自豪感。
(2) 团体成员能够正确分析、评价自己的优点和缺点。
(3) 团体成员能够树立正确的理想自我。
(4) 团体成员能够掌握有效进行自我控制的方法，完善自我。

三、团体领导者

团体领导者需熟悉团体心理辅导的基础理论，并具备一定的个案咨询和带领团体的经验。

四、团体对象与规模

参加对象：小学中高年级学生。

团体同学人数：每个团体人数为 4～6 人，预计组建 7～8 个团体。

五、团体活动时间及频率

活动安排为每周一次，共 8 个单元，每个单元时长为 45 分钟。

六、团体设计理论依据

1. 自我理论

詹姆斯的自我理论认为，人的自我分为主观自我和客体自我两个部分：主观自我即纯粹自我，客体自我即经验自我。经验自我又分为物质自我、社会自我和精神自我。物质自我包括躯体自我和延伸的自我(如个体的衣服、鞋子、亲属等)。社会自我是指他人如何看待和评价个体，即在他人的眼里个体是一个怎样的人。精神自我即内在自我，是个体所知觉到的对自己的主观感受。

2. 自我概念理论

自我概念理论是美国心理学家罗杰斯提出的人格理论。他将自我分为两个部分：真实自我和理想自我。真实自我是个体对自我实际现实的知觉，理想自我是个体对期望自我状态的知觉。真实自我与理想自我之间总是存在一定的差距，个体为了实现理想自我，会不断努力追求。真实自我与理想自我的和谐一致，决定了个体的人格一致性。

3. 积极心理学理论

积极情绪是积极心理学研究的一个主要课题，它主张研究个体对待过去、现在和将来的积极体验。在对待过去方面，主要研究满足、满意等积极体验；在对待现在方面，主要研究幸福、快乐等积极体验；在对待将来方面，主要研究乐观体验。

七、团体活动场所

团体活动场所为封闭、空旷、安静的教室或操场。

八、团体评估方法

评估方法包括学生自身感受对比和指导教师感受对比，以及自我意识量表的前测、后测结果比较。

教师可以从以下量表中选择一种对学生的自我意识进行测量。

1. 儿童自我意识量表

儿童自我意识量表(Children's Self-Concept Scale，CSCS)由美国心理学家皮尔斯(Piers)和哈里斯(Harris)编制修订。该量表主要用于评价儿童的自我意识状况，适用于 8～16 岁儿童，能够评估儿童在行为、智力与学校情况、躯体外貌与属性、焦虑、合群、幸福与满足等方面的自我意识水平。量表包含 80 项选择题，分为 6 个分量表。采取正向计分法，得分高者表明该分量表评价良好。其克朗巴哈系数(Cronbach's α)为 0.858，项目与总分的一致性为 0.078～0.467。

2. 自我意识量表

自我意识量表(Self-Consciousness Scale, SCS)由芬尼斯坦(Feningstein)、谢里(Scheier)和巴斯(Buss)于 1975 年首次编制，并于 1985 年进行修订。量表共 23 个条目，分为 3 个维度，分别为：私我意识(10 个条目，分别为第 1、3、5、7、9、13、15、18、20、22 题)，旨在发现自我的内在因素；公我意识(7 个条目，分别为第 2、6、11、14、17、19、21 题)，旨在发现自我的公众性一面；社会焦虑(6 个条目，分别为第 4、8、10、12、16、23 题)，旨在评定被测人群对负面评价的敏感程度等。该量表采用李克特(Likert)5 点计分法，1=非常不符合，2=有些不符合，3=难以确定，4=有些符合，5=非常符合。各维度和量表总分即各项目分数相加所得。在本次研究中，该量表的 Cronbach's α为 0.89。

儿童自我意识量表和自我意识量表如附录所示。

九、团体方案

团体方案如表 2-1 所示。

表 2-1　团体方案

次　序	活动主题	活动目标	活动内容及时间
第一单元	快乐相识会	(1) 建立团体意识，营造和谐的团体氛围 (2) 明确团体活动目标 (3) 激发团体同学的参与兴趣 (4) 制定团体规范，签订团体契约	(1) 马兰开花各不同(5 分钟) (2) 现在的我(15 分钟) (3) 我是立法委员(20 分钟) (4) 小结(5 分钟)
第二单元	我眼中的我	(1) 让同学们知道每个人都有自己的特点，拥有各自独特的性格、兴趣和才能 (2) 引导团体同学自我分析，进一步了解自己，认识自己，鼓励学生深入探索自己的内心世界	(1) 生存游戏(5 分钟) (2) 我有你没有(15 分钟) (3) 我的自画像(20 分钟) (4) 小结(5 分钟)
第三单元	你眼中的我	(1) 让同学们从他人的角度更全面地了解自己 (2) 通过促进同学间的相互观察与交流，帮助学生认识到自己性格、行为模式、优势及潜在不足等多维度的自我特征 (3) 鼓励学生主动倾听他人对自己的看法和评价，从而构建一个更加立体、全面的自我认知框架	(1) 镜像模仿接力(5 分钟) (2) 特征漂流瓶(15 分钟) (3) 戴高帽(20 分钟) (4) 小结(5 分钟)

<a>续表</a>

次　序	活动主题	活动目标	活动内容及时间
第四单元	独一无二的我	(1) 让学生认识到每个人都是独一无二的，要发现自己的优点 (2) 引导学生主动进行自我探索，通过反思、记录、分享等方式，深入挖掘自己的内在优点和潜能 (3) 协助学生找到自己的闪光点，鼓励学生拥抱自己的独特性，树立自信，提高自我评价	(1) 进化论(5分钟) (2) 雪花片片(15分钟) (3) 我的多元智能(20分钟) (4) 小结(5分钟)
第五单元	自我突破	(1) 让学生认识到目标的重要性，同时目标要切合自身的实际 (2) 让学生意识到每个人的潜力都很大，鼓励学生积极探索自我，同时增强学生实现目标的信心	(1) 记一记，考一考(5分钟) (2) 原来我能行(15分钟) (3) 未来信使(20分钟) (4) 小结(5分钟)
第六单元	自我控制	(1) 让学生认识到自我控制的重要性 (2) 让学生了解提升自我控制能力的方法 (3) 使学生逐步建立起稳固的自我控制能力，为未来的成功奠定坚实的基础	(1) "红绿灯"游戏(5分钟) (2) 敌动我不动(15分钟) (3) 跃然纸上(20分钟) (4) 小结(5分钟)
第七单元	自我管理	(1) 让学生认识到自我管理的重要性 (2) 帮助学生学会自我管理的方法，掌握合理分配时间的有效策略	(1) 引蛇出洞(5分钟) (2) 撕纸条(15分钟) (3) 时间管理拼图(20分钟) (4) 小结(5分钟)
第八单元	拥抱更好的自己	(1) 帮助团体同学梳理团体中的学习与收获 (2) 升华团体辅导活动的意义与价值	(1) 萝卜蹲(5分钟) (2) 请和我击掌(15分钟) (3) 现在的我(20分钟) (4) 小结(5分钟)

第二节　自我意识主题方案的实施

第一单元　快乐相识会

热身活动：马兰开花各不同(建议时长：5分钟)

活动目标：活跃气氛，消除彼此之间的拘束感，使学生之间有更深入的了解。

活动材料：无。

活动场地：教室。

教师引导语：同学们，现在我们玩一个"马兰花开"的游戏。首先，大家齐声问"马兰花开开几朵？"然后我会随机报一个数字，你们要迅速找到相应数量的伙伴组成小组。分好小组后，我们将进行一个特别的自我介绍环节。请每个小组围成一个圆圈，我们将以一种特别的方式进行自我介绍，每个人不仅要介绍自己的姓名、爱好和性格，还要选出一个最能代表自己的动植物或物品来描述自己。下一位同学不仅要介绍自己，还要复述前面同学的信息，这样每个人都能更深入地了解彼此。这不仅是一次互相认识的机会，也是一次自我发现的旅程，让我们开始吧。

具体操作如下。

(1) 采用"马兰花开"的方式对学生进行分组，学生一起问："马兰花开开几朵？"老师报出数字后，几名同学迅速组成小组。

(2) 小组同学围成一个圆圈，按照顺序依次开始自我介绍，包括自己的姓名、爱好、性格等情况，并说出最能代表自己的动植物或物品。例如，"我是自信勇敢、喜欢冒险的兔子警官×××"。第一个同学介绍完之后，第二个同学先复述他的信息，再介绍自己。第三个同学先介绍前两位同学的信息，然后介绍自己。其他学生依照这种方式依次介绍，末尾的学生需复述所有同学的信息后再介绍自己。通过这个活动，尽量使学生之间互相了解，并促使学生对自己有初步的思考。

主题活动 1：现在的我(建议时长：15 分钟)

活动目标：激发学生对自我的初步反思，引导学生深入内心，审视个人特质，为后续课程的开展做好铺垫。

活动材料：空白 A4 纸，笔，信封。

活动场地：教室。

教师引导语：同学们，接下来请拿起桌上的笔，静下心来，深入挖掘内心，写下最能代表你的词汇和句子。不论是你的性格、兴趣、优点，还是对未来的憧憬。完成后，将其小心封存于信封内，并交给老师保管。等到团体辅导结束时，我们再一起回顾，看看自己在这段旅程中，有哪些变化与成长。

具体操作：在本环节，老师将引导学生进行一次初步的自我探索之旅。首先，分发信封、纸和笔，鼓励学生静下心来，思考并写下最能贴切地形容自己的词汇和句子。内容不限，可以是性格描述、兴趣表达、优点特长或是对未来的期望。鼓励大家畅所欲言，真实展现自我。完成后，学生需将其小心地封存于信封内，并交给老师保管。待整个团体辅导活动圆满结束后，老师将信封归还给学生，并引导他们对照前后内容，自我反思在哪些方面发生了积极的变化，以此作为成长的见证。

主题活动 2：我是立法委员(建议时长：20 分钟)

活动目标：确保团体活动的顺利进行，促进形成良好的团体氛围。

活动材料：空白 A4 纸，签字笔。

活动场地：教室。

教师引导语：同学们，接下来我们将一起制定我们的团体活动契约。在每一次的活动中，良好的行为准则是保障我们共同进步的基础。请大家在小组深入探讨，集思广益，制定出既全面又贴近我们团队特色的规则。之后，每组派代表分享你们的智慧结晶，我们将根据大家的分享，提炼出最终的团体活动契约。每位同学都需要签字，承诺遵守，共同维护一个和谐、有序的团体辅导的学习交流环境。

具体操作：各小组需深入探讨参与团体活动时应当共同遵守的行为准则。小组成员间应积极交流意见，确保规则全面且符合团队实际情况。随后，每组推选一名代表，在全班范围内分享本组的讨论成果。教师则细心聆听，将各组的建议与规则汇总整理，最终提炼出既具普遍性又具针对性的团体活动契约。最后，这份契约将作为团队共识的象征，每位成员须郑重签字，以示承诺遵守，共同维护一个和谐、有序的团体辅导学习交流环境。

结束：小结(建议时长：5 分钟)

活动目标：总结活动中的收获和感悟。

教师总结语：现在，我想邀请几位同学勇敢地站出来，分享你们在这节课中的学习感悟与宝贵收获。……感谢同学们的分享，每个人都是独一无二的，有着自己的光芒和价值。通过本章团体辅导，我们旨在帮助大家重新认识自我，追求更完善的自己。同时，也请大家铭记我们的团体契约，相互尊重，共同进步。最后，预告一下，下次活动我们将聚焦"我眼中的我"，请大家提前思考。

第二单元　我眼中的我

教师引导语：上节课我们介绍了什么是团体辅导，并通过参与一些活动，初步思考了自己的爱好、性格以及自己独一无二的特点。另外，我们还一起制定了团体活动的契约。大家还记得我们的契约内容吗？本节课的主题是"我眼中的我"。接下来，请同学们思考一下，在你眼中，自己是什么样的？自己有什么样的特点？带着这个思考，我们将进行一个活动，大家也可以在这个活动中寻找答案。

热身活动：生存游戏(建议时长：5 分钟)

活动目标：活跃气氛，消除彼此之间的拘束感，为后续的团队活动或学习创造良好的氛围。

活动材料：空白 A4 纸或报纸(根据团队人数适量增加或减少纸张的数量)。

活动场地：教室或操场。

教师引导语：同学们，接下来我们玩一个挑战团队合作与平衡能力极限的游戏。老师会在空地上放一张纸，每个小组的任务就是全体成员站上去，并保持至少 5 秒。记住，脚不能碰到纸张外的空地，一旦有人掉出，我们就要重新开始计时。这不仅是一场游戏，更是考验我们团队的默契和策略，让我们看看哪个小组能创造最久的站立纪录。

具体操作：老师将纸张放在空地上，小组成员需要一起站在纸张上并至少停留 5 秒。所有成员的脚不可以接触纸张外的空地，计时过程中若有成员掉出纸张，计时将重新开始。坚持时间最久的小组获胜。游戏过程中，老师需密切关注学生的安全，防止同学间发生争执或推搡。

主题活动 1：我有你没有(建议时长：15 分钟)

活动目标：引导学生思考自己的特点，在与他人分享时，启发学生思考自己是否也有相同或类似的经历特征，使他们在活动过程中了解自己的特点。

活动材料：无。

活动场地：教室。

教师引导语：同学们，接下来我们进行一个既有趣又能增进小组间了解的游戏。每个小组要挖掘出自己独特之处，不论是难忘的经历、突出的优点、独特的特长，还是与众不同的外貌特征。接下来，小组间将进行对决(PK)，通过比拼谁能说出更多"我有你没有"的事物来决出胜负。每位代表有五根手指作为"生命值"，每被对方说中一项就落下一根手指。准备好了吗？让我们看看哪个小组能笑到最后。

具体操作如下。

(1) 每个小组思考自己独有的事物，可以是经历、优点、特长或外貌特征等。然后，所有小组进行两两PK，每个小组派出一个代表。每个代表伸出五根手指，象征有五条命。对方说出一件自己小组内没有人做过或拥有的事物，代表就落下一根手指。如果五根手指都落下，代表输掉比赛。例如，A 组代表说，我们小组有人每天闹钟一响就立刻起床，从不拖延。如果 B 组没有人能做到这一点，B 组代表就放下一根手指。最后，哪个小组的代表先全部放下手指，该小组就失败。

(2) 游戏结束后，老师提问："你了解自己吗？"引导同学们观察自己的特征，思考"我是谁"。

主题活动 2：我的自画像(建议时长：20 分钟)

活动目标：引导同学们进行正确、合理的自我分析。

活动材料：空白 A4 纸，彩笔。

活动场地：教室。

教师引导语：同学们，接下来我们将进行一场特别的自我探索之旅。请拿起笔，在纸上画出你心中的自己，不必追求完美，重要的是表达真实。画完后，在旁边写下至少十条"我是谁"的信息，从外表到内心，从优点到待改进之处，全面展现你的多面性。

具体操作：每个组员在纸上画出自己心中的形象，画完后在旁边写出至少十条描述自己的信息，包括外貌、身体特征、性格特点、自己喜欢和不喜欢的方面，以及自己独特的地方等。最后，每位同学分享自己的自画像，其他同学给予回应，老师进行引导。

结束：小结(建议时长：5 分钟)

活动目标：总结活动中的收获和感悟，了解同学们的感受，加深对活动的理解与把握。

教师总结语：本节课，同学们在老师的指导下通过这些活动对自己的经历和特征进行了深入思考。有哪位同学愿意分享一下这节课中的收获和感悟吗？……感谢大家的分享。通过这些活动，相信同学们对自己有了更深入的了解。他人眼中的自己可能包含我们自己已经知道的特点，也可能有我们自己未曾意识到的方面。有表扬，也可能有我们自己未曾注意到的小瑕疵。这次活动之后，我们对自己需要保持或需要改进的地方也有了更清晰的认识，对自我认知又迈出了新的一步。希望大家在课后能对本节课的内容进行更深层次的思考。下节课我们将一起探讨他人眼中的我们，因此在课程开始前，我们可以多观察身边的同学，以便更好地了解他们。

第三单元 你眼中的我

教师引导语：上节课我们通过活动一起深入思考了自己眼中的自己是什么样的。课程最后，我们也给同学们布置了课后作业，即在日常生活中多关注身边的同学，了解他们的特征。本节课，我们就来一起探讨他人眼中的我们是什么样的。

热身活动：镜像模仿接力(建议时长：5 分钟)

活动目标：活跃气氛，消除彼此之间的拘束感，让学生更快地进入状态。通过学生间的互动，打破僵局，同时促进学生之间的默契与理解。

活动材料：题目卡片，笔。

活动场地：教室或操场。

教师引导语：同学们，接下来我们将进行一场别开生面的模仿接力赛。每个小组一字排开，挑战无声传递信息。从第一个同学开始，抽取题目，用肢体语言表达，接下来的每位同学都要精准模仿，直到最后一位同学根据前面的模仿猜出答案。需要注意的是，全程禁止用声音交流，全靠默契和观察力。哪个小组能在规定时间内猜出最多答案，就赢得这场智慧与协作的较量。

具体操作：小组成员排成一列，由第一个成员抽取题目，并根据题目做出相应动作。第二个成员模仿第一个成员的动作，然后其他成员依次向后接力模仿。最后一个成员根据前一个成员的模仿写出答案。在整个模仿接力的过程中，不允许通过声音传递答案。在规定时间内猜出最多答案的小组获胜。例如，如果同学 A 抽到的卡片上是动物"小狗"，那么 A 就要通过面部表情、手势、身体姿势等方式来模仿小狗。接着，同学 B 模仿同学 A 的动作，然后同学 C 模仿同学 B 的动作，如此向后接力。最后一名同学根据模仿写出答案。

主题活动 1：特征漂流瓶(建议时长：15 分钟)

活动目标：通过活动增强彼此的观察力，在活动中对他人眼中的自己有初步认识。

特征漂流瓶

活动材料：漂流瓶(可以是矿泉水瓶或黑板擦等物品)。

活动场地：教室或操场。

教师引导语：同学们，接下来我们将进行一场刺激的游戏挑战——特征漂流瓶。我们先通过"剪刀、石头、布"决定哪队先开始。接着，漂流瓶游戏启动，它装载着对同学的独特描述，在你们手中穿梭。考验反应和团队协作能力的时候到了，记得灵活传递，别让瓶子在自己组中停留太久。计时结束时，瓶子在哪个小组，哪个小组就准备迎接挑战——表演节目或蛙跳五次。准备好了吗？现在游戏开始了！

具体操作：首先，通过剪刀、石头、布的形式决出最先开始的小组。然后，手持漂流瓶的同学描述某一同学的特点，并将漂流瓶传递给这位同学。接到漂流瓶的同学需要迅速反应，说出其他同学的特征，然后再次传递漂流瓶。漂流瓶可以在组内传递，也可以在组间传递。但在计时结束前，必须将漂流瓶传递给其他小组。计时结束后，漂流瓶所在的小组即为输家，需要表演节目或者做蛙跳五次。

主题活动 2：戴高帽(建议时长：20 分钟)

活动目标：让学生从他人的角度更全面地了解自己，并认识到每个人都有优点，学会去发现自己的优点，欣赏自己。

活动材料：击鼓传花所用工具(可以是矿泉水瓶或黑板擦等物品)。

活动场地：教室或操场。

教师引导语：接下来，我们来玩一个有趣的游戏——"戴高帽"。这个游戏里，我们会用击鼓传花的方式选出幸运的同学，让全班一起为他/她戴上"高帽"，用我们最真诚的话语，来一场全面的赞美之旅。不论是外表的亮点、性格的魅力，还是独特的才华，都可以说出来。之后，被赞美的同学将分享感受，看看我们眼中的他/她，与他/她眼中的自己，有哪些共鸣与不同。

具体操作：通过击鼓传花的方式选出被"戴高帽"的人。然后，让全班学生对其进行全面评价，评价内容可以包括外表、性格、特长等，总之是这个学生身上的特点和特征。评价结束后，被评价的学生站出来，分析同学们对自己的评价意见，指出哪些评价与其对自己的认识是一致的，哪些是不一致的。

结束：小结(建议时长：5分钟)

活动目标：总结活动中的收获和感悟，了解同学们的感受，加深对活动的理解与把握。

教师总结语：在本节课中，同学们通过一系列活动，了解了在他人眼中的自己是什么样的。有哪位同学愿意分享一下，你在本节课中的收获和感悟吗？……感谢同学们的分享。通过这些活动，我们可能更加认识到他人眼中的自己可能包括我们早已知道的特点，也可能有与自我认知不同的地方。有的可能是对我们的夸奖，也有的可能是我们自己未曾注意到的小瑕疵。通过这次活动，我们对自己可能需要保持的优点，或者需要稍加改进的地方都有了更深刻的理解。这使我们对自我认识又迈进了一步。希望大家在课后能对本节课的内容进行更深入的思考。

第四单元　独一无二的我

教师引导语：上节课我们通过各种活动认识了在他人眼中的自己是什么样的，有的得到了称赞，有的发现了不足之处。其实，每个人都有自身的优点和特征。正如世界上没有两片完全相同的雪花一样，人也各有其独特之处。每个人都是独一无二的。本节课，我们将继续探索自己的特点，寻找属于自己的独特之处。

热身活动：进化论(建议时长：5分钟)

活动目标：活跃气氛，消除彼此之间的拘束感，为后续的团队活动或学习营造良好的氛围。

进化论

活动材料：无。

活动场地：教室或操场。

教师引导语：同学们，现在我们要玩一个既有趣又能增进团队互动的游戏——进化论。在这个游戏开始时，我们每个人都是一颗小小的"鸡蛋"，通过智慧和策略，以及成员间的PK，一步步进化成"小鸡""凤凰"，最终成为智慧的"人类"。接下来，所有人先蹲下扮演鸡蛋的角色，让我们用"石头、剪刀、布"的方式，开启这场进化之旅，看看谁能最快地适应环境，完成蜕变。

具体操作：所有小组成员都扮演"鸡蛋"的角色，起始时保持蹲下的姿势，双手抱膝。通过"石头、剪刀、布"的方式进行同级PK，赢者进化到下一个阶段，输者则保持原状或退化到前一阶段。进化顺序依次为"鸡蛋"→"小鸡"→"凤凰"→"人类"。各阶段的姿势如下。

"鸡蛋"为蹲着，双手抱膝；"小鸡"为半蹲，双手叉腰或一只手放在身后作为尾巴；

"凤凰"为站立，双手合掌于头顶，指尖向前向上，模仿凤凰展翅的姿势；"人类"则回归直立，站到指定位置或进行其他标志性动作。

需要注意的是，不允许越级PK，即"鸡蛋"不能直接与"凤凰"或"人类"PK。当大部分或全部团队成员都进化到"人类"阶段时，活动结束。

主题活动1：雪花片片(建议时长：15分钟)

活动目标：每个人都是独一无二的，要发现自己的优点。

活动材料：空白A4纸。

活动场地：教室。

教师引导语：同学们，现在请大家拿起桌上的纸，我们来进行一个小活动。首先，请闭上眼睛，按照我的指令来做。先把手中的纸对折，然后再对折一次。接着，在纸的右上角，轻轻撕下一个形状像雪花的小纸片。在这个小雪花上，我希望你们能写下自己的十个优点，可以是性格上的，也可以是学习或生活中的特长。然后，我会邀请几位同学来分享他们的优点。现在，让我们开始吧。

具体操作：老师给每位同学发放一张纸，请所有同学闭上眼睛，按照老师的指示折纸。指示如下：首先，同学们将手中的纸对折，再对折，然后在右上角撕下一片形状像雪花的纸片，并在上面写下自己的十个优点。之后，邀请同学们进行分享。

主题活动2：我的多元智能(建议时长：20分钟)

活动目标：帮助学生找到自己的闪光点，提高自我评价。

活动材料：多元智能图，如图2-1所示。

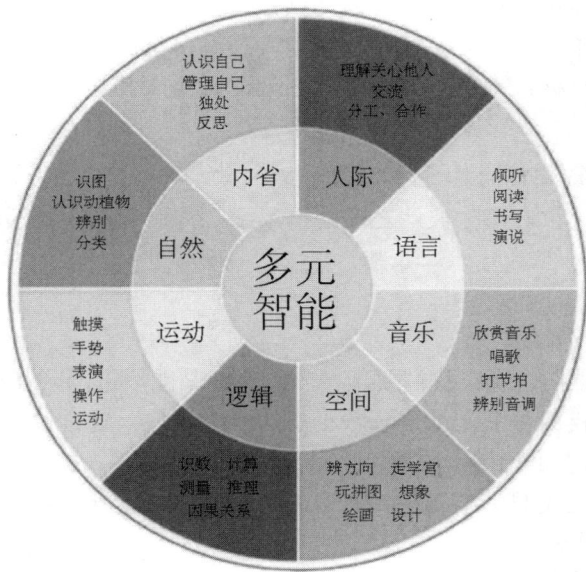

图2-1 多元智能

活动场地：教室。

教师引导语：多元智能是由美国哈佛大学的心理学家霍华德·加德纳教授提出的关于人类智能结构的全新理论。这一理论认为人类的智能是多元化的，每个人都拥有多种不同的智能，这些智能不是孤立存在的，而是相互关联和相互作用的。接下来，老师将介绍多元智能的种类，同时，请大家在表上勾选出自己的多元智能。稍后，我将邀请几位同学来分享他们的看法。

具体操作：首先，向学生简要讲解多元智能的含义及其种类。其次，让他们思考并填写"我的多元智能表"，在表上勾选自己认为突出的智能类别和特征(在这个环节中，学生可以相互讨论和帮助)。最后，组员们进行分享，并辅以具体例子，使各自的多元智能更加具体化。

多元智能主要包括以下几方面。①言语语言智能：指人对语言的掌握和灵活运用的能力，表现为听、说、读、写方面的语言理解，用词语思考和用语言及词语的多种不同方式来表达复杂意义。②数理逻辑智能：指人对逻辑结果关系的理解、推理、思维表达能力，突出特征为用逻辑方法解决问题，有对数字和抽象模式的理解力，了解解决问题的应用推理，体现为计算、推理等方面的能力。③视觉空间智能：指人对色彩、形状和空间位置的正确感受和表达能力，突出特征为对视觉世界有准确的感知，产生思维图像，有三维空间的思维能力，能辨别和感知空间物体之间的联系，体现为辨方向、走迷宫、玩拼图、想象、绘画、设计等方面的能力。④音乐韵律智能：指人的感受、辨别、记忆、表达音乐的能力，突出特征为对环境中的非言语声音，包括韵律和曲调、节奏、音高、音质等的敏感。⑤身体运动智能：指人的身体的协调、平衡能力和运动的力量、速度、灵活性等，突出特征为利用身体交流和解决问题，熟练地进行物体操作以及需要良好动作技能的活动，体现为触摸、手势、表演、操作、运动方面的能力。⑥人际沟通智能：指对他人的表情、说话、手势等动作的敏感程度以及对此做出有效反应的能力，表现为个人能觉察和体验他人的情绪情感并做出适当的反应。⑦自我认识智能：指个体认识自己、管理自己、独处洞察和反省自身的能力，突出特征为对自己的感觉和情绪敏感，了解自己的优缺点，用自己的知识来引导决策，设定目标。⑧自然观察智能：指观察自然的各种形态对物体进行辨别和分类、能够洞察自然或人造系统的能力。

结束：小结(建议时长：5分钟)

活动目标：总结活动中的收获和感悟，了解同学们的感受，加深对活动的理解与把握。

教师总结语：有哪位同学愿意分享一下这节课中的收获和感悟吗？……感谢同学们的分享。通过今天的活动，我们不仅认识到了自己独一无二的特质，还发现了自己的各种长处和特点。我们还通过填写"我的多元智能表"，认识到了自己的智能类别和特征。对于擅长的领域，我们今后可以充分发挥优势，重点培养。同时，我们也发现了自己在多元智能中的不足之处，这些正是我们今后需要努力加强的地方。课后，同学们可以根据多元智能表中发现的不足，制订相应的培养计划，并按照计划逐步实施，以促进自己各方面智能的发展。

第五单元　自我突破

教师引导语：上节课我们借助"雪花片片"和"我的多元智能"的活动，认识到每个人都是独一无二的，并且找出了各自的优点、智能类别和特征。课后，我鼓励大家根据自己的多元智能表中的不足之处，制订了培养计划。这节课我们将一起学习如何制定目标，实现自我突破。通过这节课的学习，大家也可以检验自己在多元智能培养计划中目标的合理性。

热身活动：记一记，考一考(建议时长：5分钟)

活动目标：使学生认识到目标的重要性，同时明白只有适合自己的目标才是最好的。制定目标时要契合自身的实际情况。

活动材料：印有很多颜色和形状的卡纸，如图2-2所示。

活动场地：教室。

教师引导语：接下来，我们将通过一个小活动共同探索目标的力量。我们将使用这张特殊的纸，通过三次不同的尝试，感受无目标、有目标但模糊以及明确目标指导下的不同体验。让我们从随意观察开始，逐步学会精准定位目标。活动结束后，希望大家能够分享自己的感受，并认识到在学习和生活中，制定明确且符合自身能力的目标的重要性。

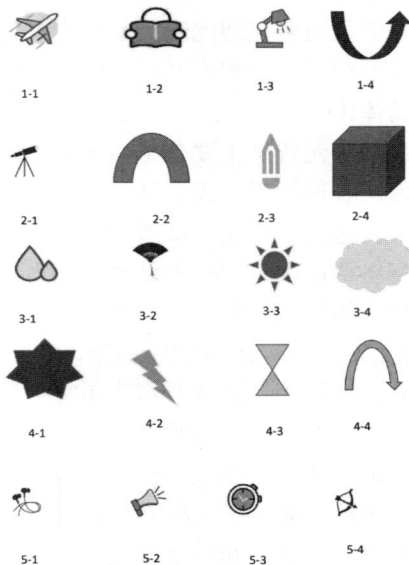

图2-2　卡纸样式

具体操作如下。

(1) 给每位学生发放一张相同的纸张(上面印有多种颜色和形状)。首先，让学生自己观察20秒，其间老师不做任何引导。时间一到，学生就不能再看纸张，老师提问，圆形在什么位置？它是什么颜色的？

(2) 其次，老师给学生5秒时间寻找圆形，然后再次提问圆形的位置和颜色。

(3) 最后，老师指定多种形状和颜色，要求学生在相同的时间内找出它们。

活动结束后，邀请同学们分享自己的体会。通过引导，让他们认识到目标的重要性，以及目标的制定需要符合自身能力。让每位同学都为自己近期的考试制定一个目标，并进行分享。

主题活动1：原来我能行(建议时长：15分钟)

活动目标：让学生意识到每个人都有巨大的潜力，鼓励学生积极探索自我，增强其实现目标的信心。

活动材料：计时器。

活动场地：教室。

教师引导语：同学们，咱们来玩一个既简单又富有挑战性的游戏——"一分钟的掌声"。先闭上眼睛，想象一下，你在这一分钟内能鼓掌多少次？现在，睁开眼睛，让我们实际尝试一下。游戏之后，我们要分享三个话题，你实际鼓掌次数与预估的差异，这次经历带给你的感受或收获，以及如何在日常学习和生活中发现并激发自己的潜能。准备好了吗？让我们计时开始。

具体操作：通过"一分钟的掌声"这个小游戏来开展这个环节。游戏开始前，先让学生预估自己在一分钟内能鼓掌多少次。游戏结束后，引导学生分享，①你鼓掌了多少次？

和刚才预估的一样吗？②你有什么收获或感受？③在学习和生活中，我们如何发掘自己的潜能？活动结束后，邀请同学们分享自己的体会，引导他们认识到目标的重要性。

主题活动2：未来信使(建议时长：20分钟)

活动目标：鼓励同学们思考未来，增强目标感和动力。

活动材料：信封，纸张，笔。

活动场地：教室。

教师引导语：接下来，我们来做个小活动。刚才给每位同学发放了一张纸，请同学们写下给一年后或某个未来时刻的自己的信。这封信里，你可以写下对未来的期待、目标、计划，或者给现在的自己提一些小建议。写完后，把信装进信封，交给老师或自己挑选一个自己的"未来信使"。到时候，我们会按约定时间把信交给大家。现在，大家开始写吧。

具体操作：学生们各自写下一封给未来自己的信，信中可以包含对未来的期望、目标、计划，或是对当前自己的建议。写好后，请将信装入信封，并交给老师或指定的"未来信使"保管。约定一个未来的具体时间点(如一年后、毕业时等)，届时由"未来信使"将信返还给每位成员。

结束：小结(建议时长：5分钟)

活动目标：总结活动中的收获和感悟，了解同学们的感受，加深对活动的理解与把握。

教师总结语：有哪位同学愿意分享一下这节课的收获和感悟吗？……感谢同学们的分享。在本节课中，我们通过一系列活动共同认识到了目标的重要性，并认识到目标的制定需要符合实际情况。同时，通过活动我们也体会到自己的潜力是无限的，具备实现目标的能力。在课堂上，我们还一起制定了近期考试的目标，希望同学们能够努力实现这些目标。最后，也希望同学们能够利用本节课学到的知识，再次审视上节课后制订的多元智能培养计划，判断目标是否合理，并进行必要的调整。

第六单元 自我控制

教师引导语：上节课我们通过活动共同认识到了目标的重要性，并了解到目标的确立需要符合自身实际情况。在自我完善和实现目标的过程中，我们可能会感到枯燥和无聊，也会遇到许多困难。然而，我们不能因此放弃。在这种情况下，我们需要进行自我控制，发挥意志力，坚持不懈地实现目标。本节课，我们将一起学习如何进行自我控制。

热身活动："红绿灯"游戏(建议时长：5分钟)

活动目标：活跃气氛，通过模拟交通规则中的红绿灯，锻炼成员的自我控制能力和反应能力。

"红绿灯"游戏

活动材料：无。

活动场地：教室或操场。

教师引导语：同学们，接下来我们进行一场有趣的"红绿灯"游戏。在这个游戏中，我就是你们的"交通警察"，而你们则是遵守规则的行人。当我说"绿灯"时，大家可以自由行动；当听到"黄灯"时，记得要慢慢减速，为接下来的停止做好准备；而一旦"红灯"亮起，所有人都要立刻定格，就像时间静止了一样。准备好了吗？让我们一起体验这场有趣的游戏吧！

具体操作：学生们站立或坐在一个开阔的空间内。教师扮演"交通警察"的角色，发出"绿灯""黄灯"和"红灯"的指令。当听到"绿灯"时，学生们可以自由活动或做一些简单的动作(如原地踏步、轻轻跳跃等)。当听到"黄灯"时，学生们需要放慢速度并准备停止动作。当听到"红灯"时，学生们必须立即停止所有动作，并保持静止状态。

主题活动 1：敌动我不动(建议时长：15 分钟)

活动目标：帮助学生认识到自我控制和意志力的重要性。

活动材料：无。

活动场地：教室。

教师引导语：同学们，现在让我们进行一场别开生面的"无声对决"。接下来，请你们两两为一组，转过身去，面对你的对手，用你的面部表情作为唯一武器，诱使对方发笑或者违规，展开一场无声的挑战。记住，不可有肢体动作，不可以开口讲话、摇头晃脑，只能依靠丰富的表情来诱使对方犯规。这不仅是一场欢乐的较量，更是对自我控制力的考验。输了的同学，需要分享一个关于自己意志力的小故事。

具体操作如下。

(1) 同学们转身，两两相对站立。从老师发布"开始"口令起，任何人都不允许有肢体动作，不可以开口讲话、摇头晃脑，但可以通过各种面部表情诱使对方发笑或者违规。首先犯规的人为输。之后，再转过来与另一组赢了的同学配对，进行同样的游戏比赛。

(2) 输掉游戏的人需要接受惩罚。每个输掉游戏的人要讲述一个有关自己意志力的小故事。

主题活动 2：跃然纸上(建议时长：20 分钟)

活动目标：评估自身意志力的强弱，并开展头脑风暴讨论培养意志力的方法。

活动材料：纸质版意志力量表。

活动场地：教室。

教师引导语：接下来我们一起完成一份特别的量表——意志力量表，它就像一面镜子，帮助我们了解自己的意志力现状。让我们回顾刚才"敌动我不动"的活动瞬间，思考在游戏中自己的意志力是如何展现的，又该如何进一步培养它。最后，让我们一起思考并分享，探索生活中那些简单却有效的意志力培养小秘诀，共同成为意志力的强者。准备好了吗？让我们一起开始吧！

具体操作如下。

(1) 老师带领学生完成意志力量表，并进行相应的评分。

(2) 评分结束后，让学生结合"敌动我不动"的原则，分享自己的体验，首先进行自我意志力评价，并探讨如何培养自己的意志力。

(3) 大家一起讨论意志力的重要性，并交流在生活中实际可行的培养意志力的方法。

结束：小结(建议时长：5 分钟)

活动目标：总结活动中的收获和感悟，了解同学们的感受，加深对活动的理解与把握。

教师总结语：感谢同学们的分享。在本节课中，我们通过活动深刻认识到自我控制和意志力的重要性。我们还通过头脑风暴的形式，共同探讨了许多培养意志力的方法。希望大家能够将这些方法应用到生活中，以培养和加强自己的意志力。若实现目标的过程中遇到困难，能够依靠自己强大的意志力坚持下去，努力实现自己的目标。

第七单元　自我管理

教师引导语：上节课我们通过活动共同认识到自我控制和意志力的重要性。我们还通过头脑风暴的形式，一起探讨了许多培养意志力的方法，不知道同学们在课下是否亲自尝试了这些方法。在完善自我的过程中，制定合理的目标和计划后，除了要发挥意志力坚持下去，还要进行严格的自我管理，按照计划的时间和内容，一步一步地实施计划。本节课，我们将一起学习如何进行时间管理。

热身活动：引蛇出洞(建议时长：5 分钟)

活动目标：营造一个轻松且活跃的氛围，以吸引学生的注意力，帮助学生暂时从日常学习和生活中抽离出来，全心投入当前的团体活动中，从而为后续的团体辅导活动打下良好的基础。

活动材料：粉笔。

活动场地：教室或操场。

教师引导语：同学们，接下来，我们要玩一个既刺激又充满智慧的游戏——"引蛇出洞"。在这个游戏中，一位勇敢的同学将成为"引蛇人"，而其他同学则化身为灵活的"蛇"。让"蛇"围成一个圈，画出各自的"蛇洞"，准备开始一场速度与策略的较量。

具体操作：老师选择一位学生作为"引蛇人"，其他人作为"蛇"。"蛇"围成一个圆圈，并用粉笔在自己的脚下画个圆圈当"蛇洞"。游戏开始后，"蛇"伸出手掌来挑逗"引蛇人"。如果"引蛇人"拍了某条"蛇"的手掌，这条"蛇"就可以出"洞"追赶"引蛇人"。如果"引蛇人"被追上了并被"蛇"拍了一下，则表示被"蛇""咬"了，下一轮仍需要做"引蛇人"。如果"蛇"绕了一圈没追上，反而被"引蛇人"占领了"蛇洞"，则这条"蛇"下一轮就要做"引蛇人"。

主题活动 1：撕纸条(建议时长：15 分钟)

活动目标：让学生在活动中认识到自我管理的重要性。

活动材料：长纸条。

活动场地：教室。

教师引导语：同学们，今天我们做一个特别的活动。每个人手中的长纸条，就像一天的 24 小时，它既是公平的赐予，也是需要我们精心打理的宝贵资源。现在，请大家闭上眼睛回想一下，自己的一天是如何悄然流逝的？睡觉、用餐、娱乐……每一项活动都消耗了我们的一部分时间。接下来，让我们一起动手，把已经花费的时间从纸条上撕去，看看最后留给我们学习的时间还有多少。

具体操作：老师将事先准备好的长纸条发给每位同学。告诉大家，每个人手中的纸条代表一天的时间，即 24 小时。请大家思考自己一天是如何度过的，睡眠占用了多少时间，就将纸条相应部分撕去；吃饭、看电视、玩游戏、踢足球、聊天或发呆等活动分别占用了多少时间，也请将纸条的相应部分撕去。之后，看看还剩下多少时间是用于学习的。大家比较一下，谁留给学习的时间最多。老师将根据大家的回答进行总结。

主题活动 2：时间管理拼图(建议时长：20 分钟)

活动目标：帮助学生学会自我管理的方法，掌握合理分配时间的有效策略。

活动材料：印有圆形图案的 A4 纸，画笔。

活动场地：教室。

教师引导语：同学们，接下来请想象一下，我们手中这张印有圆形图案的白纸就是一个"时间之轮"，代表了我们这一周的时间。现在，让我们化身为时间规划师，思考如何巧妙地分割这个圆，为学习、休息、兴趣培养等各项活动规划合适的时间。拿起你们的画笔，绘制出属于你们的"时间管理拼图"。

具体操作：每位同学发一张印有圆形图案的白纸，请同学们思考，如果这个圆代表一周的时间，你将如何进行时间管理，怎样合理分配这一周的时间？请同学们绘制自己的"时间管理拼图"。画完后，进行交流分享。最后，老师将根据大家的回答进行总结。

结束：小结(建议时长：5 分钟)

活动目标：总结活动中的收获和感悟，了解同学们的感受，加深对活动的理解与把握。

教师总结语：感谢同学们的分享。在本节课中，我们通过活动深刻认识到了时间管理的重要性，并共同探讨了大家是如何进行时间管理和分配的，相信每位同学在分享中都能学到很多。希望大家能将本节课学到的内容应用到日常的学习和生活中。课后，希望同学们能够制定一个自己的目标实现计划时间表，并依照这个时间表逐步实现目标，不断提升自我。

第八单元　拥抱更好的自己

教师引导语：今天是我们团体辅导活动的最后一课。回顾过去几周(或几个月)的时光，我相信每个人的心中都充满了无数的感慨。在这几次的辅导过程中，我们分别经历了团体建立(快乐相识会)、自我认识(我眼中的我、你眼中的我)、自我接纳(独一无二的我)、自我完善(自我突破、自我控制、自我管理)等阶段。通过这些课程，大家对自我意识有了更深刻的理解，也学习到很多完善自我的方法。在这段时间里，我见证了大家的成长和变化，每一次分享、每一次合作都让我深受感动。我相信，你们也有很多想要分享的感受和故事。让我们在今天的课程中，一起分享这些宝贵的经历吧。

热身活动：萝卜蹲(建议时长：5 分钟)

活动目标：营造轻松、活跃的氛围，吸引学生的注意力，使学生从日常的学习或生活中抽离出来，专注于当前的团体活动，为后续的团体辅导活动奠定良好的基础。

活动材料：无。

活动场地：教室或操场。

教师引导语：同学们，现在我们要玩一个既考验团队合作又充满乐趣的游戏——"萝卜蹲"！接下来，我们每个组起一个名字，如红萝卜、白萝卜、紫萝卜等。然后通过默契的下蹲和响亮的口号，来一场紧张刺激的接力挑战。

具体操作：各组同学手拉手(或肩搭肩)形成圆形，但组与组分开，老师立于中央。每组取一个名字，如红萝卜、白萝卜、紫萝卜。同组一起下蹲，并大声念口诀。例如，老师指定红萝卜组先蹲，全组人员一起下蹲，并同时大声念口诀："红萝卜蹲，红萝卜蹲，红萝卜蹲完白萝卜(或紫萝卜)蹲。"被念到的一组必须马上下蹲并同时念口诀。如此循环,不允许回传。例如,红萝卜队伍传给白萝卜队伍,白萝卜队伍不可以回传给红萝卜队伍。直到场上只剩下最后一组未被淘汰的队伍,即为胜利者。

主题活动 1:请和我击掌(建议时长:15 分钟)

活动目标:升华对自我的认识和理解。

活动材料:空白纸张,彩笔。

活动场地:教室。

教师引导语:我为大家准备了空白的纸和彩笔,请每位同学在这张 A4 纸上留下你们独一无二的手掌印。这不仅是一个印记,还是你们对自我的肯定及对未来的期许。请在掌印旁写下你们的名字,以及心中的期待、温馨的祝福或者远大的目标。最后,让我们把这份满载希望与梦想的画卷,贴在教室的墙上,让它成为激励我们不断前行的力量源泉!

具体操作:老师提前准备一些空白纸和几盒彩笔。每位同学依次在同一张 A4 纸上印下自己的手掌印,并写下自己的名字以及对自己的期待、祝福或未来目标。最后,可以将这张画满手掌印并写满名字、期待、祝福和目标的纸贴在教室内。

主题活动 2:现在的我(建议时长:20 分钟)

活动目标:梳理团体中的学习与收获。

活动材料:第一次团体辅导的信封。

活动场地:教室。

教师引导语:亲爱的同学们,今天是我们团体辅导的最后一节课程。我们即将翻开第一次团体辅导时留下的自我描绘,将那时的自己与现在的成长变化进行对比。这不仅是一次回顾,更是一次自我发现的旅程。请大家细细品读信中的自己,勇敢分享在这次团体辅导中的所得所感。

具体操作:老师将第一次团体辅导时写的信封发给每一位同学,让他们比较第一次团体辅导时对自己的描述与现在的自己是否有所改变。同学们分享团体辅导过程中的收获,老师最后进行总结。

结束:小结(建议时长:5 分钟)

活动目标:总结活动中的收获和感悟,升华团体辅导活动的意义与价值。

教师总结语:亲爱的同学们,随着我们今天的活动缓缓落下帷幕,我们的团体辅导之旅也即将画上圆满的句号。回望这段时光,我们共同经历了欢笑与挑战,分享了彼此的故事与感悟,见证了彼此的成长与蜕变。团体辅导不仅是一个学习的过程,更是一次心灵的旅行。它让我们在忙碌的学习和生活中找到了一片宁静的港湾,让我们有机会停下脚步,反思自我,发现内心的力量。我相信,这段经历将会成为我们人生旅途中一段宝贵的回忆,激励我们在未来的道路上勇往直前。在此,我要特别感谢每一位同学的积极参与和真诚付出,是你们的热情与努力,让这次团体辅导活动充满了生机与活力。虽然这次活动即将结束,但我们的友谊和成长之路才刚刚开始。让我们带着这份宝贵的经历和感悟,继续前行,在未来的日子里相互支持、共同进步。最后,祝愿每一位同学在未来的学习和生活中都能保持这份热情与坚持,勇往直前,成就更加辉煌的明天!

附　　录

附表 1 是一份包含 80 个问题的问卷，旨在深入了解您对自己的看法。请您细心审阅每一个问题，并根据您自己的真实情况，在量表中选择"完全符合""多半符合""不确定""多半不符合""完全不符合"中的相应数字，并在数字旁打"√"。请确保每个问题仅做出一种回答，并且不遗漏任何一题，因为每一题都至关重要。

请特别注意，此问卷关注的是您真实感受到的自己，而非您认为应该如何呈现的自己。我们诚挚地邀请您以最真实、最坦诚的态度来回应每一个问题，非常感谢您的配合。

附表 1　儿童自我意识量表

题　目	完全符合	多半符合	不确定	多半不符合	完全不符合
(1) 我的同学嘲笑我	1	2	3	4	5
(2) 我是一个幸福的人	1	2	3	4	5
(3) 我很难交到朋友	1	2	3	4	5
(4) 我经常悲伤	1	2	3	4	5
(5) 我聪明	1	2	3	4	5
(6) 我害羞	1	2	3	4	5
(7) 当老师找我时，我感到紧张	1	2	3	4	5
(8) 我的容貌使我烦恼	1	2	3	4	5
(9) 我长大后将成为一个重要的人	1	2	3	4	5
(10) 当学校要考试时，我就烦恼	1	2	3	4	5
(11) 我和别人合不来	1	2	3	4	5
(12) 在学校里我表现好	1	2	3	4	5
(13) 当某件事做错了常常是我的错	1	2	3	4	5
(14) 我给家里带来麻烦	1	2	3	4	5
(15) 我是强壮的	1	2	3	4	5
(16) 我常常有好主意	1	2	3	4	5
(17) 我在家里是重要的一员	1	2	3	4	5
(18) 我常常想按自己的主意办事	1	2	3	4	5
(19) 我善于做手工劳动	1	2	3	4	5
(20) 我易于泄气	1	2	3	4	5
(21) 我的学校作业做得好	1	2	3	4	5
(22) 我干过许多坏事	1	2	3	4	5
(23) 我很会画画	1	2	3	4	5
(24) 在音乐方面我表现不错	1	2	3	4	5
(25) 我在家表现不好	1	2	3	4	5

题 目	完全符合	多半符合	不确定	多半不符合	完全不符合
(26) 我完成学校作业很慢	1	2	3	4	5
(27) 在班上我是一个重要的人	1	2	3	4	5
(28) 我容易紧张	1	2	3	4	5
(29) 我有一双漂亮的眼睛	1	2	3	4	5
(30) 在全班同学面前讲话我可以讲得很好	1	2	3	4	5
(31) 在学校我是一个幻想家	1	2	3	4	5
(32) 我常常捉弄我的兄弟姐妹	1	2	3	4	5
(33) 我的朋友喜欢我的主意	1	2	3	4	5
(34) 我经常遇到麻烦	1	2	3	4	5
(35) 在家里我很听话	1	2	3	4	5
(36) 我运气好	1	2	3	4	5
(37) 我经常很担忧	1	2	3	4	5
(38) 我的父母对我期望很高	1	2	3	4	5
(39) 我喜欢按自己的方式做事	1	2	3	4	5
(40) 我觉得自己做事丢三落四	1	2	3	4	5
(41) 我的头发很好	1	2	3	4	5
(42) 在学校我自愿做一些事	1	2	3	4	5
(43) 我希望我与众不同	1	2	3	4	5
(44) 我晚上睡得好	1	2	3	4	5
(45) 我讨厌学校	1	2	3	4	5
(46) 在游戏活动中我是最后被选入的成员之一	1	2	3	4	5
(47) 我经常生病	1	2	3	4	5
(48) 我经常对别人小气	1	2	3	4	5
(49) 在学校里同学们认为我有好主意	1	2	3	4	5
(50) 我不高兴	1	2	3	4	5
(51) 我有许多朋友	1	2	3	4	5
(52) 我快乐	1	2	3	4	5
(53) 对大多数事我不发表意见	1	2	3	4	5
(54) 我长得漂亮	1	2	3	4	5
(55) 我精力充沛	1	2	3	4	5
(56) 我经常打架	1	2	3	4	5
(57) 我与男孩子合得来	1	2	3	4	5
(58) 别人经常捉弄我	1	2	3	4	5
(59) 我家人对我很失望	1	2	3	4	5
(60) 我有一张令人愉快的脸	1	2	3	4	5

续表

题　目	完全 符合	多半 符合	不确定	多半 不符合	完全 不符合
(61) 当我要做什么事时总觉得不顺心	1	2	3	4	5
(62) 在家里我经常被捉弄	1	2	3	4	5
(63) 在游戏和体育活动中我是一个带头人	1	2	3	4	5
(64) 我笨拙	1	2	3	4	5
(65) 在游戏和体育活动中我只看不参加	1	2	3	4	5
(66) 我经常忘记我所学的东西	1	2	3	4	5
(67) 我容易与别人相处	1	2	3	4	5
(68) 我容易发脾气	1	2	3	4	5
(69) 我与女孩子合得来	1	2	3	4	5
(70) 我喜欢阅读	1	2	3	4	5
(71) 我宁愿独自做事，也不愿与许多人一起做事情	1	2	3	4	5
(72) 我喜欢我的兄弟姐妹	1	2	3	4	5
(73) 我的身材很好	1	2	3	4	5
(74) 我常常害怕	1	2	3	4	5
(75) 我总是摔坏东西或打坏东西	1	2	3	4	5
(76) 我能得到别人的信任	1	2	3	4	5
(77) 我与众不同	1	2	3	4	5
(78) 我经常有一些坏的想法	1	2	3	4	5
(79) 我容易哭叫	1	2	3	4	5
(80) 我是一个好人	1	2	3	4	5

姓名：　　　　性别：　　　　年龄：　　　　测试日期：

（资料来源：苏林雁，罗学荣，张纪水，等. 儿童自我意识量表的中国城市常模[J].
中国心理卫生杂志，2002(1)：31-34.）

　　附表 2 是一份包含 23 个问题的问卷，旨在深入了解您对自己的看法。请您细心审阅每一个问题，并根据您自己的真实情况，在量表中选择"非常不符合""有些不符合""难以确定""有些符合""非常符合"中的相应数字，并在数字旁打"√"。请确保每个问题仅做出一种回答，并且不遗漏任何一题，因为每一题都至关重要。

　　请特别注意，此问卷关注的是您真实感受到的自己，而非您认为应该如何呈现的自己。我们诚挚地邀请您以最真实、最坦诚的态度来回应每一个问题，非常感谢您的配合。

附表 2　自我意识量表

题　目	非常 不符合	有些 不符合	难以 确定	有些 符合	非常 符合
(1) 我总是试着去了解我自己	1	2	3	4	5
(2) 我在意自己的做事方式	1	2	3	4	5

续表

题　目	非常 不符合	有些 不符合	难以 确定	有些 符合	非常 符合
(3) 我一般很少意识到自己	1	2	3	4	5
(4) 在新场合中，我需要努力去克服自己的害羞	1	2	3	4	5
(5) 我对自己的反省很多	1	2	3	4	5
(6) 我在意如何在别人面前表现我自己	1	2	3	4	5
(7) 在我的白日梦里，我自己经常是主角	1	2	3	4	5
(8) 当我在工作时，如果有人在看着我，我会觉得很不 自在	1	2	3	4	5
(9) 我从来不会反省自己	1	2	3	4	5
(10) 我很容易觉得尴尬	1	2	3	4	5
(11) 我很在意自己的仪容	1	2	3	4	5
(12) 跟陌生人交谈对我来说很容易	1	2	3	4	5
(13) 我通常会很关注自己的内在感受	1	2	3	4	5
(14) 我经常担忧自己如何给别人一个好印象	1	2	3	4	5
(15) 我经常想自己做某些事情的理由	1	2	3	4	5
(16) 当我在众人面前讲话时，我会感到紧张	1	2	3	4	5
(17) 我经常注意自己的外表	1	2	3	4	5
(18) 我有时候会退一步来反省自己	1	2	3	4	5
(19) 我在意别人对我的看法	1	2	3	4	5
(20) 我可以时常觉察自己的情绪变化	1	2	3	4	5
(21) 我出门前的最后一件事情就是照镜子	1	2	3	4	5
(22) 当我在处理事情时，我知道自己心里是怎么想的	1	2	3	4	5
(23) 人数众多的场合会使我紧张	1	2	3	4	5

姓名：　　　　性别：　　　　年龄：　　　　测试日期：

(资料来源：蒋灿. 自我意识量表的初步修订及相关研究[D]. 西南大学，2007.)

本章小结

　　团体领导者在开展自我意识主题团体心理辅导前，需精心设计团体心理辅导方案，明确团体性质、团体名称、团体目标、团体领导者、团体对象与规模、团体活动时间及频率、团体设计理论依据、团体活动场所和团体评估方法。在团体实施前，要依据团体方案规划好每次团体的热身活动、主题活动与结束活动，方案中需详细注明每项活动所需的材料和时间。

　　本章通过快乐相识会、我眼中的我、你眼中的我、独一无二的我、自我突破、自我控制、自我管理、拥抱更好的自己等八个单元的实施，促进学生科学地认识自我，激励自我，管理自我。

思考题

1. 小学生自我意识主题团体方案设计的主要内容是什么？
2. 自我意识主题团体在不同发展阶段设计的重点是什么？

第三章　情绪调节主题

课程目标

知识目标： 学生通过八个单元的亲身体验掌握情绪调节主题活动的理论基础，阐明其常用技术和评估方法，并分析不同单元对学生心理成长发展的作用。

能力目标： 学生能够结合体验过的情绪调节主题，根据不同年龄段学生的特点设计出符合学生心理成长的情绪调节主题方案。在实施方案中，学生能够高效地组织、领导、沟通，并分析解决问题，独立带领团体。

素质目标： 学生在体验与感悟中树立投身基础教育的职业理想，坚定心理育人的教育情怀。

重点与难点

➢ 小学生情绪调节主题方案设计的内容。
➢ 小学生情绪调节主题方案的实施。

第一节　情绪调节主题方案的筹划

一、团体性质与团体名称

团体性质：结构式、封闭式团体。
团体名称：快乐星球队。

二、团体目标

1. 总目标

团体总目标为帮助成员正确认识情绪，培养更好的情绪应对能力。

2. 具体目标

(1) 团体成员能够认识自己的情绪并觉察自己的情绪。
(2) 团体成员能够接纳和表达情绪。
(3) 团体成员能够体验积极情绪。
(4) 团体成员能够掌握情绪管理的方法。
(5) 培养学生积极阳光向上的心态。

三、团体领导者

团体领导者需熟悉团体心理辅导的基础理论，并具有一定个案咨询和带领团体的经验。

四、团体对象与规模

参加对象：小学中高年级学生。

团体成员人数：每个团体人数为 4～6 人，预计组建 7～8 个团体。

五、团体活动时间及频率

活动安排为每周一次，共 8 个单元，每个单元时长为 45 分钟。

六、团体设计理论依据

1. 情绪管理理论

情绪管理理论认为，情绪的管理不是要消除或压抑情绪，而是在觉察情绪后，调节情绪的表达方式，通过一定的策略和机制，使情绪在生理反应、主观感受、表情行为等方面产生相应的变化，从而使人学会在合适的情境中以恰当的方式表达适宜的情绪。

2. 情绪 ABC 理论

情绪 ABC 理论是由美国心理学家阿尔伯特·艾利斯(Albert Ellis)创建的，他认为激发事件 A 只是引发情绪和行为后果 C 的间接原因，而引起 C 的直接原因是个体对激发事件 A 的认知和评价而产生的信念 B，即人的消极情绪和行为障碍结果 C 不是某一激发事件 A 直接引发的，而是经受这一事件的个体对它不正确的认识和评价所产生的错误信念 B 直接引起的。这种错误信念也称为非理性信念。

3. 积极心理学理论

积极情绪是积极心理学研究的一个主要课题，它主张研究个体对待过去、现在和将来的积极体验。在对待过去方面，主要研究满足、满意等积极体验；在对待现在方面，主要研究幸福、快乐等积极体验；在对待将来方面，主要研究乐观体验。

七、团体活动场所

团体活动场所为封闭、宽敞、安静的教室或操场。

八、团体评估方法

团体通过情绪智力量表(EIS)、认知情绪调节量表(CERQ-C)进行前测、后测，具体如附录所示。

九、团体方案

团体方案如表 3-1 所示。

表 3-1　团体方案

次　序	活动主题	活动目标	活动内容及时间
第一单元	快乐相识会	(1) 建立团体意识，营造和谐的团体氛围 (2) 澄清团体活动目标 (3) 激发团体成员参与兴趣 (4) 制定团体规范，签订团体契约	(1) 松鼠搬家(5 分钟) (2) 心情介绍接龙(15 分钟) (3) 我们的约定(20 分钟) (4) 小结(5 分钟)
第二单元	情绪万花筒 (认识情绪)	(1) 帮助团体成员认识情绪 (2) 帮助团体成员分辨情绪 (3) 让团体成员学会觉察自己和他人的情绪	(1) 情绪天气交响乐(5 分钟) (2) 情绪大舞台(15 分钟) (3) 情绪特工队(20 分钟) (4) 小结(5 分钟)
第三单元	情绪变奏曲 (表达情绪)	(1) 帮助团体成员学会表达情绪 (2) 学会尊重和理解彼此的感受	(1) 爱的抱抱(5 分钟) (2) 情绪风景线(15 分钟) (3) 柠檬的情绪之旅(20 分钟) (4) 小结(5 分钟)
第四单元	情绪妙妙屋 (接纳情绪)	(1) 帮助团体成员懂得合理表达自己的消极情绪 (2) 帮助团体成员接纳自己的消极情绪	(1) 把错说出来(5 分钟) (2) 情绪体验卡(15 分钟) (3) 情绪晴雨表(20 分钟) (4) 小结(5 分钟)
第五单元	情绪消防员 (宣泄情绪)	(1) 帮助成员了解负性情绪对人的行为、身心的影响 (2) 帮助成员学会宣泄、表达负性情绪的方法，掌握调节负性情绪的有效策略	(1) 疯狂复印机(5 分钟) (2) 情绪垃圾桶(20 分钟) (3) 踩气球(15 分钟) (4) 小结(5 分钟)
第六单元	情绪来敲门 (管理情绪)	(1) 帮助团体成员了解认知对情绪的重要性 (2) 帮助团体成员了解情绪、事件与想法之间的关联性 (3) 引导团体成员练习理性情绪管理技术	(1) 小鸡变凤凰(5 分钟) (2) 情绪 ABC(20 分钟) (3) 三栏表(15 分钟) (4) 小结(5 分钟)
第七单元	情绪欢乐颂 (积极应对情绪)	(1) 帮助团体成员学习走出消极情绪，唤起积极情绪的方法 (2) 让团体成员学会体验身边的快乐 (3) 体验冥想，觉察当下	(1) 镜中人(5 分钟) (2) 快乐清单(20 分钟) (3) 体验放松(15 分钟) (4) 小结(5 分钟)
第八单元	美好说再见	(1) 帮助团体成员梳理团体中的学习与收获 (2) 升华团体辅导活动的意义与价值	(1) 来击掌吧(5 分钟) (2) 情绪礼物(20 分钟) (3) 情绪苹果(15 分钟) (4) 小结(5 分钟)

第二节　情绪调节主题方案的实施

第一单元　快乐相识会

热身活动：松鼠搬家(建议时长：5 分钟)

活动目标：活跃气氛，消除彼此之间的拘束感。

活动材料：无。

活动场地：教室。

教师引导语：欢迎各位同学加入为期八个单元的情绪调节主题的团体心理辅导课程。从这一刻起，我们就是一个紧密相连的大家庭，老师将扮演引导者的角色，而每位同学都是这个家庭中独一无二、备受珍视的成员。为了营造更加温馨和谐的氛围，我们即将开启一个有趣的"松鼠搬家"热身活动。在游戏中，你们将扮演"大树"或"松鼠"，随着"松鼠""大树"及"地震"的口令灵活变换角色，这是一次深入体验情绪变化的过程，也是我们这个团队适应的过程。每一次的重新组合，都是对自我情绪调节能力的锻炼，也是团队协作精神的体现。让我们在轻松愉快的氛围中，共同探索情绪的世界，消除彼此之间的拘束感，学会在变化中保持平衡，在团队中相互支持，共同成长。

具体操作：三人为一组。两人扮演"大树"，面向对方，伸出双手搭成一个圆圈；一人扮演"松鼠"，并站在圆圈中间；没有成对的同学负责发号施令，口令有 3 个。

第一个口令：喊"松鼠"，"大树"不动，扮演"松鼠"的人必须离开原来的"大树"，重新选择其他"大树"；喊口令的同学扮演"松鼠"并插到"大树"当中，落单的人将受到大家的惩罚。

第二个口令：喊"大树"，"松鼠"不动，扮演"大树"的人必须离开原先的同伴，重新组合成"大树"，并圈住"松鼠"，喊口令的同学同时快速扮演"大树"，落单的人将受到大家的惩罚。

第三个口令：喊"地震"，扮演"大树"和"松鼠"的人全部打散并重新组合，扮演"大树"的人可以做"松鼠"，扮演"松鼠"的人也可以做"大树"，喊口令的同学快速插入到队伍当中，落单的人同样要受到大家的惩罚。

主题活动 1：心情介绍接龙(建议时长：15 分钟)

活动目标：相互认识，建立互动关系。

活动材料：无。

活动场地：教室。

教师引导语：经过"松鼠搬家"的游戏后，同学们已经活力满满了。现在，让我们继续深入，进入"心情介绍接龙"活动环节。每位同学将依次分享自己的姓名、此刻的心情以及所喜欢的东西。在这个过程中，从第二位同学开始，每位同学都需要先准确复述前一位同学分享的内容，再分享自己的信息，依次类推。这个过程，能让我们的友谊在相互倾听与复述中悄然滋长，使情感交流得以深化，情绪共鸣被温柔唤醒。我们也会惊喜地发现，每个人的内心世界都是独一无二的风景，充满了丰富的情绪色彩，值得我们用最真挚的心去感知、去珍惜。让我们共同期待，在这次分享中，收获更多的理解与温暖。

具体操作：首先由第一位同学介绍自己的姓名、此刻的心情和所喜欢的东西。随后，每一位同学在介绍自己之前，必须从前一位同学分享的内容开始复述，依次类推。

主题活动 2：我们的约定(建议时长：20 分钟)

活动目标：保障团体活动的顺利进行，促进良好团体氛围的形成。

活动材料： A4 纸。

活动场地：教室。

教师引导语：经过刚才的"心情介绍接龙"活动，相信同学们对彼此已经有了更深入的了解，我们之间的距离也悄然拉近。俗话说，"说出去的秘密就不再是秘密"，我们深知这里的每一份交流和分享都是彼此间最珍贵的隐私，值得我们用最大的尊重和责任感去呵护。因此，为了构建一个基于信任、安全且开放的交流平台，接下来请大家集思广益，共同制定我们的保密规则与活动契约。要确保不论是对亲密的家人，还是对其他老师、好朋友，我们都能保守这个大家庭的秘密。通过制定规则，我们可以建立信任，创造一个安全、开放的交流环境。让我们一起努力，维护这个大家庭的和谐与团结。现在，同学们可以讨论一下我们的保密规则和活动契约。

具体操作：小组固定成员讨论在参加团体活动过程中应该遵守哪些规则，每组派一人报告讨论结果。教师将所有讨论结果汇总，最终形成本团体的活动契约，并请每位成员在活动契约上签字。

结束：小结(建议时长：5 分钟)

活动目标：总结活动中的收获和感悟。

教师总结语：在本次团体情绪探索的活动里，我们共同创造了情感交流的温馨世界。这些活动不仅增进了我们彼此之间的了解，而且掌握了识别自我情绪、倾听他人心声的技巧。随后，我们共同制定了团体契约，这份契约是诚信与尊重的象征，它将引领我们走向更加和谐、温馨的集体生活。在此，我真诚地呼吁每位成员，务必遵守这份我们共同缔造的契约，以诚实守信的态度对待自己和他人，确保每个人的隐私得到尊重，每一种感受都被温柔以待。

每一位同学的积极参与和真诚分享，如同点点星光，汇聚成我们团体成长的璀璨银河。未来，让我们继续携手，用爱与理解滋润彼此的心灵，共同创造一个充满正能量与成长机会的情绪家园，收获更多心灵的成果与成长的喜悦。

第二单元 情绪万花筒

热身活动：情绪天气交响乐(建议时长：5 分钟)

活动目标：活跃气氛，消除彼此之间的拘束感。

活动材料：无。

活动场地：教室。

教师引导语：亲爱的同学们，欢迎回到我们的团体心理辅导课程！我们本节课的重点是如何认识情绪。接下来，我们将通过一场别开生面的"情绪天气交响乐"开启我们的情绪探索之旅。在这个活动中，不同的声音将代表不同的情绪状态：轻柔的搓手声代表着内心的平静；双手打响指的声音则像是心中泛起的一丝喜悦或惊喜；热烈的鼓掌声则是我们内心激动或快乐的表达；而跺脚加拍桌子的声音则象征着强烈情绪的释放，可能是兴奋，也可能是愤怒。现在，请大家选择一种声音来代表你此刻或曾经感受过的某种情绪，并随着我的指令一起"演奏"。这次活动是一次情感的共鸣与分享。通过这样的方式，我希望每位同学都能感受到情绪的多样与美妙，同时也能更加理解和接纳自己及他人的情绪。让我们在欢声笑语中，用声音搭建起一座桥梁，连接彼此的心灵，共同探索情绪的奥秘，享受这场"情绪天气交响乐"吧！

具体操作：老师告诉学生不同的声音代表不同的天气，如搓手声代表微风、双手打响指的声音代表小雨、鼓掌声代表大雨、跺脚加拍桌子的声音代表狂风暴雨。让学生选择自己喜欢或擅长的方式(上述四种)发出声音，然后根据老师的指令，按照一定的顺序发出声音，如按照微风、小雨、大雨、狂风暴雨的顺序，或者反过来。

主题活动 1：情绪大舞台(建议时长：15 分钟)

活动目标：认识五种基本情绪。

活动材料：《头脑特工队》视频。

活动场地：教室。

教师引导语：从"情绪天气交响乐"的旋律中，我们已经领略到多种多样的情绪。现在，我们即将步入"情绪大舞台"，通过观看《头脑特工队》片段，遇见五位情绪使者。观看影片后，让我们化身为情绪诠释者，在大圆圈中展现喜悦、愤怒、悲伤、恐惧与厌恶。无须多言，一个表情、一个动作，足以传递情感的深度。同学们，准备好了吗？让我们在互动中深化理解，为情绪探索之旅蓄势待发，绽放自我情感！

具体操作：观看《头脑特工队》片段，认识五位有趣的角色，他们分别代表了五种基本情绪：喜悦、愤怒、悲伤、恐惧和厌恶。观看完毕后，请同学们站成一个大圆圈，老师大喊一个情绪的名字，大家要迅速做出相应的表情和动作。例如，当老师喊"喜悦"时，同学们要迅速露出开心的笑容。

主题活动 2：情绪特工队(建议时长：20 分钟)

活动目标：学会分辨情绪，觉察他人的情绪。

活动材料：词语卡片。

活动场地：教室。

教师引导语：在"情绪大舞台"的精彩演绎之后，我们加深了对情绪的理解。现在，让我们组建"情绪特工队"，踏上一段新的探索之旅。每位同学将收到一张充满挑战的卡片，上面写着代表不同情绪的词语。你们的任务是成为情绪侦探，敏锐地找出这些情绪词语，并与小组成员携手，将它们的内涵以生动的表演呈现出来。其他同学请仔细观察，用心感受，猜猜他们演绎的是哪种情绪，并分享自己的体验。通过这样的交流，我们将更加贴近彼此的心灵，觉察他人的情绪和情感。准备好了吗？让我们的"情绪特工队"出发吧！

具体操作：老师发给每位同学一张写满各类词语的卡片，请同学们找出能代表情绪的词语，并以小组为单位表演这些词语描述的情绪，其他同学猜猜他们表演的是哪种情绪。最后，请同学们讨论：自己平常会出现这些情绪吗？一般在什么时候出现呢？

结束：小结(建议时长：5 分钟)

活动目标：总结活动中的收获和感悟。

教师总结语：在经历了一系列情绪探索的旅程之后，我们共同见证了情绪的独特与美丽。现在，我诚挚地邀请每位同学分享你的感受与收获。不论是"情绪天气交响乐"中的自由表达，还是"情绪大舞台"上的角色扮演，抑或是"情绪特工队"中的细心观察与深刻理解，都一定给你留下了难忘的印象。请勇敢地站出来，用你的声音传递你的情感，让我们在彼此的分享中，共同回味这段探索之旅的美好，也为未来的成长之路增添更多的色彩与力量。

第三单元　情绪变奏曲

热身活动：爱的抱抱(建议时长：5 分钟)

活动目标：活跃气氛。

活动材料：无。

爱的抱抱

活动场地：教室。

教师引导语：亲爱的同学们，欢迎回到我们的团体心理辅导课程！本节课的重点是如何表达情绪。首先，我们将通过一个简单的活动"爱的抱抱"来预热。请同学们迅速围成一个紧密的圆圈，彼此之间保持适当的距离，但不要太远，因为我们即将开始的是一项需要相互接近的游戏。随着我的口令，你们将开始围绕这个圆圈慢跑，不需要太快，保持合适的速度即可。接下来，我会随机喊出一个数字，这个数字将代表你们需要找到的伙伴数量。当你们听到这个数字时，需要立刻停下脚步，并尽快找到相应数量的同学，与他们紧紧相拥。这个过程中，请大家保持积极和开放的态度，不要担心被拒绝或找不到伙伴，因为每位同学都有机会成为别人的依靠。

"爱的抱抱"不仅仅是一个游戏，更是一种情感的交流和体验。通过这个活动，我希望你们能够感受到来自同学间的温暖和支持，理解在团队中相互接纳和关爱的重要性。同时，这个游戏也将为接下来的团体辅导活动营造一个轻松、活跃的氛围，让我们在更加放松的状态下探索自我，理解他人。

现在，请同学们集中注意力，跟随我的口令，开始"爱的抱抱"活动。记住，无论结果如何，都要保持微笑和友善，因为这正是我们团队的力量所在。

具体操作：团体成员围成一个圆圈，缓慢地跑动起来；老师喊"爱的抱抱，爱的抱抱，爱的抱抱……"最后说一个数，如"3"，意味着需要 3 个人抱在一起。判断某位同学是否属于"一个抱抱"，必须观察是否有其他同学也抱住了他，而不仅仅是他一个人抱住了其他同学，这样硬贴上去的同学就要被淘汰。

主题活动 1：情绪风景线(建议时长：15 分钟)

活动目标：帮助学生了解自己的情感，尊重和理解彼此的情感。

活动材料：A4 纸、彩笔。

情绪风景线

活动场地：教室。

教师引导语：经过温馨而充满活力的"爱的抱抱"互动，我们深刻体会到了团队间无形的纽带，以及那份不言而喻的温暖与支持。现在，让我们携手步入"情绪风景线"的探索之旅，进一步洞察自己及他人的情感世界。

请大家拿起手中的画笔，不拘泥于任何形式或技巧，让心灵成为指引，自由地在空白的画纸上画出所感受到的自然景观。在创作的过程中，不要刻意构思，请尝试捕捉那些稍纵即逝的情感瞬间，将它们定格在画面上。当一幅幅独特的情感风景图跃然纸上时，请记得在画作的一角，轻轻写下那个最能触动你心灵的词汇。

接下来，我们将进入分享环节。每位同学都有机会展示自己的作品，并讲述其背后的情感故事。在倾听他人的分享时，请大家保持开放和尊重，用心去感受那份来自不同心灵的共鸣。或许你会发现，尽管我们的情感经历各不相同，但在情感深处，我们却有着相似的情感体验和渴望。

通过"情绪风景线"活动，我们期待能够增进彼此之间的理解和尊重，学会以更加包容和接纳的心态去面对不同的情感表达。让我们共同绘制出一幅幅多彩而温暖的团体辅导记忆，让这份珍贵的经历成为我们成长道路上的一抹亮色。

具体操作：每位学生在一张纸上画出自己所感受到的自然景观，可以是星空、海洋、湖泊等。学生需在自己画出的自然景观旁边写下一个与之相关的情感词汇，并将自己的画作分享给大家。同时，学生需要用口语化的语言表达自己画作和情感词汇之间的联系。其他学生可以提出问题或分享自己类似的经历，以便更好地理解和支持彼此。

主题活动2：柠檬的情绪之旅(建议时长：20分钟)

活动目标：学会用自己的方式理解和表达情感，尊重并理解彼此的情感体验。

活动材料：无。

活动场地：教室。

教师引导语：在"情绪风景线"的旅途中，我们共同漫步于彼此的情感世界，感受了多样而深刻的情感色彩。现在，让我们携手踏入"柠檬的情绪之旅"，一同体验小柠那充满奇遇与情感的旅程。小柠的故事，如同一面镜子，映照出我们内心世界的丰富多彩。在接下来的环节中，你们将化身为那颗勇敢探索的柠檬，面对雨滴的轻抚、阳光的温暖，以及小朋友好奇的目光。请闭上眼睛，深呼吸，让自己完全沉浸在这些情境中，用心感受那份只属于你的独特情绪。

同学们，没有一种情绪是多余的，它们都是我们生命旅程中宝贵的财富。不论是喜悦、自由，还是疼痛、委屈，都是我们情感世界的真实写照。让我们在相互倾听与理解中，学会更加珍视和尊重彼此的情感世界。现在，就让我们一同启程，开始这场关于柠檬、关于自我、关于情感的奇妙之旅。

具体操作：首先，老师讲述柠檬的故事。有一颗柠檬叫小柠，它住在一个美丽的果园里，与其他水果朋友们快乐地生活在一起。小柠是个热情开朗的柠檬，对人类的世界充满了好奇和向往。有一天，小柠来到了人类的世界，它经历了一系列的冒险和奇遇。小柠看到风筝高高地飞在天空中，感受到了自由和喜悦。然而，小柠也遇到了一些挑战。在繁忙的市中心，有人踩到了它，它感受到了疼痛和委屈。最后，小柠回到了果园，它把在人类世界的所见所闻告诉了果园的朋友们，并邀请它们一起参加一个有趣的游戏——"柠檬的情绪之旅"。之后老师设定一些情境，如雨滴落在柠檬上、温暖的阳光洒在柠檬上、柠檬被小朋友抚摸等，要求同学们想象自己是这颗柠檬，并用一句话描述自身的感受。学生可以用任何形容词来表达自身的情绪。每个人都以柠檬的视角分享自己在不同情境下的感受和情绪。要让学生们意识到，情绪是多样而丰富的，且这些情绪都是我们生活不可或缺的一部分。

结束：小结(建议时长：5分钟)

活动目标：总结活动中的收获和感悟。

教师总结语：每一次的分享，都是一次心灵的触碰，让我们更加贴近彼此。我看到了你们眼中的光芒，那是对情感的深刻洞察；我听到了你们心中的声音，那是对生命体验的真诚流露。请勇敢地和大家分享你们的故事，以及在本次课程中的收获与感悟。

经过一系列丰富多彩的活动，我们仿佛经历了一场心灵的盛宴。让我们带着这份对情感的敏锐觉察与理解，继续前行。在未来的日子里，不论是面对挑战还是拥抱机遇，都请铭记：你们的情感是宝贵的，你们的感受是值得被尊重和倾听的。愿同学们都能成为彼此生命中那温暖的色彩，共同绘制出一幅幅绚丽多彩的人生画卷。

第四单元　情绪妙妙屋

热身活动：把错说出来(建议时长：5分钟)

活动目标：活跃气氛，引导学生由接纳错误过渡到接纳情绪。

活动材料：无。

活动场地：教室。

把错说出来

教师引导语：亲爱的同学们，欢迎回到我们的团体心理辅导课程！我们本节课的重点是如何接纳情绪。接下来，我们将以"把错说出来"活动拉开本节课的序幕。这个活动旨在通过一系列快速的指令与反应，让同学们在轻松愉快的氛围中，体验并学习如何直面自己的错误与情绪。

活动开始时，我会随机给出各种指令，同学们需要根据指令做出相应的动作或反应。不过，无论你的反应是快是慢，是对是错，这都只是游戏的一部分。重要的是，当我们发现自己没有按照指令正确行动时，要勇敢地举起手，清晰地说出"对不起，我错了"。面对错误，无须逃避或掩饰，坦诚地承认，并从中吸取教训，在失败与挫折中保持坚韧与乐观。

同时，"把错说出来"这个活动也鼓励我们建立一个支持、理解和包容的情绪接纳环境。当我们看到他人犯错并勇敢地承认时，我们应当给予他们理解与支持，而不是嘲笑或指责。因为在这个团队中，每个人都是独一无二的，都值得被尊重与包容。通过相互的鼓励与帮助，同学们可以共同成长，共同进步，让团队的力量因我们的相互理解与接纳而更加强大。

具体操作：老师将学生分成两组，两组学生并排站成两列；老师喊出指令，学生根据指令完成动作，如"1"代表向左转，"2"代表向右转，"3"代表向前走一步，"4"代表向后退一步。老师喊指令的同时需观察学生的表现，如果有学生做错，该学生则需举起右手，并大声说出"对不起，我错了"。老师可问大家"你是否能跟上老师的指令？""你是否做错？"等问题，并根据大家的回答进行总结。

主题活动1：情绪体验卡(建议时长：15分钟)

活动目标：合理表达和接纳消极情绪。

活动材料：舒缓的音乐。

活动场地：教室。

教师引导语：在"把错说出来"的轻松氛围中，同学们学会了以开放的心态接纳自己的不完美。接下来，让我们深入"情绪体验卡"环节，通过舒缓的音乐与心灵的对话，回顾这一周的情绪起伏。请各位同学勇敢分享，不论是喜悦还是忧伤，都是我们成长的真实写照。通过这一环节的深入探索，它将教会我们如何与自己的情绪和平共处，如何在复杂的情感海洋中找到方向。它让我们明白，情绪不是负担，而是推动我们成长与变化的力量源泉。我们将更加理解并接纳自己的情感世界，为未来的自我成长铺设更加坚实的道路。

因此，请珍惜这次与自己对话的机会，让心灵在"情绪体验卡"的引领下，完成一次深刻的自我发现与成长之旅。未来的你，定会感谢今天这个勇敢而真诚的自己。

具体操作：在老师的带领下，学生们静下心来，伴随着舒缓的音乐，回想这一周的情绪起伏。然后请学生们轮流分享自己在一周时间内的情绪变化，此时老师需要引导学生适当表达负性情绪。

主题活动2：情绪晴雨表(建议时长：20分钟)

活动目标：合理表达和接纳消极情绪。

活动材料：情绪词汇，表情图片，气象图片。

活动场地：教室。

教师引导语：在"情绪体验卡"的温馨氛围中，同学们学会了倾听与表达。接下来的"情绪晴雨表"活动，将带领各位同学步入一次更加直观且富有创意的情绪探索之旅。通过词汇与表情的配对，再与气象图片的结合，我们将情绪的多样性与自然界的变幻莫测相结合，进一步领悟情绪的力量与多彩。最后，通过讨论喜欢或不喜欢的情绪，我们将更加了解自己，学会以更加开放和接纳的心态去面对生活的每一个瞬间。

具体操作：老师将学生分成几组，并将提前准备好的情绪词汇和表情图片发给各组，各组需将对应的情绪词汇与表情图片进行配对，即将情绪词汇贴在对应的表情图片下方。然后老师给各组发气象图片(如阴天、雨天、晴天、打雷)，各组将气象图片和表情图片进行配对，并向大家展示配对结果并说明原因。最后老师需要问学生"你喜欢或不喜欢哪种情绪？"，并根据学生回答进行总结。

结束：小结(建议时长：5分钟)

活动目标：总结活动中的收获和感悟。

教师总结语：经过一系列的团体辅导活动，我们从"把错说出来"的轻松开场，学会了以开放的心态面对错误；到"情绪体验卡"的深刻反思，我们勇敢地分享了内心的情感起伏；再到"情绪晴雨表"的创意展示，我们用独特的方式表达了情绪的多彩与复杂。每一个活动都是一次心灵的触碰，让我们更加了解自己，也更加理解他人。

现在，我诚挚地邀请每位同学分享你们在这一过程中的感受与收获。不论是从错误中汲取的力量，还是在情绪探索中的新发现，都请大胆地表达出来。让我们在分享中继续深化对情绪的理解，学会更加合理地表达与接纳消极情绪。因为正是这些真实的情感体验，构成了我们丰富多彩的人生画卷。期待你们的精彩分享！

第五单元　情绪消防员

热身活动：疯狂复印机(建议时长：5 分钟)

活动目标：活跃气氛，引导学生理解情绪在人际交往中的传播，并帮助成员了解负性情绪对人的行为和身心的影响。

活动材料：无。

活动场地：教室。

教师引导语：同学们，欢迎回到我们的团体心理辅导课程！本节课的重点是如何宣泄情绪。俗话说"笑一笑，十年少"，情绪的力量不可小觑。它能瞬间拉近心与心的距离，点亮生活的色彩。接下来，我们将进行"疯狂复印机"游戏。在 5 分钟内，我们将通过夸张的动作传递情绪，活跃气氛，同时探索情绪在人际交往中的力量。想象一下，每一个动作都是情绪的直接语言，能够跨越语言的界限，直击心灵。

现在，请同学们迅速站成一个圈，我将作为这场"疯狂复印机"游戏的起始点，用我的肢体语言和面部表情首先展示一种情绪。随后，大家依次传递情绪，每个人都要尽全力去捕捉、放大，并再创造这份情绪，传递给下一位伙伴。让我们在欢笑与模仿中，深刻体验情绪在人际交往中的魔力，学会如何在日常生活中合理表达与管理自己的情绪。现在，游戏开始！

具体操作：教师邀请全体学生站成一个圈，面向圈内，教师也参与其中。"我们每个人都是一部复印机，可以把前一位同学传递的信息传达给下一位同学。但由于最近计算机病毒肆虐，我们这些复印机都出了毛病，变成了'疯狂的复印机'。我们会把前一位同学的信息明显放大后，再传递给下一位同学。现在，让我们看看当信息在全班传递一圈后会出现什么问题。记住，我们是'疯狂的复印机'！"

第一轮游戏可以从教师做出单一动作开始。例如，教师微笑，下一位学生可能出声笑，再下一位学生就可能大笑，依次类推，直到学生笑得直不起腰或笑得满地打滚。允许学生在传递过程中大胆发挥，如果有人表现出色，应鼓掌给予鼓励。

另外，游戏的规则可以逐渐变复杂。开始时可以选择微笑、惊讶、愤怒、跺脚等单一动作，等学生们熟悉了游戏规则后，可以把题目变成一连串带有情绪色彩的动作。教师也可以邀请任何同学作为出题者，做出第一个表情或动作，并传递给下一个人。

主题活动 1：情绪垃圾桶(建议时长：20 分钟)

活动目标：了解他人的情绪和烦恼，帮助成员学会宣泄、表达负性情绪的方法，掌握调节负性情绪的有效策略。

情绪垃圾桶

活动材料：A4 纸，垃圾桶。

活动场地：教室。

教师引导语：在完成了"疯狂复印机"的欢乐游戏后，相信同学们也会深刻体会到情绪在人际交往中的巨大影响力。那么，当这些情绪变得消极、沉重时，我们又该如何应对呢？接下来，我们将进入"情绪垃圾桶"环节。在这个环节中，同学们将分组进行，通过书写与抽取纸团的方式，分享彼此最近的消极情绪体验，并尝试从对方的角度思考如何提供支持和帮助。通过"情绪垃圾桶"活动，我期望每位同学都能更加坦诚地面对自己的情绪，学会合理宣泄与表达。同时，也能掌握一些实用的调节策略，让自己在面对负性情绪时能够更加从容不迫。

现在，让我们带着从"疯狂复印机"游戏中获得的启示与勇气，一起踏入"情绪垃圾桶"的探索之旅吧！相信在这个过程中，我们不仅能够更好地了解自己，也能更加紧密地团结在一起，共同成长。

具体操作：老师将学生分成若干小组，并准备数量与组数相同的垃圾桶。组内成员把最近发生的引发自己体验到消极情绪的一件事写下来，写完后把纸揉成一团并扔进垃圾桶里。学生分别从自己组的垃圾桶中抓取一个纸团，打开看一看纸上的内容(如果抓到自己写的纸团，需重新抓取)，并思考"如果自己遇到同样的事会怎样，自己会如何帮助这个同学发泄或调节情绪"。讨论 5 分钟后，组内成员轮流发言。老师需要问学生"你是否遇到过与抓到的纸团上相同的事情？在和大家讨论后，你是否有不一样的看法？"，并根据学生的回答进行总结。

主题活动 2：踩气球(建议时长：15 分钟)

活动目标：帮助成员学会宣泄、表达负性情绪的方法，掌握调节负性情绪的有效策略。

活动材料：气球。

活动场地：教室。

教师引导语：在"情绪垃圾桶"的深刻交流后，我们将以"踩气球"这一简洁而富有象征意义的活动，继续探索负性情绪的宣泄与情绪调节的方法。每位同学手中的气球，将成为情绪的载体，随着故事的展开，大家将情绪注入其中。当故事结束，我们共同释放这份力量，踩爆气球，感受情绪释放的轻松与畅快。

此刻，我想请各位同学分享："哪些故事片段触动了你？在吹与踩的过程中，你的内心有何变化？面对烦恼，你会如何运用这些体验来调适自己？"通过今天的活动，我们不仅学会了表达与释放，更找到了内心的力量与成长的方向。

具体操作：老师提前为每位同学准备一个气球。游戏开始后，老师把气球发给学生，接着读出一个情境故事。提醒学生在听故事的过程中感受到消极情绪时，就往气球里吹一口气，直至老师读完故事。最后，老师让学生把气球系好，并一起踩爆气球。

老师问大家："故事中的哪个片段让你印象特别深刻？""在吹气球的时候你有什么感受？""踩爆气球的时候你有什么感受？""当遇到烦恼时你会怎么办？"，并根据大家的回答进行总结。

结束：小结(建议时长：5 分钟)

活动目标：总结活动中的收获和感悟。

教师总结语：希望通过今天的活动，同学们能够找到适合自己情绪表达与情绪调节的方法。有哪位同学想分享一下你今天的收获呢？

同学们，今天的活动是一次关于情绪的深刻探索与表达的旅程。从"疯狂复印机"的欢笑中，我们认识到情绪的力量；在"情绪垃圾桶"里，我们勇敢地面对并分享了自己的负性情绪；再到"踩气球"环节中，我们体验了情绪释放的畅快与轻松。通过一系列活动，你们不仅学会了如何表达情绪，更重要的是，你们学会了共情、理解和自我调适。这些宝贵的经验和感悟，将成为你们未来面对生活挑战时的坚强后盾。老师看到你们在这次活动中收获了成长与自信，感到非常欣慰，同时，老师也期待你能将这些正能量延续到未来的每一天。

第六单元 情绪来敲门

热身活动：小鸡变凤凰(建议时长：5 分钟)

活动目标：活跃气氛，体会自己的想法和情绪。

活动材料：无。

活动场地：教室。

教师引导语：亲爱的同学们，欢迎回到我们的团体心理辅导课程！本次课程的重点是如何管理情绪。现在，我们将进行"小鸡变凤凰"的热身环节！让我们以蹲下的姿态，化身为待孵的鸡蛋，通过"石头、剪子、布"的简单游戏，一步步进化，体验从鸡蛋变成小鸡，再变成凤凰，乃至最后化为人形的奇妙历程。在这个过程中，请同学们用心感受每一次挑战带来的情绪起伏，不论是成功的喜悦还是失败的挫折，都是对我们内心的一次洗礼。游戏结束后，我期待听到你们的心声，分享那些关于成长、坚持与自我发现的宝贵感悟。现在，就让我们带着笑容和热情，开启这场进化之旅吧！

具体操作：全体成员先蹲下作为鸡蛋，相互找同伴进行猜拳(石头、剪子、布)，赢者进化为小鸡；随后找小鸡同伴再猜拳，赢者进化为凤凰；再找凤凰同伴进行猜拳，赢者可以进化为人，从而赢得比赛。输者需退化为前一个阶段。活动持续进行，直到大部分成员都进化为人为止。游戏结束后，询问不同成员的感受、想法和情绪，包括直接成功的人，接近成功却又变回鸡蛋的人，连续失败的人，最终留在场上的人。要求成员用心体会和觉察自己的想法和情绪。

主题活动 1：情绪 ABC(建议时长：20 分钟)

活动目标：了解认知对情绪的重要性，了解情绪、事件与想法之间的关联。

活动材料：无。

活动场地：教室。

教师引导语：同学们，接下来我们进入"情绪 ABC"环节，一起探索情绪与认知的奥秘。请大家回忆一周内的烦恼，并用今天所学的情绪 ABC 理论进行审视：烦恼的事件(A)、自己的信念(B)，以及这些信念如何引发特定的情绪(C)。需要注意的是，我们应认识到，真正影响我们情绪的是我们对事件的看法，而非事件本身。同时，尝试用理性的想法驳斥非理性的想法，成为自己情绪的掌舵者。通过这个过程，我希望每位同学都能学会用理性的想法照亮内心的角落，用更加客观和包容的心态去面对生活中的挑战与不如意。改变认知，就能改变情绪。当同学们学会用理性的想法驳斥非理性的想法时，就掌握了调节情绪的钥匙，就能够变得更加强大。

具体操作：老师介绍情绪 ABC 理论，要求每位同学回忆自己最近一周的烦恼(事情的起因、经过、结果，以及自己的想法、所产生的情绪)，并尝试用情绪 ABC 理论进行分析和反驳。最后老师进行总结，指出"影响情绪的不是事件本身，而是我们对事件的看法"，用理性的想法驳斥非理性的想法是调节情绪的关键。

主题活动 2：三栏表(建议时长：15 分钟)

活动目标：引导团体成员练习理性情绪管理技术。

活动材料：自动思维监控表，如表 3-2 所示。

表 3-2　自动思维监控表

日　期	情　境	自动思维	情　绪
	什么现实的事情或意识到的事情导致情绪	(1) 有什么思维/意象 (2) 思维相信程度	(1)体验到的情绪 (2)情绪强度

活动场地：教室。

教师引导语：在深入探索了情绪与认知的紧密关联后，我们将通过"三栏表"这一实践环节，将理论知识转化为实际行动。三栏表技术不仅能帮助我们清晰地识别情绪背后的自动思维，还能引导我们学会理性地审视和调整这些思维，从而达到情绪管理的目的。现在，请各位同学拿起手中的自动思维监控表，跟随我的指导，一步步完成填写。在分享与总结中，我们将共同见证情绪管理能力的提升，为接下来的学习与生活奠定更加坚实的心理基础。

具体操作：老师将自动思维监控表发给每位成员，介绍三栏表技术的基本思路以及三栏分别表示的具体内容。老师进行示范，然后让学生填写表格。最后根据学生的分享进行总结。

自动思维监控表填写步骤如下。

(1) 记录下自己的情绪体验(用一个词或几个词来表达自己的情绪)。

(2) 填写日期和情境：描述周围发生了什么或者自己注意到/意识到了什么。

(3) 觉察自动思维内容，询问自己："在体验到这种情绪的时候，自己在想什么？"

(4) 对自动思维和情绪进行评估(0～100%)。

结束：小结(建议时长：5 分钟)

活动目标：总结活动中的收获和感悟。

教师总结语：经过一系列的情绪探索与实践活动，从"小鸡变凤凰"的轻松开场，到对"情绪 ABC"的深刻领悟，再到"三栏表"的实践应用，我们共同经历了一场关于情绪与自我成长的精彩旅程。现在，我想邀请每位同学停下脚步，回顾这段时光，用心总结你们的收获与感悟。

现在，我希望每位同学都能勇敢地站出来，分享你在这次活动中的收获和感悟。不论是关于情绪的认识、自我成长的体悟，还是对未来生活的展望，我都愿意倾听并为你鼓掌。因为你们的每一次分享，都是对这段旅程的最好见证，也是对我们共同成长的最佳庆祝。

第七单元　情绪欢乐颂

热身活动：镜中人(建议时长：5 分钟)

活动目标：认识情绪，唤起积极情绪。

活动材料：无。

镜中人

活动场地：教室。

教师引导语：亲爱的同学们，欢迎回到我们的团体心理辅导课程！本次课程的重点是如何积极应对情绪。我们以一个简短而有趣的热身活动——"镜中人"拉开本节课的序幕。请各位同学两两一组，一人扮演"照镜子的人"，尽情展现快乐情绪；另一人则扮演"镜中成像"，模仿对方的表情。通过互换角色，体验情绪的传递与共鸣。请注意，在模仿过程中，你的情绪是否也会随之变化。这个练习可以让我们认识到情绪的可传递性，并学会唤起和分享积极情绪。现在，让我们用欢笑开启今天的旅程！

具体操作：成员两人一组，一人扮演"照镜子的人"，要做出各种快乐的表情；另一人扮演"镜中成像"，要模仿对方的样子。一轮表演完成后，双方互换角色。

活动结束后学生需要讨论两个问题：①扮演"镜中成像"，模仿别人的表情时，自己的情绪是否也有变化？②通过这个练习，你感悟到了什么？并将讨论结果与其他同学分享。

主题活动 1：快乐清单(建议时长：20 分钟)

活动目标：帮助成员掌握调节情绪的方法和技巧，构建愉悦心情。

活动材料：A4 纸，笔。

活动场地：教室。

教师引导语：在刚刚的"镜中人"活动中，同学们认识到了情绪的力量与美好。接下来，让我们带着这份觉察，进入"快乐清单"活动。请各位同学静心回忆，捕捉最近两周的快乐瞬间，并将至少 10 项内容记录在笔记本上，这是属于你个人的快乐宝藏。随后，部分同学将与我们分享这份喜悦，让我们在彼此的快乐中相互温暖。然后，同学们将以小组为单位，以各位同学的"快乐清单"为灵感，集思广益，挖掘更多快乐的源泉，共同绘制出小组的"快乐地图"。让我们携手，将快乐延续，用积极的心态拥抱每一天。

具体操作：请学生回想最近两周令自己开心的事件，在 A4 纸上列出自己的"快乐清单"，每人至少列出 10 项，并请部分学生分享自己的"快乐清单"。在同学们"快乐清单"的启发下，教师需要帮助学生开动脑筋，尽可能多地寻找快乐。最后，每个小组请一位同学做记录，完成小组的"快乐清单"。

主题活动 2：体验放松(建议时长：15 分钟)

活动目标：体验冥想，觉察当下。

活动材料：舒缓的音乐。

活动场地：教室。

教师引导语：下面我们将体验一场紧张与放松的转换活动，感受身体与心灵的微妙联系。接下来，让我们进一步深入内心的宁静，通过冥想，真正体验"活在当下"的美妙。请跟随我将注意力从外界收回，集中于自身的呼吸与感受。在接下来的时间里，我们将随着悠扬的音乐，漫步于心灵的湖畔，让心灵得到彻底的放松与净化。在这片宁静的天地间，让所有的烦恼与压力都随风而去，只留下纯粹的自我与大自然的和谐共鸣。请各位同学准备好，与我一同踏上这段美妙的冥想之旅，感受前所未有的平静与喜悦。

具体操作：所有人围成一个圆圈站立，并向两边伸出双手，左手掌心向下，右手食指向上并与右侧同学的掌心相接，然后老师随机喊出数字。当听到数字中有"3"时，大家用左手抓住左侧同学的右手食指，同时避免右手食指被右侧同学抓到，可持续进行 5～6 轮。老师通过引导语让学生体验躯体紧张的感觉。同时播放舒缓的音乐，并让学生跟随引导语进行放松。

引导语：同学们，大家好，今天由我和大家一起开启美妙的心灵旅程。请同学们安静地坐在椅子上，将背部挺直，身体放松且舒服地坐着，然后闭上眼睛。首先，我们来练习深呼吸。深呼吸能让我们放松、快乐和自由。用鼻子吸气，嘴巴吐气。吸气时，嘴巴要闭着，用鼻子深深地吸一口气；同时，腹部要像气球一样慢慢鼓起来。再用嘴巴缓缓地把气吐出去，同时腹部慢慢瘪下去。注意，整个过程要缓慢。请你们跟着我一起做，轻轻地闭上眼睛，全身放松，用鼻子吸气，深深地吸一口气；再用嘴巴吐气，缓慢地把气吐出去。(停顿几秒)深呼吸，把注意力集中到你的呼吸上。用鼻子吸气，用嘴巴吐气，呼吸越来越深，你也越来越放松。我们再来一次深呼吸：用鼻子吸气，嘴巴吐气。

现在想象我们来到一片碧绿的湖水边，雨后初晴，湖水变得澄净与平和。微风拂来，湖边的垂柳悠扬地舞动着它们柔软的枝条。不远处，一只金色的蜻蜓贴着湖面飞过，激起一圈圈涟漪。空气也变得清新而愉悦。我们忍不住深吸一口气，将这雨后的芬芳吸入腹中，让我们的身体得到净化。接着缓缓地吐一口气，将体内郁积的污气、浊气一起排出，感觉身体变得像蜻蜓一样轻盈。想象我们挥动晶莹的双翼，如蜻蜓一般，停在如镜面般的湖中央。湖水沾湿我们的脚趾，传递给我们一身的清凉。让我们再吸一口气，尽情享受这大自然的盛宴，使心灵更加充实，更加富足；慢慢地呼气，将体内残留的不悦与烦忧驱逐出体外，回归纯朴真实的自我。朦胧中，我们又听到了夏蝉的低吟，树叶的婆娑，生活的压力在这分外安宁的环境中渐渐消退，一点点地远离我们的生活，远离我们的内心。现在，带着这份宁静，慢慢睁开眼睛。

结束：小结(建议时长：5分钟)

活动目标：总结活动中的收获和感悟。

教师总结语：经过一系列的情绪探索与体验活动，从"镜中人"的欢乐共鸣，到"快乐清单"的温馨回顾，再到紧张与放松的趣味转换，最后沉浸于冥想的宁静之旅，我们共同经历了一场心灵的洗礼。此刻，我诚挚地邀请每位同学静下心来，回顾这些活动的点点滴滴，思考并分享你的收获与感悟。

或许，你学会了如何更好地识别与表达情绪，感受到了积极情绪的力量；或许，你在回顾快乐瞬间时，重新找回了内心的满足与幸福；又或许，在体验放松与冥想的过程中，你体会到了宁静致远的真谛，学会了如何在忙碌与压力中寻找一片属于自己的安宁之地。这些经历与感悟，不仅丰富了各位同学的内心世界，更将成为同学们未来人生旅途中的宝贵财富。让我们珍惜这份成长，带着更加积极、平和的心态，继续前行，在生活的每一个瞬间都绽放出属于自己的光彩。

第八单元　美好说再见

热身活动：来击掌吧(建议时长：5分钟)

活动目标：活跃气氛。

活动材料：无。

活动场地：教室。

教师引导语：亲爱的同学们，欢迎回到我们的团体心理辅导课程！让我们以"来击掌吧"活动正式拉开我们精彩课程的序幕。现在，请同学们迅速行动起来，排成一列，就像一列即将启程的火车，我将作为这趟列车的"火车头"，引领大家开启本次的心灵探索之旅。

接下来，请每位同学轻轻地将双手搭在前面伙伴的肩膀上，让我们紧密相连，成为一个不可分割的整体。同学们，准备好了吗？随着我的口令，我们将开始一场特别的击掌接力。我会先转身与身后的同学击掌，然后我将迅速向后移动，与下一位同学击掌。请注意，每当我与下一位同学击掌后，你也要立即转身，与你的后一位同学完成击掌，依次类推，让这份欢乐与能量在我们之间传递开来。

这不仅是一次简单的击掌，它还是我们彼此间信任与支持的象征，是团队精神的体现。随着队伍不断向后延伸，每个人都会感受到这份来自同伴的温暖与力量。最后，当我们的击掌圆满结束时，我想听听你们的心声："击完掌后，你感觉如何？是不是觉得心情更加愉悦？是不是感觉到团队的力量愈加强大了呢？"让我们带着这份美好的感受，一起开启接下来的学习之旅吧！

具体操作：所有人站成一列并把双手搭在前面人的肩膀上，扮演"一列火车"，老师站在最前面，扮演"火车头"。老师转身向后，与身后的学生(即第二个人)击掌，然后继续向后移动，与第三个人击掌。在老师与第三个人击掌后，第二个人也转身与第三个人击掌，依次类推。随着整个队伍向后移动，直至所有人都互相击掌为止。最后，老师需要问学生："击完掌后你感觉如何？"并根据学生的回答进行总结。

主题活动 1：情绪礼物(建议时长：20 分钟)

活动目标：深化对情绪的认识和理解。

活动材料：纸盒、彩笔。

活动场地：教室。

教师引导语：在刚才的活动中，我们共同体验了情绪的丰富多彩。现在，让我们通过"情绪礼物"这一环节，进一步深化对情绪的认识与理解。我手中的这些不同颜色的纸盒，就像是情绪的万花筒，每一种颜色都代表着一种独特的情绪体验。接下来，同学们将被分为几个小组，化身为小小艺术家，用你们的创意对这些纸盒进行改造。在改造纸盒的过程中想象一下，当你们在纸盒上描绘绿色的植物、绽放的花朵，或是其他能触动心灵的图案时，就是在为这些情绪赋予生命，让它们以另一种形式在我们的班级中生根发芽，成为美化环境、滋养心灵的装饰品。

而在这个过程中，我也想与大家分享一句名言，"情绪是生活的调色板，我们用它描绘出内心的世界"。愿同学们在创作的过程中，不仅能够感受到情绪的多样性和美好，更能够学会如何运用这些情绪，为我们的生活增添色彩，让我们的内心世界更加丰富多彩。现在，就让我们携手并进，开启这场情绪与艺术的奇妙之旅吧！

具体操作：老师提前准备一些纸盒和彩笔，不同颜色的纸盒将代表不同的情绪。然后将学生分成若干小组，并对纸盒进行改造。例如，在纸盒上画一些绿色的植物，将其变为可以美化班级的装饰品。

主题活动 2：情绪苹果(建议时长：15 分钟)

活动目标：梳理团体中的学习与收获。

活动材料：苹果形状便利贴。

活动场地：教室。

教师引导语：经过情绪的探索之旅，我们收获了丰富的知识与方法。现在，请每位同学在苹果形状的便利贴上，以文字的形式记录你在情绪调节过程中的一些领悟。这不仅仅是个人成长的印记，更是我们集体智慧的结晶。然后，将你的"情绪苹果"贴在黑板上，让它们汇聚成一棵茁壮成长的"情绪之树"。我会挑选几张便利贴与同学们分享，共同感受大家成长的喜悦。最后，让我们在总结中深化理解，将这份收获转化为前行的力量。在未来的日子里，愿我们都能成为情绪的主人，以更加积极、健康的心态，迎接生活的每一个挑战。

具体操作：老师将提前准备好的不同颜色的苹果形状便利贴发给大家，每人一张。接下来，老师引导学生在苹果形状便利贴上写下自己在情绪调节方面学到的知识，并将个人的便利贴贴在黑板上。最后老师从黑板上挑选几张便利贴与学生分享上面的内容，并进行总结。

结束：小结(建议时长：5 分钟)

活动目标：总结活动中的收获和感悟，升华团体辅导活动的意义与价值。

教师总结语：在这最后一次团体辅导活动中，我们携手完成了从"来击掌吧"的活力热身，到"情绪礼物"的创意表达，再到"情绪苹果"的深刻总结，每一步都充满了欢笑与成长。同学们，请回望这一路的点点滴滴，你们是否感受到了情绪的力量，学会了如何更好地认识它、调节它？请勇敢地分享你的故事，让我们共同庆祝这段时间的成长和变化。你的分享不仅能启发他人，也能进一步巩固你自己的学习成果。让我们一起回顾这段旅程，展望未来，带着满满的收获继续前进。

八个单元的课程是一次心灵的洗礼，更是一次成长的飞跃。我们学会了如何接纳自己的积极情绪与消极情绪；学会了如何以宽容和理解的心态去对待自己和他人的错误；更学会了如何以更加开放和接纳的心态去面对生活的挑战与变化。我相信，这些宝贵的收获将伴随同学们走过未来的日子，成为你们成长道路上最坚实的支撑。让我们携手并进，在情绪的世界里继续探索、学习、成长！

在此，我要对同学们说，感谢你们的积极参与和真诚分享，是你们赋予了这次团体辅导活动非凡的意义。愿同学们在未来的日子里，能够带着这份收获与感悟，继续勇敢地面对生活中的喜怒哀乐，用更加积极、乐观的心态去拥抱每一个挑战与机遇。愿同学们的情绪之树常青，心灵之花常开，在人生的旅途中绽放属于自己的光彩。最后，祝愿同学们前程似锦，未来可期！

附　　录

情绪智力量表(见附表 1)由施特(Schutte)于 1998 年编制，我国学者王才康于 2002 年将其翻译成中文版。该量表基于迈耶(Mayer)和萨洛维(Salovey)的情绪智力理论编制而成。

(1) 问卷指导语。亲爱的同学，感谢你参与本调查问卷。本调查问卷旨在用于研究，我们承诺将对你的答案保密，并且答案没有对错之分，请放心填写。请你仔细阅读以下问题，并根据实际情况，在最符合自己情况的选项上打"√"。每一题只能打一个"√"。选项如下：①很不符合；②较不符合；③不清楚；④较符合；⑤很符合。请注意不要遗漏任何题目，否则这份问卷将作废。真诚感谢你的参与！

(2) 评分细则。研究表明，情绪智力量表的内部一致性系数为 0.90，重测信度为 0.78，信效度均较好。该量表由 33 个题目组成，涵盖情绪知觉、自我情绪管理、他人情绪管理、情绪利用四个维度。量表采用 5 级评分方式，其中①表示"很不符合"，②表示"较不符合"，③表示"不清楚"，④表示"较符合"，⑤表示"很符合"。在该量表中，有三个题目采用反向计分，分别是第 5、28、33 题。计分方法为：正向题目按"很符合"计 5 分，"较符合"计 4 分，"不清楚"计 3 分，"较不符合"计 2 分，"很不符合"计 1 分；反向题目按"很符合"计 1 分，"较符合"计 2 分，"不清楚"计 3 分，"较不符合"计 4 分，"很不符合"计 5 分。将各项分数相加得到总分，总分越高，表明情绪智力水平越高。

附表 1　情绪智力量表

题　目	很不符合	较不符合	不清楚	较符合	很符合
(1) 我知道与别人谈论问题的恰当时机	①	②	③	④	⑤
(2) 我遇到困难时会想起以前遇到并解决同样困难的时候	①	②	③	④	⑤
(3) 我希望能够做好我想做的大多数的事情	①	②	③	④	⑤
(4) 别人觉得我很值得信赖	①	②	③	④	⑤
(5) 我发现我很难理解别人的身体语言	①	②	③	④	⑤
(6) 人生中的一些变故改变了我对社会的看法	①	②	③	④	⑤
(7) 心情好的时候我就会看到新的希望	①	②	③	④	⑤
(8) 情绪是决定我们生活有意义的重要因素	①	②	③	④	⑤
(9) 我能清楚意识到自己每一刻的情绪	①	②	③	④	⑤
(10) 我盼望能事事如意	①	②	③	④	⑤
(11) 我喜欢与别人分享自己的情感	①	②	③	④	⑤
(12) 情绪好的时候，我会想方设法使它延长一些	①	②	③	④	⑤
(13) 安排有关事情，我尽量使别人感到满意	①	②	③	④	⑤
(14) 我喜欢做能使自己感到高兴的事情	①	②	③	④	⑤
(15) 我清楚我传递给别人的非言语信息	①	②	③	④	⑤
(16) 我尽量做得好一些，使别人对我的印象好一点	①	②	③	④	⑤
(17) 我能察言观色辨别别人的情绪	①	②	③	④	⑤
(18) 心情好的时候解决有关问题容易一些	①	②	③	④	⑤
(19) 我知道我为什么情绪不好	①	②	③	④	⑤
(20) 心情好的时候新奇的想法就会多一些	①	②	③	④	⑤
(21) 我能控制自己的情绪	①	②	③	④	⑤
(22) 我很清楚自己某一刻的情绪	①	②	③	④	⑤
(23) 付出努力时我会想象自己即将取得的好成绩，以此来激励自己	①	②	③	④	⑤
(24) 发现别人在某一方面做得很好，我会称赞他	①	②	③	④	⑤
(25) 我能理解别人传递给我的非言语信息	①	②	③	④	⑤

续表

题　目	很不符合	较不符合	不清楚	较符合	很符合
(26) 当别人告诉我他人生中经历的某件重大事情时,我感觉好像发生在自己身上一样	①	②	③	④	⑤
(27) 心情变好时新颖的思想会大量涌现	①	②	③	④	⑤
(28) 遇到困难时一想到失败,我就会退缩	①	②	③	④	⑤
(29) 只要瞟一眼,我就能知道别人的情绪好坏	①	②	③	④	⑤
(30) 当别人消沉时,我能帮助他,使他感觉好一些	①	②	③	④	⑤
(31) 良好的心情有助于应对困难的挑战	①	②	③	④	⑤
(32) 我能通过别人讲话的语调判断他当时的情绪	①	②	③	④	⑤
(33) 我很难理解别人的想法和感受	①	②	③	④	⑤

　　认知情绪调节量表(见附表 2)由荷兰心理学家加尼弗斯蒂(Garnefski,2001)编制,并由朱熊兆、罗伏生、姚树桥等人(2007)修订成认知情绪调节量表中文版。

　　(1) 问卷指导语。亲爱的同学,感谢你使用本调查问卷。每个人在面对负面或不愉快的经历时,都有自己的反应方式。当你遇到问题时,你通常会怎么想?接下来,请你仔细阅读下面表格中的每一段话,根据自身实际情况,选择你认为最适合的选项,并在这个选项上打"√"。每一题只能打一个"√"。本调查问卷将用于研究,我们承诺将对你的答案保密,并且答案没有对错之分,请放心填写。请注意不要遗漏任何题目,否则这份调查问卷将作废。真诚感谢你的参与!

　　(2) 评分细则。认知情绪调节量表共有 36 题,涵盖消极情绪调节和积极情绪调节两个维度,共 9 个因子,分别为自我责难、接受、沉思、积极重新关注、重新关注计划、积极重新评价、理性分析、灾难化以及责难他人,每个分量表各有 4 题。题目采用 5 级评分方式,1 表示"从不",2 表示"大部分不是",3 表示"有时",4 表示"大部分是",5 表示"总是"。该量表不采用反向计分,计分方法为:"从不"计 1 分,"大部分不是"计 2 分,"有时"计 3 分,"大部分是"计 4 分,"总是"计 5 分。各维度分数相加得到总分,总分越高,则表明个体的某项情绪调节能力越强。

附表 2　认知情绪调节量表

题　目	从不	大部分不是	有时	大部分是	总是
(1) 我感到我应该被责备	1	2	3	4	5
(2) 我感到我是一个对发生过的事情负责任的人	1	2	3	4	5
(3) 我想在这种情况下的错误是我造成的	1	2	3	4	5
(4) 我想事情的基本原因在我自己	1	2	3	4	5
(5) 我想我必须接受已经发生的事	1	2	3	4	5
(6) 我想我必须接受这种状况	1	2	3	4	5
(7) 我想我不能为此改变任何事	1	2	3	4	5
(8) 我想我必须学会接受它	1	2	3	4	5

续表

题　目	从不	大部分不是	有时	大部分是	总是
(9)　我经常回想自己对已经经历的事情是什么感觉	1	2	3	4	5
(10)　我经常沉迷于我已经经历的事的感觉和想法	1	2	3	4	5
(11)　我经常想弄清楚为什么会对我经历的事有这样的感觉	1	2	3	4	5
(12)　我摆脱不了由现状而引发的情绪	1	2	3	4	5
(13)　我会去想比我经历过的更好的事	1	2	3	4	5
(14)　我会去想那些与现在事情无关的愉快的事	1	2	3	4	5
(15)　我会去想某些好事而不是所发生的事	1	2	3	4	5
(16)　我会去想愉快的经历	1	2	3	4	5
(17)　我会想怎样才能做到最好	1	2	3	4	5
(18)　我会想怎样才能最好地应对这些情况	1	2	3	4	5
(19)　我会想怎样去改变这种情况	1	2	3	4	5
(20)　我会想一个怎样能做到最好的计划	1	2	3	4	5
(21)　我觉得我能从这些事情中学到一些东西	1	2	3	4	5
(22)　我觉得那些发生了的事情能让我成为更强大的人	1	2	3	4	5
(23)　我想这种情况也有积极的一面	1	2	3	4	5
(24)　我会寻找事情中的积极方面	1	2	3	4	5
(25)　我认为所有的事情会变得更坏	1	2	3	4	5
(26)　我会认为别人也会遭遇到更差的经历	1	2	3	4	5
(27)　我想和其他事情相比，这还不算太坏	1	2	3	4	5
(28)　我会告诉自己生命中有更坏的事情	1	2	3	4	5
(29)　我经常觉得我经历的事情比别人经历的更糟糕	1	2	3	4	5
(30)　我不断地想我经历的事情是多么可怕	1	2	3	4	5
(31)　我经常想我所经历的事是发生在一个人身上最糟糕的事	1	2	3	4	5
(32)　我会不断地想这个事情是多么可怕	1	2	3	4	5
(33)　我经常觉得别人应该为此被责备	1	2	3	4	5
(34)　我经常觉得别人应该对发生的事情负责任	1	2	3	4	5
(35)　我经常认为这些错误是别人造成的	1	2	3	4	5
(36)　我经常觉得事情发生的根本原因在别人身上	1	2	3	4	5

本章小结

　　团体领导者在开展情绪调节主题团体心理辅导前，需精心设计团体心理辅导方案，明确团体性质、团体名称、团体目标、团体领导者、团体对象与规模、团体活动时间及频率、团体设计理论依据、团体活动场所和团体评估方法。在团体实施前，要依据团体方案规划好每次团体的热身活动、主题活动与结束活动，方案中需详细注明每项活动所需的材料和时间。

　　本章通过快乐相识会、情绪万花筒(认识情绪)、情绪变奏曲(表达情绪)、情绪妙妙屋(接纳情绪)、情绪消防员(宣泄情绪)、情绪来敲门(管理情绪)、情绪欢乐颂(积极应对情绪)、美好说再见等八个单元的实施，促进学生正确地认识情绪，培养更好的情绪应对能力。

思考题

　　1. 小学生情绪调节主题团体方案设计的主要内容是什么？
　　2. 情绪调节主题团体在不同发展阶段设计的重点是什么？

第四章 同伴交往主题

第一节 同伴交往主题方案的筹划

一、团体性质与团体名称

团体性质：结构式、封闭式团体。
团体名称：冬日暖阳队。

二、团体目标

1. 总目标

团体总目标为帮助团体成员正确认识同伴间的交往，培养良好的同伴交往能力。

2. 具体目标

(1) 团体成员能够以正确的方式结交同性及异性同伴。
(2) 团体成员能够学会与同伴协作。
(3) 团体成员能够在交谈中倾听并理解同伴的观点。
(4) 团体成员能够学会在适当的时候拒绝同伴的请求。
(5) 团体成员能够适时地赞美和感谢同伴。

三、团体领导者

团体领导者须熟悉团体心理辅导的基础理论，并具有一定个案咨询以及带领团体的经验。

四、团体对象与规模

参加对象：小学中高年级学生。

团体成员人数：每个团体人数为 4～6 人，预计组建 7～8 个团体。

五、团体活动时间及频率

活动安排为每周一次，共 8 个单元，每个单元时长为 45 分钟。

六、团体设计理论依据

1. 人际交往模式理论

人际交往模式理论是由美国心理学家爱利克·伯奈(Eric Berne)创立的。他认为适度的个体自我价值感会直接影响人际交往模式，具体表现为四种交往模式："我不好—你好，我不行—你行""我不好—你也不好，我不行—你也不行""我好—你不好，我行—你不行"和"我好—你也好，我行—你也行"。自我价值感是良好人际关系的基础，它带来的是在人际交往模式中对他人独特价值的理解和尊重。

2. 人际模式理论

人际模式理论是由美国社会心理学家舒茨提出的。该理论认为人际关系的模式是由人际需要而非人的自我价值感决定的，每个人在人际互动的过程中，都有三种基本需要，即包容需要、支配需要和情感需要，这些基本需要影响个体在人际交往中对他人行为的描述、解释和预测。通过满足这些基本需要，有助于个体形成适当的社会行为，并与他人建立和谐亲密的人际关系。

3. 积极心理学理论

积极人际交往是积极心理学的一个重要课题，它主张在人际交往中应着眼于发掘和强化积极因素。通过引导情绪，认知风格和性格品质，培养共情、合作与适应能力，形成积极的心态和正面行为，有助于构建和谐、健康与积极的人际关系体系，促进个体和社会的持续发展和进步。

七、团体活动场所

团体活动场所为封闭、空旷、安静的教室或操场。

八、团体评估方法

正式量表为指导教师在团体心理辅导前、后发放的邹泓修订的同伴关系量表，通过前测与后测，评估学生同伴关系水平的变化。该量表采用李克特 4 点计分方式。Cronbach's α 为 0.813，内部一致性效度为 0.951，具有良好的信效度。该量表共有 30 个题项，其中第 1～20 题代表的是同伴接受量表，总得分越低，表明同伴接受程度越低，同伴关系越差；反之，总得分越高，表明在同伴中越受欢迎，同伴关系越好。在第 21～30 题中，分数越高，表明个体在同伴中的位置越低，同伴关系也越差，同时个体会在交往过程中主观体验到更多的恐惧与自卑。该量表能够有效测量同伴关系水平，非常适用于同伴交往主题的团体心理辅导评估。

备选量表为郭伯良编制的《儿童青少年同伴关系量表》。该量表旨在通过自我报告的方式，帮助儿童和青少年更好地理解他人的情感和行为，建立良好的社会关系。该量表包含 22 个项目，采用李克特 4 点计分方式计分，Cronbach's α 为 0.849，显示内部一致性良好。评分标准为：1 分代表"不是这样"，2 分代表"有时这样"，3 分代表"经常这样"，4 分代表"总是这样"。该量表中正向计分题项为第 11、12、15、17、19、20、21 题，其余均为反向计分。分数越高，表示自我感觉与同龄人的关系越差。该量表题目适中，且适用于中小学生同伴关系的测量，可作为备选量表。

同伴关系量表与儿童青少年同伴关系量表如附录所示。

九、团体方案

团体方案如表 4-1 所示。

表 4-1　团体方案

次　序	活动主题	活动目标	活动内容及时间
第一单元	友伴空间	(1) 欢迎并接纳团体成员，营造一个温馨融洽的团体氛围 (2) 通过介绍让团体成员初步了解团体的目标 (3) 签署团体心灵成长契约并督导成员履行	(1) 青蛙跳水(5 分钟) (2) 组员心声(20 分钟) (3) 你我约定(15 分钟) (4) 小结(5 分钟)
第二单元	相约同伴(正确结交同性同伴)	(1) 引导团体成员礼貌地介绍自我 (2) 帮助团体成员了解优秀同伴的特质 (3) 让团体成员体验与同性同伴交往的价值，形成正确的人际交往意识	(1) 握手游戏(5 分钟) (2) 画出心目中的他/她(20 分钟) (3) 走出圈外(15 分钟) (4) 小结(5 分钟)
第三单元	金星和火星(正确结交异性同伴)	(1) 帮助团体成员了解男生和女生的生理及心理差异 (2) 帮助团体成员培养对异性交往的美好情感和积极期望 (3) 学会理解和尊重异性的感受，了解并熟悉异性间的交往方式	(1) 男女大不同(5 分钟) (2) 心灵捕手(20 分钟) (3) 礼物派送(15 分钟) (4) 小结(5 分钟)
第四单元	小小合作家(学会合作)	(1) 帮助团体成员认识团队合作的重要性 (2) 引导团体成员学习与他人进行合作的技巧	(1) 快乐比拼(5 分钟) (2) 风雨同行(20 分钟) (3) 齐心呼啦圈(15 分钟) (4) 小结(5 分钟)

次　序	活动主题	活动目标	活动内容及时间
第五单元	听见美好(学会倾听)	(1) 帮助团体成员学会倾听他人的需求和愿望，并给予适当的反馈 (2) 帮助团体成员学会理解他人的观点，并培养宽容他人的态度	(1) 你说我猜(5分钟) (2) 你说，我画(15分钟) (3) 猜心大行动(20分钟) (4) 小结(5分钟)
第六单元	学会拒绝	(1) 让团体成员体验到理智解决矛盾和冲突的重要性 (2) 帮助团体成员学会使用语言和非语言的形式礼貌待人，并真诚地感谢同伴	(1) 出牌(5分钟) (2) 头脑风暴(15分钟) (3) 好东西与好朋友分享(20分钟) (4) 小结(5分钟)
第七单元	夸夸暖人心(学会赞美与感谢)	(1) 帮助团体成员表达自己对他人的祝福，并体验被他人关注和尊重带来的积极感受 (2) 帮助团体成员学会使用语言和非语言的形式礼貌待人，并真诚地感谢同伴	(1) 口香糖，粘什么(5分钟) (2) 天使揭秘(20分钟) (3) 夸赞时刻(15分钟) (4) 小结(5分钟)
第八单元	展望新未来	(1) 总结并强化积极交往思维和意识，维护良好的同伴人际关系 (2) 团体成员相互告别，各自朝着阳光生长，勇敢地迈向未来	(1) 手牵手(5分钟) (2) 大团圆(10分钟) (3) 笑迎未来(25分钟) (4) 小结(5分钟)

第二节　同伴交往主题方案的实施

第一单元　友伴空间

热身活动：青蛙跳水(建议时长：5分钟)

活动目标：营造团体温馨融洽的氛围，减少成员的防御心理。

活动材料：同伴关系量表和儿童青少年同伴关系量表。

活动场地：教室或操场。

青蛙跳水

教师引导语：大家好！欢迎来到我们的团体心理辅导小聚会。我们这次活动的主题是如何与朋友们相处得更融洽。我们一共要聚会八次，每次都会有新主题。比如，怎么找到好朋友，怎么一起玩耍，怎么理解彼此，怎么在需要的时候说"不"。我们的主题包括"友伴空间""相约同伴""金星和火星""小小合作家""听见美好""学会拒绝""夸夸暖人心"和"展望新未来"。今天，我们先聊聊"友伴空间"，大家记得认真填完咱们的两份量表(见附录)，然后交上来。亲爱的同学们，人生就像一条长河，成长的路上朋友的关心和陪伴是不可或缺的。朋友，是我们一生的财富，就像太阳一样，温暖着我们。学会如何与同伴们好好相处，不仅能帮助我们快速融入集体，还能让我们的童年充满欢笑。现在，就让我们一起走进这个充满友谊的世界，一起成长，一起进步！在开始这段奇妙旅程之前，我们进行一个热身小游戏——青蛙跳水,活动筋骨的同时,活跃团体气氛。准备好了吗?我们开始吧!

具体操作:全体成员围坐成一个圆圈。指导教师首先介绍活动规则,活动以自愿组成的小组为单位,每个小组为4~6人,小组内成员按顺序轮流说,第一个人先说"一只青蛙",下一个人接着说"一张嘴",依次类推,直到第六个人说"跳下水"。然后,下一轮的第一个人开始说"两只青蛙",其他人依次增加数量,如"两张嘴""四只眼睛""八条腿"。倒数第二个人说"扑通,扑通",表示青蛙跳入水中的声音,最后一个人说"跳下水"。这样层层递增,如果有人出错,就从出错的那个人重新开始,同时可以逐渐加快速度。

游戏依次进行,要求学生在说的过程中声音要洪亮。最后,统计各组的出错次数,出错最多的一组需要集体或派代表表演节目。

主题活动 1:组员心声(建议时长:20 分钟)

活动目标:探索和交流团体学生对团体活动的看法和期待,初步理解团体目标,引导学生齐心协力,共同朝着目标努力。

活动材料:抽签纸条,抽签箱,每人一张写有未完成句子的纸。

活动场地:教室。

教师引导语:"青蛙跳水"活动我们玩得很开心,大家也彼此熟悉了。接下来,为了让我们的活动更有序,老师打算分几个小组,以后我们以小组的形式来活动。当然,以后也会有临时分组,为活动增添趣味。八次的同伴交往团体心理辅导活动主要是帮助大家在与同学相处上更进一步,让大家在班级里更自在。另外,还能帮助大家减轻一些因为朋友关系带来的压力。不过,我也很想知道,大家在开始这个同伴交往的活动之前,心里有哪些想法和期待。现在汇集一下大家的想法,让我们在接下来的团体心理辅导里,心往一处想,劲儿往一处使,顺利完成团体心理活动目标。大家畅所欲言,我们一起讨论。我们的目标就是要让这次活动既有趣又有意义!

具体操作:团体活动开始时,指导教师先引导大家通过抽签来分组(抽到相同数字的纸条的人组成一个小组;如果班级里已经有合适的小组,用现有的小组进行团体心理辅导活动即可)。然后,给每个人发一张写有未完成句子的纸。例如,"对我来说,参加团体是……""当我进入一个新的团体时,我感到……""我信任的人是……""在团体中,我最担心……""我期望在团体中……"。接着,指导教师说:"请大家思考一下,认真填写,独立完成,然后在小组内分享你们的句子。"

在团体成员分享了自己填写的这些句子后,指导教师继续引导大家在小组内讨论:"在澄清了你对团体的看法后,你有什么感受?听了其他同学的观点,你对团体有没有新的认识?在接下来的团体活动中,你打算怎么做来帮助实现团体目标?"在活动的最后环节,鼓励学生表达自己的心声。通过每个同学的发言,指导教师和其他人可以了解每个学生的参与度、期望和感受,从而促进相互启发、了解和接纳,增强团体的凝聚力和合作意愿。

主题活动 2:你我约定(建议时长:15 分钟)

活动目标:商定团体契约,并鼓励学生们自觉遵守,确保后续活动能够顺利进行。

活动材料:A4 纸,笔。

活动场地:教室。

教师引导语："组员心声"活动已经画上了圆满的句号。现在，小组分好了，我们的目标也清清楚楚地摆在眼前。下一步，我们就要在小组里一起商量，制定一份团体心理辅导的小约定，也就是我们的契约书。我们要确保每个人都明白，也都同意这份契约，这样我们接下来的活动才能顺利地进行。下面我们一起来头脑风暴，把我们的想法和期望都写进去，让它成为我们团体的共同承诺。

具体操作：活动开始前，指导教师会先解释为什么要制定团体契约。比如，有了团体契约，同学们就能更好地了解和遵守团体心理辅导的规则，建立起信任和合作，确保活动顺利进行，更有效地实现团体目标。接着，指导教师会带领大家以小组为单位，一起讨论并确定我们的团体规范。比如，"保密，不泄露团体内部的事情""尊重他人，不随意打断或批评""避免争执和冲突""不缺席，不迟到，不早退"。最后，要求每个小组的成员在 A4 纸上写下这些契约内容，并签上自己的名字，表示愿意遵守这些规范。

结束：小结(建议时长：5 分钟)

活动目标：总结活动中的收获和感悟。

教师总结语：通过这次活动，大家已经在小组里找到了自己的位置，并对团体活动目标和规矩也心里有数了。接下来，我想请大家分享，这次活动，你有什么新发现吗？有没有哪个环节让你印象深刻，或者有什么感悟？我们可以一起讨论，总结每个人都从中学到了什么，感受到了什么。让我们的每一次聚会都充满乐趣和意义，不仅仅是玩乐，更是在快乐中学习和成长。我希望大家在接下来的团体活动中，能交到更多好朋友，我们互相学习，一起收获，让这段时间成为我们最难忘的记忆！我们一起加油。期待看到大家在团体中成长，一起创造美好未来！

第二单元　相约同伴

热身活动：握手游戏(建议时长：5 分钟)

活动目标：引导团体成员礼貌地介绍自我，认识他人，活跃团体气氛，消除陌生感。

握手游戏

活动材料：无。

活动场地：教室或操场。

教师引导语：欢迎再次加入我们的团体心理辅导活动。这次活动的主题是"相约同伴"。上次活动后，大家已经相互熟悉了，但咱们还得更进一步，深入了解对方。所以，老师给大家准备了一个好玩的小活动——握手游戏。通过这个游戏，我们不仅能更加亲近彼此，还能在轻松愉快的氛围中更好地认识彼此。准备好了吗？让我们在握手中传递友谊，享受这次的心理辅导时光吧！

具体操作：所有人手拉手围成一个大圈。指导教师一说"开始"，大家就去找自己不太熟悉的人握手，同时别忘了向对方介绍自己，包括你的名字、班级、爱好等。另外，尽量先和同性的朋友握手，认识了一个新朋友后，就赶紧找下一个。这个游戏限时 5 分钟。时间一到，我们看看谁握手的次数最多，而且记得的朋友信息也最多。

主题活动 1：画出心目中的他/她(建议时长：20 分钟)

活动目标：帮助学生认识到自己与他人的不同之处，欣赏他人的独特品质，学习发现同伴的优秀人格和品格特质，提高与优秀同伴交往的意识。

活动材料：A4 纸，笔。

活动场地：教室。

教师引导语："握手游戏"大家玩得很高兴，我们更进一步地了解了彼此。苏霍姆林斯基说过，"友谊是培养感情的学校"。我们交朋友，不仅是为了消磨时间，更是要向身边优秀的人学习，让自己变得更棒。那么，你们有没有在小组里或者班上，特别佩服的同性朋友？是不是他们身上的某些特质让你觉得特别吸引人？现在，拿起笔，画出你心目中的那个他/她。

具体操作：指导教师给每位同学分发一张空白 A4 纸，请他们画出心目中优秀同伴的内在个性特征。这些特征可以用具体的事物来表现，如植物、动物等。接着，以小组为单位，同学们要分享自己的画作，并讨论出小组内公认的优秀同伴的内在特征，如聪明、视野开阔、善良、真诚、勤奋、温柔等。

最后，小组内要讨论：班上有哪些同学展现出了这些优秀的内在特征？大家是否愿意与这样的人交朋友，并给出具体的例子。通过这样的讨论，同学们可以相互交流自己内心的看法和感受。

主题活动 2：走出圈外(建议时长：15 分钟)

活动目标：帮助学生进行自我探索，体验与同性同伴交往的价值，学会开放自我，了解和关心他人，培养正确的人际交往意识。

活动材料：A4 纸，笔。

活动场地：教室。

教师引导语：大家在"画出心目中的他/她"活动中玩得怎么样？我觉得我们每个人心里都藏着一个特别佩服的人，可能是因为他们善良、勤奋，或者是聪明、见多识广。不管他们有什么特点，和视野开阔的人在一起，我们能学到很多，看问题的角度也会更广；和让人感觉舒服的人交往，心情自然也会好起来；和善良的人相处，我们也能学到怎么做个更好的人。

生活中，我们要学会去认识这样的好人。接下来，我们进入下一个活动——"走出圈外"，去认识更多优秀的伙伴。我们这就出发，去结交新朋友，拓宽自己的世界！准备好了吗？我们一起加油！

具体操作：在指导教师讲解活动目标后，每位学生都会拿到一张空白的 A4 纸。学生需要在纸的中央绘制四个大小各异的同心圆，如图 4-1 所示。具体要求如下，在最小的圆圈内写下自己与同伴交往的看法；在次小的圆圈内记录一件在与同伴交往中感到不愉快或不舒服的事情；在次大的圆圈内写下一件自己感到高兴但很少对同伴提及的事情；而最外圈则用来写下近期希望在同伴交往中实现的一件事。

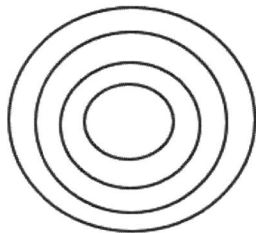

图 4-1　同心圆

完成后，团体成员将在小组内相互展示自己的同心圆，并交流心得。接着，分享自己对他人的看法，以及对走出现有圈子、拓展同伴交往的期望和感受。

结束：小结(建议时长：5 分钟)

活动目标：总结活动中的收获和感悟。

教师总结语：大家刚刚经历了一段深刻的体验，我相信每个人心里都有了新的认识，知道了要和怎样的人交朋友，怎么勇敢地去寻找自己的友谊。现在，请大家围坐在一起，分享一下，通过今天的活动，你学到了什么？有没有哪个瞬间，让你对友谊有了新的理解？你希望和怎样的人一起走过人生的旅途？你打算如何去找到那些志同道合的朋友，和他们一起创造属于你们的风景？让我们一起倾听，一起学习，一起成长。"幸福，它不看你的钱包有多鼓，也不看你的地位有多高，更不看你的外表。真正的幸福，在于你和周围人的相处。人生最美的风景，是和你一起走过的人"。同学们，人生就像一场长跑，而友谊是我们最宝贵的财富。相信通过这次分享，我们每个人都收获良多，让我们的友谊成为人生旅途中最亮丽的风景线。我们一起加油！

第三单元　金星和火星

热身活动：男女大不同(建议时长：5分钟)

活动目标：帮助团体成员认识男女之间生理上和心理上的差异，并理解男生和女生在本质上的不同，同时活跃团体气氛。

活动材料：无。

活动场地：教室。

教师引导语：欢迎再次加入我们的团体心理辅导活动。今天我们的主题是"金星和火星"。也就是说，除和同性朋友相处外，和异性朋友交往也特别重要。和不同性别的同学成为朋友，一起开心玩耍，一起努力学习，一起分享那些小烦恼，不仅能让我们的个性更丰富多彩，对心理健康也是大有好处的。"男生来自金星，女生来自火星"，这其实是在说男生和女生在生理和心理上有很多不一样的地方。为了让大家对这些差异有更直观的感受，初步感受到异性在内在和外在特征上的不同，我们开始今天的首个活动——"男女大不同"。大家准备好了吗？让我们一起探索，一起发现，一起学习如何在理解和尊重差异的基础上，建立更和谐的人际关系。让我们开始吧！

具体操作：指导教师首先介绍本次活动的目的。接着，请两位自愿的同学(一位男生和一位女生)站到台前来，其他同学要尝试描述这两位同学的外部特征和内在特征，如表 4-2 所示，并探讨男生和女生在外部特征和内在特征上的不同之处。活动结束后，请用掌声感谢这两位同学的积极参与。

表 4-2　外部特征和内在特征

外部特征	内在特征
长相	性格
声音	气质
身高	能力
发型	价值观
衣着	兴趣爱好
肤色	情绪情感
走姿、站姿、坐姿	沟通方式

注意事项：活动中，禁止以任何形式对参与的同学进行人身攻击或心理伤害。

主题活动 1：心灵捕手(建议时长：20 分钟)

活动目标：帮助学生了解自己在进行异性交往时的感受，包括喜悦与忧愁，学会适度地与异性交往，并激发学生参与异性同伴交往的意愿。

活动材料：A4 纸，笔。

活动场地：教室。

教师引导语：通过"男女大不同"活动，大家对男生和女生的不同有了更深刻的认识，也学会了从不同角度看待和异性的交往。我们都知道，男生、女生在生理和心理上确实有很多不同，这在交往中可能会带来一些摩擦。不过，老师刚才听到了大家的想法，不论是男生还是女生，都能在和异性的交往中找到乐趣。当然，有时候感觉和异性交流不像和同性那么顺畅，这可能让大家有点苦恼。为了帮助大家更深入地理解这些困扰，解决这些问题，接下来我们开始下一个活动——"心灵捕手"。在这个活动中，我们可以更细致地探讨和异性交往时的喜怒哀乐，找到更好的应对方法。大家准备好了吗？让我们一起进入"心灵捕手"，探索和异性交往的奥秘吧！

具体操作：指导教师邀请同学们在 A4 纸上绘制出自己近期在与异性交往中遇到的担忧事件和喜悦事件，如表 4-3 所示，并通过绘画表达自己的情绪。绘画完成后，指导教师可以邀请团体成员在小组内分享自己的画作以及所表达的情绪感受。同时，指导教师应引导大家讨论在面对异性交往中的担忧时，如何寻找更多的解决方法。此外，同学们也应分享自己对异性同伴交往的美好期望。

表 4-3 担忧事件和喜悦事件

担忧事件	喜悦事件
由于沟通不畅被误解	建立了长久的友谊
信任受到破坏，如背叛、泄密等	一起学习并取得进步
被排挤或感到被孤立	尝试新事物，如参与运动或制作美食等
……	……

主题活动 2：礼物派送(建议时长：15 分钟)

活动目标：帮助学生学会尊重异性，引导他们掌握与异性正确交往的方式方法，建立自然和健康的人际关系。

活动材料：A4 纸，笔。

活动场地：教室。

教师引导语：通过"心灵捕手"活动，大家对自己在和异性交往时遇到的困扰和快乐都有了更深刻的认识。那么，当我们面对和异性交往时的担忧，怎样才能更好地处理，建立起美好的友谊呢？接下来，我们进行团体心理辅导活动的"礼物派送"环节！

具体操作：指导教师给每位同学发一张 A4 纸，请他们回想自己曾经伤害过的异性，并在这张 A4 纸上写下自己对该同学的感受，以及深情的致歉词和正确的做法。完成后，请学生将这张纸折叠成任意形状，如心形、飞机等，并将其作为礼物送给自己曾经伤害过的异性，表达自己的真诚和歉意。同时，没有伤害过异性的同学可以在 A4 纸上写下自己过去正确对待异性的做法，并将纸折成任意形状送给自己。活动结束后，请同学们为自己送上热烈的掌声。

结束：小结(建议时长：5分钟)

活动目标：总结活动中的收获和感悟。

教师总结语：团体心理辅导活动已经结束了，现在我们谈谈大家的感受和学到的东西吧。通过这次活动，我们不仅了解了男生与女生的不同，还学会了怎样换位思考，更好地理解对方。大家也学到了和异性相处的一些好方法。老师想了解你们是怎么运用这些技巧的，它们对你们有帮助吗？有没有我们还能做得更好的地方？请大胆分享你们的故事。

老师希望大家能把今天学到的东西运用到生活中，和同学建立健康愉快的友谊。也希望你们将来能和异性成为好朋友，一起成长，面对生活中的各种挑战。加油！

第四单元　小小合作家

热身活动：快乐比拼(建议时长：5分钟)

活动目标：营造活跃的团体氛围，释放压力。

活动材料：纸团。

活动场地：操场。

教师引导语：欢迎再次加入我们的团体心理辅导活动。今天，我们的主题是"小小合作家"。同学们，你们知道吗？不论是国家、企业、学校还是班级，成功和荣誉都不是一个人单打独斗就能获得的，关键在于我们大家团结一心，齐心协力。只有团结合作，我们才能凝聚成一股强大的力量，共同取得胜利。当然，合作的基础是要学会和同伴正确、有效沟通，大家心往一处想，劲往一处使。为了让你们在和同伴的交往中，逐渐培养起与他人合作的能力，我们现在就要开始这次团体心理辅导活动的第一个环节——"快乐比拼"。让我们一起享受这个过程，看看我们能擦出怎样的火花吧！

具体操作：指导教师首先将所有团体成员以自愿形式分成人数相等的两组。每个学生准备若干个纸团(数量不超过五个，且每个学生持有的纸团数量相同)，纸团的标准是能够轻松扔起并扔得远。在场地上画一条分界线，将地面分为两个区域，两组学生各占一个区域。在学生各就各位之后，指导教师将讲述团体活动规则，每个人都要把纸团扔到对方的区域；游戏进行5分钟(时间可以灵活调整)后停止，纸团数量多的一方获胜。

主题活动1：风雨同行(建议时长：20分钟)

活动目标：帮助团体成员理解团队合作的重要性，让学生在合作过程中学会接纳他人的不足，并学会发挥各自的长处，实现优势互补。

活动材料：眼罩，口罩，绳子，可搬运的物品，计时器。

活动场地：操场。

教师引导语：通过"快乐比拼"活动，大家应该体会到了合作的力量。但合作与个人努力一样，路上也会有磕磕绊绊，有时候还会遇到大风大浪。这些难题可能不是来自外部的竞争，更多时候是团队里每个人的不同造成的。这就意味着，要想合作顺利，我们要全方位地尊重和包容每个人的不足，要学会和团队里的人好好沟通，建立良好的关系，互相学习，互相帮助。另外，还要学会从失败中学习，这样才能达成团队的目标。我们接下来要开始下一个活动——"风雨同行"。准备好了吗？让我们一起迎接新的挑战吧！

具体操作：指导教师提前在操场上设置好起点和终点，并做好相应的标记。接着，指导教师将团体成员每7人分为一组，每个小组规定有2个"盲人"、2个"无脚人"、2个"无手人"和1个"哑巴"(角色分配可以根据每组的人数灵活调整。例如，如果每组有4人，可以规定组内有1个"盲人"、1个"无脚人"、1个"无手人"和1个"哑巴")。角色分配完成后，指导教师将各组成员带到比赛的起点。然后，团体成员按照要求进行装扮："盲人"戴上眼罩，"哑巴"戴上口罩，"无手人"捆绑双手，"无脚人"捆绑双脚。活动规则是所有团体成员以小组为单位，轮流将所有物品搬运到终点，用时最短的小组获胜。活动结束后，指导教师可以让所有团体成员在比赛的终点围成圆圈坐下来，讨论提前准备的问题。

注意事项：提醒学生在游戏过程中注意安全。

讨论要点：①作为有缺陷的个体参与游戏，你有什么样的感受？②在游戏中，你如何看待你的同伴？③通过这个游戏，你获得了什么样的启发？

主题活动2：齐心呼啦圈(建议时长：15分钟)

活动目标：体会团队在接到任务后，如何通过沟通、协调与合作，以最快的方式完成团队任务。

活动材料：呼啦圈、计时器。

活动场地：操场。

教师引导语：我们已经顺利完成了"风雨同行"活动。就像一滴水放进大海里永远不会干涸一样，一个人只有和集体的事业融为一体时，才能发挥最大的力量。我们学会了怎么认识和包容团队里每个人的不足，也学会了怎么吸收每个人的优点。接下来，我们要做的就是紧紧团结在一起，协调一致，高效地完成团队的任务，争取最后的胜利。现在，让我们进行这次团体心理辅导的最后一项活动——"齐心呼啦圈"。准备好了吗？让我们一起加油，看看我们能用多长时间完成挑战！

具体操作：活动开始前，指导教师让每个小组成员围成一圈，然后讲述活动规则，每个人侧身并伸出一根食指共同支撑一个呼啦圈；当听到下蹲的指令时，大家的身体要开始下移，但手指始终不能离开呼啦圈，一旦离开即视为失败。其他小组派出观察员进行计时，用时最短的小组获胜。第一轮结束后，失败的小组要总结讨论并改进活动的方案，然后重新开始新一轮的游戏(在规定时间内，托呼啦圈的比赛次数不受限制)。活动结束后，团体成员再次围成一个圆圈坐下来，讨论指导教师提前准备的问题。

注意事项：如果呼啦圈失去平衡可能会掉下来，并提醒学生注意安全。

讨论要点：①在配合过程中都出现了哪些问题？你认为是什么原因？②在后续几轮活动中，速度和配合方面有没有得到改进和提高？③在这个游戏中，你的感受是什么？受到了什么启发？

结束：小结(建议时长：5分钟)

活动目标：总结活动中的收获和感悟。

教师总结语：同学们，我们今天的团体心理辅导活动已经圆满结束。我相信，通过今天的体验，大家已经深刻感受到了团队合作的重要性和协作的方法。就像一堆沙子，单独看它可能很松散，但当它与水泥、石子、水混合后，就会变得比花岗岩还要坚韧。我们的团队活动也是这样，尽管有的同学扮演了"盲人"，有的同学扮演了"无手人"或"无脚人"和"哑巴"，但这些角色并没有阻碍我们团结一心，共同克服困难。现在，我想邀请各位同学来分享一下，今天的活动给你带来了哪些收获和感悟？在活动中，你是如何体验到团队的力量的？有没有哪个瞬间让你感受到团队合作的力量，让你意识到合作的价值？

我希望大家记住，不论是在家庭、学校还是社会中，合作都是一项宝贵的品质和能力。我希望大家都能将今天在活动中学到的东西应用到日常生活和未来的挑战中，用合作的力量去创造一个更加美好的未来。

第五单元　听见美好

热身活动：你说我猜(建议时长：5 分钟)

活动目标：营造活跃的团体气氛，提高团体成员倾听并精准理解他人需求的能力。

活动材料：纸条，抽签箱。

活动场地：教室。

教师引导语：大家知道吗？生活中最有价值的人，不一定是那些最能说会道的，而是那些最懂得倾听的人。就像上天给了我们两个耳朵而不是两张嘴一样，这其实是在提醒我们，要多倾听别人怎么说，多理解别人。那么同学们，你们有没有想过，在我们平时和朋友相处的时候，我们应该听些什么呢？有没有什么是特别重要的点，需要我们特别注意的呢？接下来，我们先玩个小游戏——"你说我猜"。通过这个游戏，我们可以试着猜猜别人想要表达的是什么，学习如何更有效地和别人沟通。

具体操作：在活动开始前，指导教师将引导团队成员以小组为单位，通过抽签的方式选择题目，并在规定时间内作答。题目的主题是具体的物品，如桌椅、黑板、衣服等。每组选出一名同学作为代表，抽取题目后，用语言(或动作)描述纸条上的内容，而组内其他同学则作为猜题者。猜对题目最多的小组获胜。活动结束后，由组内代表将题目纸条放回箱子。

注意事项：描述题目时每位同学的发言时间为 30 秒；不能说出题目中直接包含的词；如果不知道答案，可以喊"过"。

主题活动 1：你说，我画(建议时长：15 分钟)

活动目标：帮助团体成员学会倾听他人的需求和愿望。

活动材料：A4 纸，纸条，抽签箱，笔，小礼品。

活动场地：教室。

教师引导语：通过刚才的"你说我猜"活动，我们了解到，别人的需求有时候是一些具体的东西。但你们知道吗？在现实生活中，我们与人交往时会发现，别人的需求可能更复杂。要真正听懂这些复杂的需求，我们要通过感受对方的情绪和理解他们说的内容，这样我们才能更深入地了解别人内心的想法。这对我们以后的人际交往非常重要。现在，让我们开始下一个活动——"你说，我画"。这个活动听起来就很有趣，准备好了吗？让我们看看这个活动能带给我们什么新的启发！

具体操作：活动开始前，指导教师将进行分组并分发 A4 纸。然后，教师讲解活动规则，各组通过抽签方式选择题目，并在规定时间内作答。题目主题会比较抽象，如悲伤、愉悦等。每组选出一名同学作为代表，抽取题目后用语言(或动作)进行描述，而组内其他同学则在 A4 纸上根据描述进行绘画。绘画速度快、作品数量多且作品质量好的前三组将获得"精美小礼品"。活动结束后，由组内代表将题目纸条放回箱子。

注意事项：描述题目时，每人限时 2 分钟；不能说出题目中带有的词；如果不知道答案，可以喊"过"。

主题活动 2：猜心大行动(建议时长：20 分钟)

活动目标：帮助团体成员了解专注倾听他人所发出信息的重要性，以及沟通时可能产生的误差，学会理解他人、宽容他人。

活动材料：成对的小卡片(如扑克牌、水果卡等)，白纸(班上人数一半的数目)，笔，自制的蒙眼眼罩(班上人数一半的数目)，小玩偶(任何类型的小玩偶均可)，以及小礼品。

活动场地：教室。

教师引导语："你说，我画"的活动已经结束，大家对如何去听懂别人的需求已经有了大概的了解。不过，在生活中，我们不可能立刻就完全明白别人那些复杂的心思。有时候，说话的人可能因为各种原因没能把他们想表达的东西说清楚，或者我们听的时候也可能因为各种原因没有听明白，这就容易产生误会。当我们遇到这种沟通上的小差错时，我们应该怎么办呢？接下来，我们就进入我们的第三个活动——"猜心大行动"。准备好了吗？让我们一起探索一下如何更好地理解别人的心思吧！

具体操作：指导教师首先使用自制的成对小卡片，让学生抽签，组成两人小组进行活动，每个小组成员可以选择相邻的座位。指导教师请两人小组自行决定谁扮演蒙眼者(画图者)，谁扮演说明者，请蒙眼者戴上眼罩。然后教师说明活动规则，在活动开始时展示一个玩偶，请说明者看过后，向蒙眼者清晰地描述这个玩偶的外形，在描述过程中需要使用具体的形容词。蒙眼者根据伙伴的描述并结合自己的想象力，画出心中想象的物品。蒙眼者画完后，由指导教师抽签，抽中的两组学生需要站在讲台上分享他们的绘画作品。如果有画得准确的，指导教师应给予鼓励。活动结束后，指导教师请同学们回到座位上与同桌讨论其提前准备的问题。最后，指导教师请两三组同学分享他们的讨论结果，并总结活动内容。

讨论要点：①表达的人是否清楚地说出了自己看到的东西？②蒙眼画画的人是否在仔细地听？③蒙眼的伙伴画的是否与表达的伙伴描述的一致？④在未来的同伴交往中，我们应该如何对待他人？

结束：小结(建议时长：5 分钟)

活动目标：总结活动中的收获和感悟。

教师总结语：同学们，我们今天的心理团体辅导活动已经圆满结束。我相信，通过今天的体验，大家都深刻体会到了在同伴交往中互相倾听和理解的重要性。我们也一起探索了当沟通遇到障碍时，应该如何巧妙地解决问题。为了庆祝我们今天的学习和成长，请大家给自己送上热烈的掌声！现在，我想邀请各位同学分享一下，今天的活动给你带来了哪些新的收获和感悟？你觉得自己在倾听方面有哪些提升？在未来的生活中，你打算如何将今天的学习应用到实际的人际交往中？让我们在小组内畅所欲言，分享你的心得，也听听同伴们的故事。通过这样的交流，我们可以相互启发，共同进步。

倾听不仅是理解的桥梁，还是心灵的触碰。它能让我们感受到别人的温度，帮助我们重拾信心与勇气。希望同学们能在未来的日子里，学会更加用心地倾听他人，让我们的生活因为理解而更加美好，因为共鸣而更加丰富。

第六单元　学会拒绝

热身活动：出牌(建议时长：5 分钟)

活动目标：活跃气氛，培养反应能力。

活动材料：扑克牌。

活动场地：教室。

教师引导语：大家好！欢迎再次加入我们的团体心理辅导活动。今天我们的主题是"学会拒绝"。同学们，我们都知道，在和朋友们相处时，沟通、理解和协作都很重要。但是，有时候我们也会遇到一些棘手的问题，比如朋友们提出的一些不太合理的要求。面对这种情况，就像我们马上要玩的"出牌"游戏一样，我们需要冷静下来，仔细思考，然后迅速做出回应。这个游戏会帮助我们练习在遇到不合理要求时，如何保持冷静，如何做出合适的反应。

具体操作：指导教师引导团队成员围绕小组的桌子坐成一个圈，并将扑克牌分发给组内成员。每位成员把收到的扑克牌平均分给组内的其他成员。接着，指导教师讲述活动规则，组内成员不得看自己或他人手中的牌。然后，成员们按顺时针顺序出牌，并根据人数进行编号(如若有 5 个人，就编号 1～5)。如果组内某位成员出的牌与自己的编号相同，大家就一起把手拍向那张牌，可以手叠手地拍，最后拍上去的人将成为输家。如果在一轮中没有出现牌面与自己编号相同的情况，则可以再进行一轮，直到有人出的牌与自己的编号相同。活动结束后，指导教师将收回扑克牌。

注意事项：提醒学生在游戏过程中注意安全，不得故意伤害他人。

主题活动 1：头脑风暴(建议时长：15 分钟)

活动目标：让团体成员体验用理智解决矛盾冲突的重要性及培养创造性解决问题的能力。

活动材料：回形针，笔。

活动场地：教室。

教师引导语：同学们，刚才的"出牌"活动已经圆满结束了。我相信，大家都已经明白了，当朋友之间出现了一些不太合理的情况时，我们应该保持怎样的态度。不过，保持一个不卑不亢的态度虽然很重要，但并不等于我们就找到了最合理、最理智的解决问题的方法。实际上，当朋友之间发生矛盾和冲突时，我们也需要认真思考，用什么样的话语可以化解这些冲突。在平静中冷静地思考，这样往往能更有效地解决问题。现在，我们开展下一个活动——"头脑风暴"。这个活动会帮助我们激发创意，找到更多解决问题的方法。准备好了吗？让我们一起开动脑筋，看看能碰撞出什么样的火花吧！

具体操作：活动开始前，指导教师将引导组内成员完成头脑风暴任务，并讲述活动规则与注意事项。他们的任务是在 15 分钟内尽可能多地想出回形针的用途(也可以是其他物品，如纸、笔等；或者是解决具体案例的方法，如同伴间的利益冲突、同伴间的厕所欺凌等)。每组应指定一名成员负责记录组内成员提出想法的数量，而不是具体的想法内容。15

分钟结束后，请各组汇报他们所想到的想法的数量，并分享其中"疯狂"或"激进"的想法。有时候，一些看似"傻"的念头实际上可能是有意义的。活动结束后，指导教师引导团队成员在座位上讨论并总结活动内容。

讨论要点：①在进行头脑风暴时，你有什么顾虑？②你认为头脑风暴最适合用来解决哪些类型的问题？③在同伴交往中，是否可以利用头脑风暴化解矛盾和冲突？

注意事项：要遵守头脑风暴的基本准则，即不允许提出任何批评性意见，要礼貌待人；欢迎提出大胆的想法(想法越创新越好)；追求的是想法的数量而非质量；寻求对各种想法的结合和改进。

主题活动 2：好东西与好朋友分享(建议时长：20 分钟)

活动目标：帮助团体成员学会拒绝他人不合理的要求。

活动材料：无。

活动场地：教室。

教师引导语：同学们，刚才的"头脑风暴"活动已经圆满结束了。我相信你们已经掌握了拒绝别人的前两个步骤。我们都知道，在校园里，拒绝朋友会让我们觉得不好意思，担心被误解，或者怕尴尬、怕遭到报复，甚至是怕伤害彼此的感情。有时候，我们可能会尝试去迎合别人，迁就他们，只为了保持一种表面上看起来还不错的同学关系。这样做，我们不知不觉中会给自己增加很多心理压力。现在，你们可以用我们之前活动中学到的拒绝不合理要求的方法来处理这些情况。接下来，老师准备了一个角色扮演活动——"好东西与好朋友分享"。这个活动会帮助你们更好地体验拒绝的艺术，并学会如何在保持友谊的同时，勇敢地说"不"。准备好了吗？让我们一起来练习，看看怎么在分享好东西的同时，也能学会拒绝。

具体操作：活动开始前，指导教师将团队成员两两分为一组，轮流扮演"提出要求者"与"拒绝者"的角色。接着，教师阐述活动规则，扮演"提出要求者"的团队成员，以"好东西与好朋友分享"为开头，提出一个请求(如请对方带饭、分享自己最近的成就等)，并尝试用各种合理的方法说服对方答应；扮演"拒绝者"角色的团队成员，则以"不可以，因为……"为开头，用各种合理的理由来拒绝请求。5 分钟后，扮演两个角色的成员互换角色。活动结束后，指导教师引导团队成员在座位上讨论并总结活动内容。

注意事项：在活动进行中，只允许说话，不允许动手，并且在被拒绝时，不能生气。

讨论要点：①拒绝别人时，心情是怎样的？(是否感到不好意思？有冲突感吗？感到畅快？)②拒绝别人时，所持的理由是什么？(是否勉强？是否合理？是否合情？)③请求别人时，心情是怎样的？(是否感到不好意思？是否希望不要被拒绝？)④被人拒绝时，心情是怎样的？(是否生气？是否无所谓？是否有挫败感？)⑤在同伴交往中，如何与他人沟通才能降低被拒绝的可能性？

结束：小结(建议时长：5 分钟)

活动目标：总结活动中的收获和感悟。

教师总结语：同学们，今天的团体心理辅导活动已经结束了。我相信你们已经学会了怎样说"不"。拒绝是保护自己的一种方式，也是我们的权利和应掌握的技能。现在，我想请大家分享今天的收获，当朋友提出过分的要求时，我们该怎么坚持自己的立场和原则？同时，我们如何在尊重对方的情况下，勇敢地拒绝？我们如何用今天学到的知识处理生活中的人际关系，减少冲突，实现个人和团队的目标。请各小组讨论并分享你们的想法。希望以后当大家遇到不合理的要求时，能够明确自己的底线，坚持原则，勇敢地说"不"，这样可以帮助我们更好地应对挑战，避免冲突，完成自己的任务。

第七单元　夸夸暖人心

热身活动：口香糖，粘什么(建议时长：5分钟)

活动目标：活跃团体气氛，增强团体成员对他人的积极情感，激发活力。

活动材料：无

活动场地：教室或操场。

口香糖，粘什么

教师引导语：欢迎再次加入我们的团体心理辅导活动。今天我们的主题是"夸夸暖人心"。你们知道吗？不论是班级还是小组，要想运行得好，取得好成绩，都离不开我们每个人的付出和努力。互相夸一夸，表达一下对同伴的赞美和感激，不仅能让对方心情愉快，还能帮我们更好地保持和同伴之间的良好关系。接下来，让我们马上开始第一个活动——"口香糖，粘什么"。这个活动一听名字就觉得很有趣，让我们看看这个活动能带来什么乐趣。

具体操作：活动开始前，指导教师讲述活动规则，如果所有团队成员的人数是偶数，那么指定一个人担任发令员；如果所有团队成员的人数是奇数，则指定一名团队成员作为发令员。所有人问发令员"口香糖，粘什么"，发令员发出指令，如"口香糖，粘肩膀"。所有的参与者，包括团队成员为奇数时的发令员，必须迅速找到另一个人，使两人的肩膀贴在一起。最后剩下的那个人将成为下一轮的发令员。

注意事项：活动过程中，所有团体成员不可恶意攻击他人；同时，提醒团体成员注意安全。

主题活动1：天使揭秘(建议时长：20分钟)

活动目标：帮助团体成员表达自己对别人的祝福，体验并感受被他人关注和尊重带来的积极情感。

活动材料：心形纸，画板。

活动场地：教室。

教师引导语：刚才的"口香糖，粘什么"活动已经圆满结束了。我相信，你们肯定对某个同学，或者我们整个团队里的一些成员有了很深的印象。这些印象可能是正面的，也可能是不那么正面的，但这些都不要紧。重要的是，我们要保持真诚和善良，要懂得珍惜和感激生活中那些美好的时刻。现在，让我们带着这份心情，一起进入下一个活动——"天使揭秘"。这个活动会给我们带来温暖，让我们更加紧密地联结在一起。准备好了吗？让我们开始吧！

具体操作：活动开始前，指导教师引导团队成员回想自己在前几次团队活动中观察到的某位同学，并在一张心形纸上写下他/她的名字及对他/她的印象。接着，写下自己现在对他/她的祝福，并将其贴在画板上。每个人在画板上找出属于自己的那颗"心"。然后，在组内进行分享，分享自己的成长过程，观察别人时的感受，以及收到祝福和送出祝福时的心情；如果有人没有找到属于自己的那颗"心"，可以在组内分享自己在团队活动中的印象，并给予自己祝福。

主题活动2：夸赞时刻(建议时长：15 分钟)

活动目标：帮助团体成员学会使用语言和非语言的形式，以礼貌的态度对待他人，真诚地感谢同伴。

活动材料：无。

活动场地：教室或操场。

教师引导语：通过"天使揭秘"活动，大家感受到了来自同伴的温暖，它就像冬天里的一缕阳光，温暖了我们的心。从团队的每一位成员身上，我们都获得了正能量，那么，我们是不是也应该把这份温暖传递给大家呢？老师已经听到了你们的积极反馈。现在，让我们进入本次团体心理辅导的"夸赞时刻"环节。在这个环节中，我们要去发现每个人的优点，夸一夸你们心目中的那个他/她，让他们感受到自己在团队中的重要价值！准备好了吗？让我们开始互相夸赞，传递正能量吧！

具体操作：活动开始前，指导教师将两人分为一个小组(可以是前后桌或左右桌的同学，下同)。小组成员要相互找出对方的一个优点，并用语言夸赞和非语言夸赞(见表4-4)表达对对方的敬佩和赞赏。然后，将四个人组成一个小组，继续用语言和非语言的方式互相夸赞组内成员的优点。接着，将十人组成一个小组，同样使用语言和非语言的方式互相夸赞组内成员的优点。活动最后，指导教师引导全体成员围成一个圆圈，向所有参与的同伴鞠躬表示感谢。

注意事项：组内成员尽量不重复使用夸赞的语言和动作姿势。

表 4-4 语言夸赞和非语言夸赞

语言夸赞	非语言夸赞
你的幽默感真的很出色，总能让大家笑声不断	掌声
你在班级里的很多表现都很棒，我非常佩服	竖大拇指
你的善良让大家感到非常温暖，你是我的榜样	鞠躬
你的作文写得太棒了，想象力非常丰富	微笑
……	……

结束：小结(建议时长：5 分钟)

活动目标：总结活动中的收获和感悟。

教师总结语：同学们，我们今天的团体心理辅导活动已经圆满结束了。我相信，通过这次活动，大家都体会到了夸赞他人的美好，感受到了赞美和感谢的力量，也开始学会珍惜我们日常生活中点滴的幸福。现在，我想邀请大家来分享一下，今天的活动给你带来了哪些新的收获和感悟？你有没有发现，当我们用心去欣赏他人、尊重和赞美他人时，我们的内心也变得更加温暖和丰富？生活中，不仅有挑战和困难，同样也充满了幸福和快乐。让我们一起来探讨，如何用一颗感恩的心去面对生活中的每一个人和每一件事，让我们的世界因为这份温暖而变得更加美好。请各小组开始讨论，分享你们的想法和体验。我相信，我们每个人都能从这次活动中获得宝贵的启示，学会让生活充满阳光！

第八单元 展望新未来

热身活动:手牵手(建议时长:5分钟)

活动目标:考验学生的注意力和反应力,活跃团体气氛,增强团体的凝聚力。

活动材料:椅子。

活动场地:操场。

手牵手

教师引导语:欢迎再次加入我们的团体心理辅导活动!今天,我们的活动主题是"展望新未来"。我们一起经历了 7 次团体心理辅导,相互之间已经很熟悉了。虽然下次再聚不知道是什么时候,但没关系,现在就让我们手拉手,开始我们今天的活动——"手牵手"。通过这个活动,再次感受团队成员间默契协作的力量吧!

具体操作:活动开始前,指导教师将团队成员分成两组,不限定每组的人数,并排成两排。活动开始后,两组成员应面对面坐下,手牵手。指导教师讲述活动规则(此时成员的手应处于放开状态),当两组组长分别说到植物或动物的名称时,相应的手部姿势要发生变化,即当说到植物名称时,所有人要将双手上举;当说到动物名称时,则放下双手。如果连续说到两次植物或动物名称,就要保持上举或放下的姿势,如芹菜(上举)、兔子(放下)、狐狸(放下)、菊花(上举)等。两组组长轮流说出植物或动物的名称,动作错误的人将被淘汰。经过几轮后,剩下人数较多的那组获胜。

主题活动 1:大团圆(建议时长:10分钟)

活动目标:通过身体接触,让团队成员感受到温暖和力量,总结并强化积极的交往思维和意识,维护良好的同伴关系。

活动材料:歌曲。

TFBOYS - 青春修炼手册.mp3	周华健 - 朋友.mp3	交大安泰CEO合唱团 - 群星-相亲相爱	黄征 羽·泉 - 奔跑.mp3	南征北战NZBZ - 我的天空.mp3

活动场地:操场。

教师引导语:刚才的"手牵手"活动已经圆满结束了,你们是否感受到了分别的情绪。这 8 次团体心理辅导活动里,我们不仅学到了很多关于怎么和同伴相处的知识和技巧,还悄悄地建立了深厚的友谊。现在,就让我们再次感受一下团队的力量,在这种温馨的氛围中放松一下自己的心情。

具体操作:活动开始前,指导教师邀请大家站立并围成一个圆圈,将双手搭在两侧同伴的肩膀上,聚拢过程需在 30 秒内完成。接着,轻轻地跟着音乐哼唱大家都熟悉的歌曲,如《青春修炼手册》《朋友》《相亲相爱》《奔跑》《我的天空》等,并随着旋律自由地摇摆身体。一首接一首地唱,尽量让每位成员都全身心投入。通过这种方式,全体成员在一个充满温馨和甜蜜的氛围中感受团队的凝聚力,然后带着这份美好的记忆告别团体,回归生活,留下一段深远、美好、富有象征意义且难忘的回忆。

主题活动 2:笑迎未来(建议时长:25分钟)

活动目标:团体成员相互告别,各自积极发展,迎接新的挑战。

活动材料：A4 纸。

活动场地：操场。

教师引导语：刚才的"大团圆"活动已经圆满结束了。之前的所有活动，现在都成了美好的回忆。不管我们以前遇到过什么困难，重要的是，明天总会有新的希望在等着我们。记住，不论面对过去还是展望未来，保持微笑总是对的。在人生的道路上，同学们在和他人相处的时候，一定要相信"相信"的力量。勇敢地向前走，用微笑去面对未知，用恰当的拒绝来避免尴尬，用倾听来消除误解，用赞美来缓和冲突，用团结来克服分歧，用感谢来打开心结！

具体操作：活动开始前，指导教师引导团队成员围成一个圆圈并坐下。挑选一位学生站在圆圈的中间作为主角，大家讨论对他现在的印象与刚参加团体心理辅导时相比有何不同，并指出他在参加团体心理辅导后有哪些变化。之后，请这位学生分享自己的收获和感受。接着，更换另一位学生，依次类推，确保每位学生都有机会进行反馈。活动结束时，发给每位学生一张纸，请大家写下对所有团队成员的祝福和建议，也可以用绘画的形式表达。然后，请学生在纸的顶端写上"来自×××(自己姓名)的祝福"。最后，将纸向右传递给其他团队成员。当纸传完一圈后，每位学生都已经仔细阅读了他人的祝福。

结束：小结(建议时长：5 分钟)

活动目标：总结并回顾团体辅导课程内容，引导团队成员将个人的交往经验、感受与所学规则积极融入自己的人生经验。

活动材料：歌曲。

朴树 -
平凡之路.mp3

明天会更好.mp3

具体操作：指导教师将引导团队成员讨论并总结本次活动的收获和感悟，并下发量表。活动结束后，团队成员可伴随着歌曲的节奏逐一握手道别，并向其他团队成员表达诚挚的感谢。

教师总结语：同学们，我们这次的团体心理辅导活动已经圆满结束了。真心感谢大家的积极参与和默契配合，我们一起度过了一段非常难忘的时光。活动虽然结束了，但学习和成长的脚步永远不会停歇。我希望同学们能带着今天的收获，开阔视野，向未来进发，拥有像阳光一样温暖的同伴关系和幸福美满的人生。另外，别忘了认真填写我发给你们的量表。期待我们下次再相聚！

附　　录

附表 1 是一份同伴关系量表。该量表仅用于研究目的，不会泄露您的任何信息，请各位同学根据自己的真实情况，在量表中选择"从不""很少""有时""一直"中的相应数字，并打"√"，非常感谢您的配合！

附表 1　同伴关系量表

题　目	从　不	很　少	有　时	一　直
(1) 在学校我容易交上朋友	1	2	3	4
(2) 在班上没有人和我说话	1	2	3	4
(3) 在班上我喜欢和同学一起做事	1	2	3	4
(4) 在班上我有很多朋友	1	2	3	4
(5) 在班上很少同学喜欢我	1	2	3	4
(6) 在班上没有同学和我一起玩	1	2	3	4
(7) 我总爱和同学们在一起	1	2	3	4
(8) 在班上我经常感到被同学拒绝	1	2	3	4
(9) 我需要帮助时，班上没有人愿意帮助我	1	2	3	4
(10)当我心烦和苦恼时，找不到一个同学可以诉说	1	2	3	4
(11) 在班上我和同学相处得很好	1	2	3	4
(12) 在班上我总是独来独往	1	2	3	4
(13) 在班上没有人真正了解我	1	2	3	4
(14) 在班上我没有一个真正的朋友	1	2	3	4
(15) 我经常感到寂寞	1	2	3	4
(16) 周围虽然有很多同学，但他们并不关心我	1	2	3	4
(17) 在班上同学们都喜欢我	1	2	3	4
(18) 我经常感到没有人值得信任	1	2	3	4
(19) 我经常感到被冷落	1	2	3	4
(20) 在班上我经常有孤独感	1	2	3	4
(21) 我害怕在别的同学面前做没有做过的事情	1	2	3	4
(22) 我担心被人取笑	1	2	3	4
(23) 周围都是我不认识的同学时，我觉得害怕	1	2	3	4
(24) 我和同学在一起时很少说话	1	2	3	4
(25) 我担心其他同学怎么看我	1	2	3	4
(26) 我觉得有同学经常取笑我	1	2	3	4
(27) 我和陌生的同学说话感到紧张	1	2	3	4
(28) 我担心其他同学会说我什么	1	2	3	4
(29) 我只与我很熟悉的朋友说话	1	2	3	4
(30) 我担心别的同学会不喜欢我	1	2	3	4

(资料来源：邹泓. 青少年同伴关系的发展功能及其影响因素的研究[J].

体育教学. 2006(5)：54.)

　　附表 2 是一份儿童青少年同伴关系量表。该量表仅用于研究目的，不会泄露您的任何信息，请各位同学根据自己的真实情况，在量表中选择"不是这样""有时这样""经常这样""总是这样"中的相应数字，并打"√"，非常感谢您的配合！

附表2　儿童青少年同伴关系量表

题　目	不是这样	有时这样	经常这样	总是这样
(1) 我注重其他同学怎么看我	1	2	3	4
(2) 我觉得其他同学在开我的玩笑	1	2	3	4
(3) 我跟新的同学讲话时感到紧张	1	2	3	4
(4) 我害怕其他同学说我什么	1	2	3	4
(5) 我只和我非常熟悉的同学讲话	1	2	3	4
(6) 我怕其他同学不喜欢我	1	2	3	4
(7) 我很在意被人捉弄	1	2	3	4
(8) 在不熟悉的同学中我觉得害羞	1	2	3	4
(9) 我与其他同学在一起时感到没话说	1	2	3	4
(10) 在其他同学面前做我没做过的事，我会感到担心	1	2	3	4
(11) 我盼望上学	1	2	3	4
(12) 我的同学对我很好	1	2	3	4
(13) 我不喜欢在学校	1	2	3	4
(14) 我希望有另一班不同的同学	1	2	3	4
(15) 上学是有趣的	1	2	3	4
(16) 我希望我可以不用上学	1	2	3	4
(17) 我的同学很好	1	2	3	4
(18) 有很多关于学校的事情我都不喜欢	1	2	3	4
(19) 同学中我有足够多的朋友	1	2	3	4
(20) 我与同学一起时很开心	1	2	3	4
(21) 如果我需要时，同学会愿意帮助我	1	2	3	4
(22) 我在学校里感到不愉快	1	2	3	4

(资料来源：陈珂. 家庭教养方式对儿童攻击性行为的影响：同伴关系的中介作用[D]. 青海师范大学，2019.)

本章小结

团体领导者在开展同伴交往主题团体心理辅导前，需精心设计团体心理辅导方案，明确团体性质、团体名称、团体目标、团体领导者、团体对象与规模、团体活动时间及频率、团体设计理论依据、团体活动场所和团体评估方法。在团体实施前，要依据团体方案规划好每次团体的热身活动、主题活动与结束活动，方案中需详细注明每项活动所需的材料和时间。

本章通过友伴空间、相约同伴(正确结交同性同伴)、金星和火星(正确结交异性同伴)、小小合作家(学会合作)、听见美好(学会倾听)、学会拒绝、夸夸暖人心(学会赞美与感谢)、展望新未来八个单元的实施，促进学生正确地认识同伴间的交往，培养良好的同伴交往能力。

思考题

1. 小学生同伴交往主题团体方案设计的主要内容是什么？
2. 同伴交往主题团体在不同发展阶段设计的重点是什么？

第五章 感恩之心主题

课程目标

知识目标： 学生通过八个单元的亲身体验描述感恩之心主题活动的理论基础，阐明其常用技术和评估方法，并分析不同单元对学生心理成长发展的作用。

能力目标： 学生能够结合体验过的感恩之心主题，根据不同年龄段学生的特点设计出符合学生心理成长的感恩之心主题方案。在实施方案中，学生能够高效地组织、领导、沟通，并分析解决问题，独立带领团体。

素质目标： 学生在体验与感悟中树立投身基础教育的职业理想，坚定心理育人的教育情怀。

重点与难点

➤ 小学生感恩之心主题方案设计的内容。
➤ 小学生感恩之心主题方案的实施。

第一节 感恩之心主题方案的筹划

一、团体性质与团体名称

团体性质：结构式、封闭式团体。
团体名称：心中有爱队。

二、团体目标

1. 总目标

团体总目标为帮助成员正确理解感恩之心，并培养表达感恩的能力。

2. 具体目标

(1) 团体成员能够认识并觉察自己的感恩之心。
(2) 团体成员能够接纳并表达感恩之心。
(3) 团体成员能够体会到感恩的魅力和深远意义。
(4) 团体成员能够掌握提升感恩之心的有效方法。
(5) 团体成员能够培养积极勇敢表达感恩的心态。

三、团体领导者

团体领导者需熟悉团体心理辅导的基础理论，并具有一定个案咨询和带领团体的经验。

四、团体对象与规模

参加对象：小学中高年级学生。

团体学生人数：每个团体人数为 4～6 人，预计组建 7～8 个团体。

五、团体活动时间及频率

活动安排为每周一次，共 8 个单元，每个单元时长为 45 分钟。

六、团体设计理论依据

1. 感恩倾向层面理论

感恩倾向层面理论主要关注个体在体验感恩情感上的差异，由麦卡洛(McCullough，2002)等人提出。该理论认为，与低感恩倾向的个体相比，高感恩倾向的个体能以更低的阈值体验到感恩。这种低阈值主要体现在以下几个方面。①强度：高感恩倾向的个体在受惠时感受到的感恩情绪更为强烈。②频率：高感恩倾向的个体在生活中感受到感恩情绪的次数更为频繁。③范围：对于个体在某一时刻对生活环境中感恩事件的数量而言，高感恩倾向的个体感恩的对象更为广泛。④密度：个体将某一积极结果归因于多个对象，如国家、父母、师长、朋友等。总之，在以上四个维度上，高感恩倾向的人比低感恩倾向的人更容易体验到感恩。

2. 认知情绪理论

经历了海德(Heider，1958)、韦纳(Weiner，1985)和奥托尼(Ortony，1988)等人的改进，感恩理论从受惠者的认知角度得到进一步阐释，认为感恩是认知体系的产物。海德认为，如果受惠者能感受到施惠者是出于善意且没有其他目的帮助自己，就会对施惠者产生感激之情。韦纳将个体情绪分为结果依赖型情绪和原因依赖型情绪两种。结果依赖型情绪指个体更关注事件的结果，情绪的变化主要受结果好坏的影响；原因依赖型情绪则是一种归因模式，个体将取得的成果归功于他人的帮助，从而产生感恩情绪。奥托尼等人对感恩的认知情绪理论进行了更深入的探讨。他们提出，感恩由三个因素决定：首先，施惠者的行为受到受惠者的赞赏；其次，受惠者认为施惠行为超出了双方关系的范畴，不是施惠者理应做的；最后，受惠者对施惠者的行为给予正面评价。综上所述，受惠者认为施惠者是出于积极主动的态度帮助自己获得好的结果，从而对施惠者产生感恩情绪。

3. 积极情绪建构理论

弗雷德里克森(Fredrickson，1998)首次提出了积极情绪建构理论。该理论主张，个体倾向于通过亲社会行为表达对他人的感激之情。这种亲社会行为不仅能够加深个体与他人的联系，而且随着这些联系的加强，它们能够转化为支持个体生活的宝贵社会资源。因此，这一理论认为感恩有助于拓宽个体的社会资源，并构建更加丰富的个人资源库。进一步地，弗雷德里克森(2001)在后续的研究中发展了这一理论，提出积极情绪能够激励个体超越自我限制，促进创新思维的产生。依据这一理论，怀有感恩之情的青少年更可能通过努力学习来回报他人的帮助。

4. 道德情绪理论

史密斯和麦卡洛(Smith and McCullough，2001)认为感恩是对施惠者道德行为的情绪反应，并且能激发个体自身的道德行为。麦卡洛提出感恩具有三种道德功能：①道德计量功能，个体会根据自身认知评估施惠者行为的价值，当认为受到的帮助具有高价值时，便会产生感激之情；②道德动机功能，个体在经历感恩过程时，会倾向于产生更多对社会有益的积极行为；③道德强化功能，当个体作为施惠者得到他人的感激时，会增强其亲社会行为。

5. 社会交换理论

布劳(Blau，1968)首次提出了社会交换理论。该理论主张个体基于预期获得回报的前提，与他人建立并维持关系。这一理论虽然源于经济交换理论，但它强调社会交换与经济交换的等价性不同，更多的是基于社会关系，倾向于长期的、不平等的交换模式。当个体感知到所获得的回报超出了其付出时，便可能产生感恩之情。研究表明，管理者应当协助员工与组织及同事建立长期且具有回报潜力的交换关系，并通过经济奖励和社会奖励激励员工，从而培养更高的回报感和感恩心理。此外，在感恩的正面调节作用下，以客户为中心的策略能够对企业的长期发展产生积极影响。同样地，这一理论在教学领域也展现出积极的应用价值。

七、团体活动场所

团体活动场所为封闭、宽敞、安静的教室或操场。

八、团体评估方法

评估工具采用的是小学生感恩量表(见附录)，该量表选自重庆师范大学硕士学位论文《小学生感恩的初步研究》(作者：徐升)。量表涵盖了感恩认知、感恩情感、感恩行为三个维度，共包含15个题项，其中感恩认知维度包含6个题项(第4、5、9、10、11、15题)，感恩情感维度包含5个题项(第1、3、7、13、14题)，感恩行为维度包含4个题项(第2、6、8、12题)。量表采用五级评分制，1分代表"完全不符合"，2分代表"比较不符合"，3分代表"不确定"，4分代表"比较符合"，5分代表"完全符合"。所有题项均无反向计分。量表各维度的Cronbach's α为0.673~0.719，总量表的Cronbach's α为0.793，表明量表具有较好的信度。效度检验方面，通过结构效度的相关法进行验证。结果显示，各维度之间的相关系数(0.368~0.485)均小于各维度与总量表的相关系数(0.689~0.872)，这表明量表具有较好的结构效度。

九、团体方案

团体方案如表 5-1 所示。

表 5-1　团体方案

次　序	活动主题	活动目标	活动内容及时间
第一单元	心心相聚	(1) 进行分组 (2) 鼓励学生之间互相认识，建立起初步的信任关系 (3) 初步了解感恩的概念，明确团队的目标 (4) 构建新的团队关系，形成团队的共同意识 (5) 制定团体规则	(1) 桃花朵朵开(5 分钟) (2) 老师澄清活动计划、目标、方案(5 分钟) (3) 感恩接力(15 分钟) (4) 建立团魂(15 分钟) (5) 小结(5 分钟)
第二单元	爱在身边	(1) 初步理解感恩的基本概念和深层含义 (2) 引导学生将感恩的概念与自己的生活实际相联系，深入挖掘和分享个人的感恩经历	(1) 抓乌龟(5 分钟) (2) 奏响交响乐(5 分钟) (3) 艺术创想(15 分钟) (4) 讲出自己的故事(15 分钟) (5) 小结(5 分钟)
第三单元	感恩父母	(1) 深化对父母的认识，真切感受他们无私的关爱和付出 (2) 鼓励学生从现在开始，从生活中的小事做起，用实际行动表达对亲情的感激和回报	(1) 老鹰捉小鸡(5 分钟) (2) 观看公益广告(5 分钟) (3) 要谢谢的瞬间(15 分钟) (4) 感恩行动(15 分钟) (5) 小结(5 分钟)
第四单元	感恩老师	(1) 深化对老师角色的理解，认真思考并深刻体会老师对学生的辛勤劳动和深切关怀 (2) 引导学生积极探讨如何以恰当和真诚的方式回报老师的教导，学习表达对老师的感激和感恩之情	(1) 雨点变奏曲(5 分钟) (2) 分享老师的故事(5 分钟) (3) 颁奖大赛(20 分钟) (4) 老师的一些话(5 分钟) (5) 播放音乐视频(5 分钟) (6) 小结(5 分钟)
第五单元	感恩朋友	(1) 真切地感受到朋友的关怀，深刻地体会到朋友之间深厚的信任和无私的互助精神 (2) 激发学生内心深处对朋友的感激之情，并引导学生探讨如何以恰当和真诚的方式向朋友表达这份感激和珍视	(1) 大风吹(5 分钟) (2) 朋友，是我呀！(5 分钟) (3) 支援前线(15 分钟) (4) 晒出你们的幸福(10 分钟) (5) 歌曲《像你这样的朋友》(5 分钟) (6) 小结(5 分钟)
第六单元	感恩祖国	(1) 深化学生对祖国的认识，激发他们对祖国的深厚热爱，引导他们理解感恩祖国的重要性和意义 (2) 教育学生了解并实践感恩祖国的具体方式，培养他们用实际行动表达对祖国的感激和敬意	(1) 开火车(5 分钟) (2) 观看中国兔的动画片(10 分钟) (3) 未来责任(10 分钟) (4) 小结(5 分钟)

续表

次 序	活动主题	活动目标	活动内容及时间
第七单元	感恩自然	(1) 激发学生对自然的感恩之情，并增强他们的环境保护意识 (2) 鼓励学生深入思考并探讨保护自然环境的有效方法和个人责任	(1) 你划我猜(5 分钟) (2) 自然之美(15 分钟) (3) 心中的自然(20 分钟) (4) 小结(5 分钟)
第八单元	感恩之心	(1) 通过回顾和总结之前的学习内容，全面深化对感恩的理解，提升主题的内涵，并将感恩的理念融入日常生活的每一个细节 (2) 针对 8 次感恩辅导活动进行反思和总结，谈谈各自的收获和成长	(1) 播放歌曲《感恩的心》(5 分钟) (2) 回顾过去(15 分钟) (3) 感恩呈献(15 分钟) (4) 学习《感恩的心》的手语(5 分钟) (5) 小结(5 分钟)

第二节　感恩之心主题方案的实施

第一单元　心心相聚

热身活动：桃花朵朵开(建议时长：5 分钟)

活动目标：活跃气氛，进行分组。

活动材料：无。

活动场地：教室或操场。

教师引导语：大家好，欢迎加入"心中有爱队"！我是这个队伍的老师，我叫×××。接下来，我将带领大家通过 8 次团体活动认识、探寻、增强感恩之心。为了让大家在今后活动中有更好的体验，我们接下来开始第一个活动——"桃花朵朵开"。

具体操作：所有学生围成一个圆圈快跑或慢跑，老师在这期间会喊出口令："桃花朵朵开。"学生则要问："开几朵？"老师会报出一个数字，比如"5"，学生就必须 5 个人快速地抱在一起，不能多，也不能少。最后一轮开出的数字是想要确定的小组人数，以确保完成分组。

备选活动：报数。若空间或时间受限，可采用报数的方式进行分组。让学生依次报数，把报相同数字的学生组成一组。

注意事项：每组人数可以根据参加团体辅导的总人数进行分配，尽量男女平均，人数一致，且组数与人数最好为偶数。另外，应确保活动安全，避免在快速移动时发生碰撞。

主题活动 1：老师澄清活动计划、目标、方案(建议时长：5 分钟)

活动目标：初步认识感恩，明确 8 次团体辅导的目的。

活动材料：无。

活动场地：教室或操场。

教师引导语：各位队员，我们刚刚结束了一个充满活力的"桃花朵朵开"活动。现在，让我们通过活动进一步了解彼此，并深化我们对感恩的理解。接下来，让我们看看哪一组能够最出色地完成。

具体操作：首先向学生说明本次团体辅导的主要目的、形式、时间。利用多媒体教具向学生展示感恩的基本定义以及为什么要感恩。

具体内容：我们的主要任务是通过8次团体活动，从不同角度去认识感恩，探索感恩，明白感恩的重要性。时间固定在每周的这个时间段，也请各位队员准时参加，并记住你身旁的小组成员，他们将一直与你并肩作战。那究竟什么是感恩呢？

感恩定义：感恩是对亲人朋友的一种回馈心理，是一个人所需要拥有的品质，对他人给予的恩惠表示感谢。

注意事项：具体内容要根据现实情况和教学需要做出有针对性的调整，感恩定义仅供参考。若条件允许，则可以用多媒体课件进行展示。

主题活动 2：感恩接力(建议时长：15 分钟)

活动目标：引入主题，彼此相识，增进了解。

活动材料：计时器。

活动场地：教室或操场。

感恩接力

教师引导语：各位队员都听得很认真。为了让大家更好地了解彼此，更好地理解感恩，接下来我们进行"感恩接力"活动。看看哪一组完成得最好。

具体操作：每位成员轮流介绍自己的姓名，并分享此刻最想感谢的人和事。当第一个人介绍完成后，第二个人必须接着第一个人介绍的内容开始自己的介绍，依次类推。如果中间有人出错或遗漏，则从第一个人重新开始。对每个小组都进行计时，用时最短的小组将获得奖励。

第一位：我叫小红，我此刻最想感谢我的妈妈今天早上给我做了爱吃的荷包蛋。

第二位：她叫小红，她此刻最想感谢她的妈妈今天早上给她做了爱吃的荷包蛋。我叫小明，我此刻最想感谢我的朋友洋洋昨天数学课借我量角器。

第三位：他叫小明，他此刻最想感谢他的朋友洋洋昨天数学课借他量角器。我叫……，我此刻最想感谢……

注意事项：如果时间有限或小组人数较多，可以不因错误而重新开始，每组有且仅有一次尝试机会。如果时间充裕，则可以选择进行多轮活动，让每个组员都有机会从"第一个人"开始回忆介绍。

主题活动 3：建立团魂(建议时长：15 分钟)

活动目标：建立团体规则，保证学生在团体活动期间可以遵守秩序。

活动材料：A3 纸一张(上面可以事先写上基本契约要点)，签字笔。

活动场地：教室或操场。

教师引导语：在刚才的"感恩接力"活动中，各位"心中有爱队"的队员都分享了自己此刻最想感恩的人和事，展现了我们团队的温暖和力量。恭喜第×组获得接力赛的冠军，拿到了奖励。其他小组也不要气馁，我们才刚刚开始，还有很多机会展现我们的默契。现在，让我们来建立我们的团队精神。

具体操作：准备一张 A3 纸，上面事先写上一些基本约定。以小组为单位讨论学生们在参加团体辅导活动过程中应该遵守哪些规则，以及为自己队伍起一个名字和编一个口号。

最后，每组派一人报告讨论结果，老师将所有的讨论结果汇总，最终形成 8 次团体辅导的活动契约，并请每位学生在活动契约上签字。

基本约定：不缺席、不迟到；对其他学生的观点不批判、不指责；禁止侮辱或诋毁其他学生；活动中对其他学生的倾诉要做到对外保密……

注意事项：老师在活动中要表现亲和友善，但面对团队契约时要严肃认真，使团体学生明白团队契约的权威性。

结束：小结(建议时长：5 分钟)

活动目标：总结活动中的收获并带领大家宣誓，让所有学生重视团队契约。

教师总结语：通过今天的活动，我们不仅体验了表达感恩，也见证了团队合作的力量。我希望大家都能感受到"心心相聚"的意义，并坚守我们的团队契约。现在，请大家和我一起宣誓，承诺遵守我们的约定。

第二单元 爱在身边

热身活动：抓乌龟(建议时长：5 分钟)

活动目标：活跃气氛，消除彼此之间的拘束感。

活动材料：无。

活动场地：教室或操场。

抓乌龟

教师引导语：欢迎各位成员再次回到"心中有爱队"。首先请大家送给自己准时守约的队友们 3 秒的掌声。掌声结束后，我们将进行本单元的第一个游戏——"抓乌龟"。

具体操作：每组学生围成一个圈，每个人伸出左手和右手，左手掌心向上，用自己的左手顶住左边学生的右手食指，同时伸出自己的右手食指顶在右边学生的左手掌中(见图 5-1)。然后老师会给大家讲一个小故事，当听到故事中出现"乌龟"时，学生的右手食指应尽快逃脱右边学生的左手，与此同时尽量用你的左手去抓左边学生的右手食指。学生准备好后，老师开始讲故事。

故事内容：森林里住着乌鸦、乌贼、乌龟和巫婆。在一个乌云密布的日子，乌鸦和乌贼一起去乌龟家里玩，到乌龟家里却看见巫婆和乌龟在吵架。乌鸦问："你们为什么吵架？"巫婆说："它无理取闹。"乌龟说："巫婆说我跑得比兔子慢。"乌贼说："这是事实呀。"乌龟听见后更加生气了，说再也不理它们了。乌鸦立刻劝解道："别生气了，其实每个人都有自己的长处，巫婆擅长法术，乌贼能吐墨水，而乌龟则以沉稳著称。"最后，在乌鸦的劝解下，乌贼、乌龟和好了。乌鸦、巫婆、乌龟、乌贼一起在乌龟家里开心地吃晚饭。

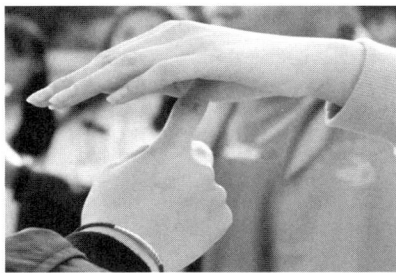

图 5-1 抓乌龟

注意事项：故事内容可以根据实际情况适当调整，注意控制时间和语调。通过讲述故事，老师应努力营造轻松愉快的氛围。

主题活动1：奏响交响乐(建议时长：5分钟)

活动目标：通过欣赏音乐激发学生的感恩情绪，加深他们对感恩的认识和理解。

活动材料：《感恩世界》.mp4。

活动场地：教室或操场。

教师引导语：刚刚大家玩得都非常投入。现在，让我们暂时放松一下，请各位队员闭上眼睛，给自己一个短暂的休息。可以选择靠在椅子上，或者趴在桌子上，只要身体感到舒适即可。在这个宁静的时刻，老师将为大家播放一首歌曲。

具体操作：播放一首能够激发感恩情绪的歌曲，如《感恩世界》，让学生在聆听的同时，冥想自己想要感恩的人与事。音乐结束后，邀请学生分享自己的情感体验与想法，引导他们思考感恩的内涵和外在表现形式。

注意事项：老师应根据学生的反应和课堂氛围灵活地选择歌曲，确保音乐能够引起学生的共鸣。《感恩世界》只是作为参考，老师也可以选择其他能够激发感恩情绪的相关歌曲。

主题活动2：艺术创想(建议时长：15分钟)

活动目标：让学生通过绘画回忆自己被感恩的场景和心情，有助于学生更具体地理解"谢谢"的意义与力量。

活动材料：A4纸，彩笔。

活动场地：教室或操场。

教师引导语：《感恩世界》这首歌曲结束后请大家睁开双眼。刚刚的冥想放松后，相信许多同学心中已经涌现出想要表达感恩的人和事。但也许还有些同学仍在寻找灵感，没关系，我们先把答案放在心里。作为"心中有爱队"的队长，我将带领大家通过艺术创想进行进一步探索。请每组派一名学生到前面领取所需材料(每人一张A4纸、每组一盒彩笔)。

具体操作：学生需要在纸上绘制自己最近一次被感谢的场景并分享，描述当时的心情。教师可以举例示范，展示自己事先绘制的作品，并分享其背后的故事，以激发学生的灵感。

注意事项：根据人数分配好学生的创作时间和分享时间。在此过程中，尽量让学生独立思考。教师要时刻观察每一位学生的进展情况，对需要额外鼓励的学生，可以这样说："谢谢你来参加这个活动，你的到来让我感受到了真诚带给我的温暖。"

主题活动3：讲出自己的故事(建议时长：15分钟)

活动目标：让学生通过讲述自己感恩的事情，体会感恩他人和被感恩的不同，更加深入地意识到感恩的重要性。

活动材料：无。

活动场地：教室或操场。

教师引导语：通过欣赏各位学生的作品，大家一定都感受到了感恩的魅力，知道了原来他人的感恩可以为自己带来如此多的积极影响与美好体验。所以，接下来，我想请大家分享一下自己的故事。

具体操作：学生依次分享自己最近最为感谢的人和事，描述自己当时是如何表达感谢的。老师可先举例分享一件事。例如，"我最感谢的是大家刚刚分享的作品，它们让我深受启发"。

注意事项：教师应控制好分享的节奏，确保每位学生都有机会讲述自己的故事。

结束：小结(建议时长：5分钟)

活动目标：总结活动中的收获和感悟，深化我们对感激之情的理解和表达。

教师总结语：随着最后一位同学的分享落下帷幕，我们的活动圆满结束。今天，我们不仅在彼此的故事中发现了更多值得感激的事物，也学会了更多表达感激之情的方法。不论是同学们刚才的真挚分享，还是现在静静聆听的姿态，都让我深切地感受到了"爱在身边"的温暖。

第三单元　感恩父母

热身活动：老鹰捉小鸡(建议时长：5分钟)

活动目标：活跃气氛，并通过模拟鸡妈妈对小鸡的保护，激发学生对父母养育之恩的感悟。

活动材料：无。

活动场地：教室或操场。

教师引导语：欢迎大家回到"心中有爱队"，各位队员有没有玩过老鹰捉小鸡的游戏呀？我们今天的第一个游戏就是"老鹰捉小鸡"。

具体操作：游戏开始时，先分好角色，一人扮演"老鹰"，一人扮演"鸡妈妈"，其他人则扮演"小鸡"。"小鸡"跟随"鸡妈妈"排成一队。"鸡妈妈"张开双臂，尽力保护身后的"小鸡"。"老鹰"则要捕捉"小鸡"作为食物。"小鸡"跟随"鸡妈妈"左右移动，灵活躲闪，避免被"老鹰"抓到。被抓到的"小鸡"立即离开游戏场地，其他"小鸡"继续游戏。留到最后的"小鸡"会获得奖励。游戏结束时，若"鸡妈妈"成功保护了多数"小鸡"，则其获得奖励；反之，则"老鹰"获得奖励。

注意事项：根据场地大小调整游戏规模。若场地有限，可由每组选出代表参与。

主题活动1：观看公益广告(建议时长：5分钟)

活动目标：引导学生深思父母及家庭的意义，激发其对父母的感恩之情。

活动材料：《Family》.mp4。

活动场地：教室或操场。

教师引导语：通过刚才的"老鹰捉小鸡"游戏，大家感受到了"鸡妈妈"对"小鸡"的守护和"老鹰"的拼搏。我们的父母也会做出同样的努力来守护我们。请大家观看公益广告《Family》，通过这个视频进一步感受家庭的温暖和父母的爱。

具体操作：播放公益广告《Family》视频，激发学生们的感恩情绪。观看后让学生分享自己的情感体验与想法，引导他们思考感恩的内涵和外在表现形式。

注意事项：根据时间安排，教师主要播放公益广告《Family》。若时间允许，可以选择播放其他两个相关视频(如《爸爸》.mp4、《妈妈》.mp4)，但这不是必需的。

主题活动2：要谢谢的瞬间(建议时长：15分钟)

活动目标：通过分享和回忆与父母共度的时光，增加对父母的了解，引导学生勇敢表达对父母的关爱和感激之情，同时帮助学生更好地了解自己的情绪体验和情感需求。

活动材料：无。

活动场地：教室或操场。

教师引导语：刚刚的游戏和视频让我们体会到父母的爱。请各位学生回想一下童年时和父母一起做过的印象深刻的事情，分享当时的情绪和感受。

具体操作：邀请学生自由分享他们与父母共度的童年时光，提醒他们注意自己的情绪体验，并鼓励他们表达自己的感受。分享结束后进行总结，强调父母对子女的付出和关爱。

注意事项：如果时间允许，可以组织小组轮流分享，确保每位学生都有机会表达。

主题活动 3：感恩行动(建议时长：15 分钟)

活动目标：帮助学生通过实际行动，如写感谢卡片、帮助父母做家务等方式表达对父母的感恩之心，提升学生的感恩意识和行动能力，同时也帮助他们更好地了解如何用实际行动回馈父母的关爱。

活动材料：感恩卡片，签字笔。

活动场地：教室或操场。

教师引导语：通过刚才的活动，我们探讨了父母对子女的无私奉献。现在，让我们思考如何以实际行动向父母表达我们的感激之情。请各位小组派代表来领取材料(感恩卡片和签字笔)。

具体操作：为学生分发感恩卡片和签字笔，鼓励他们写下对父母的感激之情。鼓励学生们在适当的时候，把感恩卡片送给父母，并用自己的方式表达感激。引导学生们思考如何用实际行动来表达感恩之心，如帮助父母做家务、关心父母的身体健康等。老师可先举例分享一件事。例如，"我的卡片上写着对妈妈每天辛苦准备早餐的感激之情，我准备今天晚上回家给妈妈按摩一下"。

结束：小结(建议时长：5 分钟)

活动目标：总结活动中的收获和感悟，结合名人名言深化和升华我们对感恩和陪伴的理解。

教师总结语：鲁迅先生曾深刻地指出，"父母存在的意义，不仅在于给予孩子物质上的舒适和富裕，更在于孩子在想到父母时内心充满力量和温暖，从而拥有克服困难的勇气和能力，获得人生的乐趣和自由"。同学们，我们的父母可能是我们投入最少心思和时间，却最爱我们的人。他们默默地付出，不求回报，只希望我们能够健康快乐地成长。

在"感恩父母"活动中，我们意识到了对父母的感激之情。希望大家能多花一些心思在父母身上，不仅仅是在物质上的关怀，更重要的是在精神上的陪伴和理解。让我们用行动告诉他们，我们同样深爱着他们，愿意与他们分享生活中的点点滴滴。

第四单元　感恩老师

热身活动：雨点变奏曲(建议时长：5 分钟)

活动目标：活跃气氛，促进老师与学生的互动，拉近师生关系。

活动材料：无。

活动场地：教室或操场。

雨点变奏曲

教师引导语：欢迎大家回到"心中有爱队"。首先，我想邀请大家一起参与创作一首名为"雨点变奏曲"的音乐。

具体操作：让我们在这个教室里共同营造一场雨的氛围。老师首先示范动作，如图 5-2 所示，并引导大家跟随练习。从小雨到中雨，再到大雨，直至暴风雨，然后逐渐减弱，直至雨过天晴。随着手势的变化，引导学生发出相应的声音。

读散文配合动作：接下来，让我们读一篇优美的散文，并根据文中描述的情景，配合做出相应的动作。

手指互相敲击　　双手轮流拍大腿　　跺脚　　大力鼓掌

图 5-2　雨点变奏曲

散文内容如下。

春天是一个多雨的季节。开始时，它是温柔的小雨，如同细丝般轻轻拂过窗棂，"滴答，滴答"，仿佛是时间的脚步，静静流淌。空气中弥漫着泥土的芬芳，万物在它的滋润下苏醒。渐渐地，小雨变成了中雨，雨点开始变得有力，"噼里啪啦"地敲打着屋顶，像是一首急促的鼓点，催促着人们加快步伐。树叶在雨中摇曳，水珠从叶尖滑落，汇成一条条小溪，流向远方。随着时间的推移，中雨变成了大雨。雨势变得更加猛烈，"哗哗哗"的声音充斥着整个世界，仿佛是一首激昂的交响乐。雨帘如瀑，天地间一片朦胧，只有雨声在耳边回响。大雨中的一切都变得模糊，但生命的活力在雨中愈加旺盛。突然间，大雨升级成了暴风雨。风呼啸着，雨点如同子弹一般猛烈地撞击着大地，"轰隆隆"的雷声伴随着闪电，照亮了漆黑的夜空。暴风雨是大自然的怒吼，它以无与伦比的力量，洗刷着世间的一切尘埃。然而，暴风雨过后，一切又恢复了平静。雨渐渐停歇，只剩下偶尔的几滴，"滴答，滴答"，像是在诉说着暴风雨的故事。天空开始放晴，彩虹悬挂在天际，为这首"雨点变奏曲"画上了完美的句号。

主题活动 1：分享老师的故事(建议时长：5 分钟)

活动目标：通过分享故事和经历，学生们能更深刻地理解老师在生活中的帮助以及在教育上的贡献，培养对老师的感恩之情，同时拉近师生之间的距离。

活动材料：无。

活动场地：教室或操场。

教师引导语：随着大家的热烈掌声，"雨点变奏曲"圆满落幕，非常感谢各位学生的积极参与。在我们的学习生涯中，会遇到许多老师，每位老师都有其独特的教学风格。有的老师像细雨般温柔；有的老师则像中雨转大雨那样，严慈相济；还有的老师像暴雨一样充满热情。接下来，我希望大家能用一句话分享关于自己最敬爱的老师的故事。

具体操作：组织学生围成一个圆圈，确保每个人都有机会分享自己最喜欢的老师的故事，包括老师对自己的帮助、教学中的敬业精神等。引导学生进行交流和分享，鼓励他们表达自己的经历和感受。例如，学生时代我最喜欢的是教我们语文的王老师，因为她总能把故事讲得栩栩如生。

注意事项：教师应合理分配时间，如果学生人数较多，可以适当缩短"雨点变奏曲"和"颁奖大赛"的时间，以确保每位学生都有机会分享。

主题活动2：颁奖大赛(建议时长：20分钟)

活动目标：帮助学生更清晰地认识到老师对自己的帮助和指导，通过颁奖的形式来表达对老师的感激和敬意。同时，鼓励学生将奖状亲手送给老师，这不仅能帮助老师更好地认识到自己的优点，还能对老师起到积极的鼓励作用。

活动材料：A4纸，彩笔。

活动场地：教室或操场。

教师引导语：感谢同学们的积极分享。大家是否想过为自己喜欢的老师颁发一张奖状呢？接下来，请同学们为自己喜欢的老师设计一张奖状。在奖状上，你们可以画出与老师的故事，或者写下自己对老师的感激之情。请每组派代表上前领取材料(每位学生一张A4纸、每组一盒彩笔)。

具体操作：给每位同学发放一张空白A4纸，让学生根据自己的亲身经历或感受，设计一个奖项并颁给一位老师，然后进行分享。

引导问题：你最感激的老师是哪一位？你认为老师对你最大的影响是什么？你是否曾经考虑过如何向老师表达你的感激之情？

注意事项：如果时间充裕，则可以为每位学生提供分享机会；如果时间有限，则可以采用举手发言的方式进行。

主题活动3：老师的一些话(建议时长：5分钟)

活动目标：增进师生之间的相互了解，加深师生情感。

活动材料：录制视频。

活动场地：教室或操场。

教师引导语：同学们为老师设计的奖状都非常有创意，希望你们能在课后找到合适的机会，将这些奖状亲手颁发给你们心目中的那位老师。正如学生们对老师的敬爱一样，老师们也深爱着每一位学生。接下来，老师们也有一些心里话想对大家说。

具体操作：如果条件允许，教师可以在课前邀请本校的任教老师录制一段视频或音频，向学生们表达他们的寄语。如果录制有困难，教师也可以亲自为学生们写一封信，传达他们的关怀和期望。

主题活动4：播放音乐视频(建议时长：5分钟)

活动目标：升华师生间的情感，激发学生的向上精神。

活动材料：《张桂梅》.mp4。

活动场地：教室或操场。

教师引导语：我们每个人生来都是高山而非溪流，渴望在群峰之巅俯瞰那些平庸的沟壑；生来都是人杰而非草芥，站在伟人的肩膀上，藐视那些卑微的懦夫。教师职业虽然很平凡，但正是通过这份平凡，我们创造了一个又一个奇迹。现在，我想带领大家一起认识一位伟大的英雄——张桂梅老师。

具体操作：播放关于张桂梅老师的感动人物视频，通过她的故事，激发学生们的敬意和向上的动力。

结束：小结(建议时长：5分钟)

活动目标：总结活动中的收获和感悟，加深对师恩的认识和感激之情。

教师总结语：老师们依旧是我们记忆中的模样，敬业而负责，亲切而平和。岁月虽然在他们的眉宇间留下了痕迹，但那份疲惫与沧桑更显出了他们的辛勤与付出。走进昔日熟悉的教室，如今已是一张张陌生而充满活力的新面孔。他们沉浸在书海中，笔耕不辍，奋力前行。

同学们，天涯海角总有尽头，但师恩是无穷无尽的。感谢老师们，是你们照亮了我们的人生旅途。希望你们毕业后，记得常回母校看看，与老师们分享你们的成长和变化。同时，也希望未来有更多有志之士加入教师队伍，成为培育祖国未来栋梁的优秀园丁。

第五单元　感恩朋友

热身活动：大风吹(建议时长：5分钟)

活动目标：活跃气氛，增进小组成员之间的了解，并通过寻找相似特点和生活习惯促进彼此间的共鸣。

活动材料：无。

活动场地：教室或操场。

教师引导语：欢迎大家回到"心中有爱队"。回顾我们四个单元的旅程，从最初的生疏到现在的默契，我们彼此之间已经建立了深厚的友谊。那么，现在大家对身边的伙伴了解有多深呢？今天，让我们一起参与一场"大风吹"的游戏，进一步加深我们彼此的了解。

具体操作如下。

(1) 老师提前准备一些凳子(数量比总人数少一个)，将它们摆成一个圆圈。大家站在圆圈中间，等待老师的"开始"指令。一旦听到指令，学生们就要迅速找凳子坐下，而未能找到凳子的学生将继续站在中间。

(2) 站在中间的学生宣布"大风吹"，坐在凳子上的学生回应"吹什么"。中间的学生观察四周，然后说出一种特征，如"吹长头发的人""吹喜欢吃蛋糕的人""吹爱学数学的人"等。拥有该特征的学生需要立即互换位置。

(3) 需要换位的学生要迅速寻找新的凳子坐下。同时，站在中间的学生也可以趁机找到凳子坐下。未能找到凳子的学生将继续站在中间，并开始新一轮的"大风吹"游戏。

(4) 游戏结束后，老师引导学生进行总结。询问大家"这个游戏给你带来了哪些启发"，并鼓励学生分享他们发现身边有许多志趣相投的朋友。

注意事项：本环节可能涉及对同伴的评价，教师需要在必要时严肃强调团队契约中的重要原则，如不随意批评或指责他人的想法和观点，以维护积极、尊重的团队氛围。

主题活动1：朋友，是我呀！(建议时长：5分钟)

活动目标：学生通过了解朋友对自己的看法，认识到朋友在自己生活中的重要性，感受朋友的价值，从而增强彼此间的理解和信任，促进友谊的进一步发展。

活动材料：圆形色卡，笔。

活动场地：教室或操场。

教师引导语：通过刚才的"大风吹"游戏，我们发现团体中的同学们竟然有这么多共同点和相同爱好。那么，我们能否根据伙伴们喜欢的食物、动物以及事情，在茫茫人海中认出自己的朋友呢？接下来，我们要进行的游戏叫作"朋友，是我呀！"。

具体操作如下。

(1) 请每组派代表上前领取材料。给每位学生分发一张圆形色卡，让学生在色卡背面写下自己的名字。

(2) 指导学生在色卡正面回答以下三个问题："你最喜欢吃的食物是什么？""你最喜欢做的事情是什么？""你最喜欢的动物是什么？"。

(3) 学生写好之后，老师收齐色卡，然后随机抽取一张卡片。

(4) 同学们根据正面的三个问题的答案来猜测色卡背后的名字。

注意事项：教师在进行活动时必须注意时间管理，确保每个环节都能顺利进行，避免拖延。在进行色卡抽取环节时，教师应确保抽取的色卡信息填写完整，这样不仅能让同学们更容易进行猜测，也能提高游戏的流畅度。对于成功猜对的同学，教师可以通过鼓励他们拥抱或给予赞许的方式庆祝他们的成就，从而增强他们的参与感和快乐感。对于那些没有猜对的同学，教师的鼓励同样不可或缺，用温暖的话语，如"没关系，你也是很棒的！这次勇敢的尝试让你了解到小明也喜欢猫，我相信你们也能成为好朋友"来提升他们的自信心，让他们感受到即使在失败中也能有所收获，鼓励他们继续保持积极的态度。通过这样的方式，教师可以营造积极、包容的学习氛围，让每个学生都能在活动中得到成长和快乐。

主题活动 2：支援前线(建议时长：15 分钟)

活动目标：学生深刻理解队友的重要性，认识到朋友相助的可贵，从而激发他们对朋友的感激之情，并在活动中培养团队合作精神。

活动材料：常见学习用品。

活动场地：教室或操场。

支援前线

教师引导语：常言道，"在家靠父母，出门靠朋友"。今天，我们要通过一个名为"支援前线"的游戏体验一下，当我们独立面对挑战，失去了父母的支持时，我们的队友能否给予我们及时的援助和支持。

具体操作如下。

(1) 以小组为单位，准备开始游戏。

(2) 主持人发出"前方打仗，后方支援"的信号，小组中的"前方战士"角色回应"支援什么"。

(3) 主持人随机指定需要的"物资"，"前方战士"在队友的配合下迅速收集这些"物资"。"物资"应按顺序摆放在"前方战士"身边，并且"前方战士"要前进与"物资"数量相对应的步数。

(4) 收集齐"物资"后，"前方战士"举牌示意。最准确且速度最快的小组获胜，教师给予适当的奖励。

注意事项：在组织游戏活动时，教师首先要确保所有学生都清楚理解游戏规则，这可以通过邀请几名学生在游戏开始前进行示范来实现。其次，教师需要合理安排活动时间，以确保游戏能够有序且顺利地进行。在选择作为游戏道具的物品时，应考虑到寻找的难易程度，选择那些容易找到的物品，如两本语文书、两支铅笔或一个红色笔袋，以确保每组学生都能在规定的时间内完成任务。最后，教师要高度重视学生的安全，确保游戏场地空旷、无障碍物，从而预防活动中可能发生的任何意外。通过这些细致的准备和考虑，教师可以为学生提供一个既安全又具有教育意义的游戏环境。

主题活动3：晒出你们的幸福(建议时长：10分钟)

活动目标：通过让学生列出朋友对自己的贡献，帮助他们更深入地了解自己与朋友之间的关系，同时培养感恩之心。

活动材料：A4纸，彩笔。

活动场地：教室或操场。

教师引导语：在"支援前线"活动中，我看到了大家为了让伙伴获得支援而展现出的拼搏精神，也见证了各组成员为了争取"物资"而努力协作的场景，这些都让我十分感动。我相信，这样感人的情景在生活中还有很多。现在，请大家分享你们与好朋友之间的幸福时刻。请每组派代表上前领取材料。

具体操作：老师为每位学生准备了一张A4纸和彩笔，邀请他们在纸上写下"感恩朋友的贡献"，并详细列出朋友在生活中对他们帮助和支持的具体事项。学生还有机会通过绘画表达自己和朋友之间的感动瞬间，用色彩和线条捕捉那些温馨的回忆。当所有学生完成作品后，老师邀请他们将这些创作展示在墙上，供大家共同欣赏和思考。在这个过程中，老师引导学生进行深入的讨论，探讨朋友对我们生活的重要意义以及如何表达对他们贡献的感激之情。

注意事项：如果时间允许，可以安排每位学生轮流分享他们的感受和作品背后的思考。如果时间紧迫，可以改为举手发言的形式，让那些渴望分享自己想法的学生有机会表达。这样既保证了活动的效率，又尊重了每个学生表达的权利。

主题活动4：歌曲《像你这样的朋友》(建议时长：5分钟)

活动目标：学生在欢快的歌曲中体会友谊的力量，懂得友谊的重要性，从而能够更真诚地感谢朋友。

活动材料：《像你这样的朋友》.mp4。

活动场地：教室或操场。

具体操作：播放歌曲视频，让学生在感受快乐的同时，思考和体会友谊带来的温暖和支持

结束：小结(建议时长：5分钟)

活动目标：总结活动中的收获和感悟，深化对友谊价值的理解。

教师总结语：同学们，让我们在这首充满友谊力量的歌曲中，为我们的本次活动画上一个欢快的句号。就像歌中所唱，"千千万万个孤立无援时刻，还是你罩我"，朋友陪伴彼此度过了低谷。

"如果这辈子做朋友你都不嫌多，下辈子够不够，我还想要像你这样的朋友"。愿大家都能找到那些能陪你疯狂、陪你欢笑，能与你分享快乐、倾听你烦恼的挚友。

第六单元 感恩祖国

热身活动：开火车(建议时长：5 分钟)

活动目标：活跃课堂气氛，让学生们通过说出不同城市的名字，增强对祖国辽阔疆域和壮丽河山的认识，懂得珍惜和感激。

活动材料：代表城市的卡片。

活动场地：教室或操场。

教师引导语：欢迎大家回到"心中有爱队"。今天，老师想问大家一个问题，如果有机会坐火车去中国任何一个地方，你最想去哪里？让我们带着这个问题，一起开始"开火车"的游戏。

具体操作：在"开火车"游戏开始之前，每位学生需挑选一个中国城市名作为自己的代表，并确保所选城市名在小组内是独一无二的。游戏开始后，如果一个学生选择了北京，他将带头说："开呀开呀开火车，北京的火车就要开。"其他学生随即齐声问："往哪开？"该学生需迅速回答一个城市名，如"上海开"。此时，代表上海的学生必须立刻作出反应并接着说："上海的火车就要开。"然后，其他学生继续询问："往哪开？"上海的学生随即指定下一个城市，如"广州开"。那么代表广州的学生需要立即做出回应。任何被指定的学生如果在反应上稍有迟疑或慢了一拍，将根据游戏规则被淘汰。通过这个过程，学生们不仅锻炼了反应能力，也加深了对中国城市的认识。

注意事项：①地点必须限制在中国范围内；②如果有学生选择了相同的城市，可以让他们抽取事先准备好的城市卡片，以确保每位学生都有一个独特的代表城市。

主题活动 1：观看中国兔的动画片(建议时长：10 分钟)

活动目标：激发学生对祖国的深厚热爱之情，让学生感受到作为中国人的自豪和责任。

活动材料：《那年那兔那些事儿》动画片。

活动场地：教室或操场。

教师引导语：在刚才的"开火车"游戏中，我们提到了国家的许多地方，这让我们意识到中国如此广阔的天地是我们祖祖辈辈共同努力的结果。现在，作为队长，我想带领大家进一步了解一个特别的小兔子，它的名字叫作"中国兔"。

具体操作：播放 8 分钟的《那年那兔那些事儿》动画片，通过动画的形式展现中国兔的故事。动画播放结束后，邀请每组派代表分享他们的感想，鼓励学生表达自己对中国兔事迹的理解和感受。

注意事项：①确保动画内容适合学生年龄，并能够引起学生的情感共鸣；②在分享感想时，教师应引导学生围绕中国兔的事迹，思考如何将爱国情怀转化为实际行动；③鼓励学生积极发言，同时注意倾听他人的观点，以培养尊重和理解不同意见的品质。

主题活动 2：未来责任(建议时长：10 分钟)

活动目标：引导学生深入理解社会责任的内涵和重要性，明确个人与社会的紧密联系，同时激发他们投身社会公益事业的热情，培养他们的社会责任感和团队协作精神。

活动材料：A4 纸，笔。

活动场地：教室或操场。

教师引导语：在刚才的讨论中，大家的积极参与让我感受到了每位同学那颗炽热的中国心。我们都渴望以自己的方式回报我们伟大的祖国。作为祖国未来的希望，作为即将绽放的花朵，面对繁荣昌盛的祖国，我们是否应该思考如何在未来贡献自己的力量，承担起自己的责任？现在，请大家拿起笔，以书信的形式写给十年后的自己，思考你将如何履行这份责任。每组请指派代表上前领取写作材料。

具体操作：首先，引导学生思考并讨论社会责任的含义及其重要性。其次，让学生分组讨论他们认为应承担的社会责任，如环境保护、公益事业参与和志愿服务等。鼓励学生分享自己参与过的公益活动经历，并探讨如何在未来继续为社会做出积极贡献。在学生写信的过程中，教师可以适时提供引导，帮助学生深入思考。

注意事项：确保学生在写信时能够自由表达自己的想法和愿景，教师的引导应恰到好处，避免过度干预；鼓励学生在书信中设定具体的目标和计划，使他们的社会责任意识转化为实际行动；在分享环节，为每位学生提供平等的机会，让他们能够展示自己的书信，并从他人的想法中获得启发。

结束：小结(建议时长：5分钟)

活动目标：总结活动中的收获和感悟，加深对自己角色和责任的认识。

活动材料：《我和我的祖国》.mp4。

活动场地：教室或操场。

具体操作：在活动结束时，播放《我和我的祖国》这首歌曲，以此激发学生的爱国情感。

教师总结语：各位同学，从你们认真书写的神情中，我看到了未来的希望。我相信，在座的每一位同学将来都能成为国家的栋梁之材，为社会贡献自己的力量。请大家将自己的信件妥善保存，让时间见证你们的成长和变化，将这份承诺和梦想邮寄给十年后的自己。

同学们，随着本次活动的圆满结束，让我们铭记：我们生在红旗下，长在春风里。人民有信仰，国家有力量，民族有希望。目光所至皆为华夏，五星闪耀皆为信仰。

第七单元 感恩自然

热身活动：你划我猜(建议时长：5分钟)

活动目标：活跃课堂气氛，让学生在游戏中增进对自然的了解，拉近他们与自然的距离，培养他们对自然环境的认识和亲近感。

活动材料：自然图片。

活动场地：教室或操场。

具体操作：老师提前准备一系列关于自然的图片，包括植物、动物、山水和著名景点等(见图5-3)。将学生分成若干小组，每组选出两名成员，面对面站成两排。一排同学负责猜词，另一排同学则根据图片内容比画动作。游戏过程中，比画的同学可以请求同组队员的配合，但不能直接说出图片中的词语。设定5分钟的时间限制，哪个小组猜对的词语最多将获得奖励。

注意事项：①老师需要严格把控时间，确保每组学生都有足够的时间参与游戏；②确保每组学生都能积极参与，体验游戏的乐趣；③图片仅作为参考，学生在比画时可以发挥想象，用各种方式表达图片内容；④鼓励学生在游戏结束后，分享自己对自然的感受和认识，进一步加深对自然的了解和兴趣。

图 5-3　自然图片

主题活动 1：自然之美(建议时长：15 分钟)

活动目标：激发学生对自然美的感知与欣赏，培养他们对自然界的深厚热爱和关注。通过运用嗅觉、触觉、听觉等多种感官体验，让学生更全面地了解自然，从而培养学生对自然的感激和尊重。

活动材料：山河图，山水 1.mp4，山水 2.mp4，神秘盒子。

活动场地：教室或操场。

教师引导语：在刚才的"你划我猜"游戏中，同学们的全情投入令人印象深刻。自然环境是我们生存的基础，一个健康繁荣的生态系统是我们美好生活的保障。现在，我将带领大家进一步探索和欣赏大自然的壮丽风光。大家注意到讲台前的神秘盒子了吗？在看完自然风光的短片后，欢迎你们前来体验，通过触觉、听觉、嗅觉来猜测盒子里的内容。体验结束后，请同学们分享观看短片和探索神秘盒子的感受。

具体操作：展示一系列自然景观的视频，如瀑布、森林、星空等，让学生感受大自然的美丽和力量。视频播放完毕后，教师需提供一些自然物品，如鲜花、石头、树枝等，让学生亲手触摸、嗅闻，甚至聆听相关自然声音，如鸟鸣、水流声等，以增强他们的感官体验。让学生在体验后分享自己的感受，讨论自然给他们带来的启发和影响。

注意事项：①教师需要严格控制时间，确保活动按计划进行；②根据可用时间和学生人数，合理安排短片的播放数量，确保每个学生都有机会参与体验；③在学生体验神秘盒子的过程中，教师应提供适当的引导和安全监督，确保体验的顺利和学生的安全。

主题活动 2：心中的自然(建议时长：20 分钟)

活动目标：引导学生思考如何平衡人类活动与自然环境的关系，提升他们对生态环境和生态系统的尊重与保护意识。

活动材料：A4 纸，彩笔。

活动场地：教室或操场。

教师引导语：在刚才的"自然之美"活动中，有的同学嗅到了鲜花的芬芳，有的同学触摸到了石头的坚硬，还有的同学感受到了枯树枝的脆弱。这些生物的存在，赋予了这个世界无限的生机与活力。现在，请同学们拿起彩笔，描绘出你们心中的大自然景象，或者用文字表达你们对大自然的感受。创作完成后，请在小组内交流你们的画作和想法，并探讨我们如何守护这片心中的大自然。经过思考后，请同学们依次分享自己的观点。

具体操作：鼓励学生自由发挥，不论是用文字、彩笔还是其他形式，表达自己对大自然的感受，描绘或写出心中的大自然。通过分享交流，让学生表达自己在大自然中体验到的美和快乐，以及如何更好地保护大自然。引导学生去感受和珍惜大自然的美好，体验和表达对大自然的感恩之情。

注意事项：教师须严格控制时间，确保活动有序进行。

结束：小结(建议时长：5 分钟)

活动目标：总结活动中的收获和感悟。

教师总结语：同学们，大自然是无限创造力的源泉，每一处细节都充满了奇妙。当你细致观察草木随风摇曳，鸟儿在天空自由翱翔时，你将发现生命的奇迹遍布每个角落。试着静静地与一朵花相对，深入观察它的纹理和色彩，你仿佛进入一个微观的宇宙，感受到它的生命力和惊人的美丽。在这个生机勃勃、色彩斑斓的自然王国中，我们能够更深刻地认识自己，并且感受到生命的无限可能。

第八单元　感恩之心

热身活动：播放歌曲《感恩的心》(建议时长：5分钟)

活动目标：活跃课堂气氛，吸引学生的注意力，并在最后一次主题活动中引起学生的共鸣和思考。

活动材料：《感恩的心》.mp4。

活动场地：教室或操场。

教师引导语：亲爱的同学们，大家好。今天，我们即将开启"心中有爱队"的最后一个单元，这是一个特别的时刻。在活动开始之前，作为队长，我想送给大家一首特别的歌曲——《感恩的心》。这首歌曲不仅旋律优美，更蕴含着深刻的情感和寓意，希望它能触动我们每个人的心灵。

具体操作：播放《感恩的心》这首歌曲，让学生在聆听中感受音乐的力量。同时展示歌曲的手语版本，让学生在观看中学习手语表达，增强活动的互动性和教育意义。鼓励学生跟随视频一起做手语，体验非语言沟通的方式，进一步理解歌曲中表达的感恩之情。

注意事项：①确保音乐和视频材料的质量，以便学生能够清晰地听到每一个音符，看到每一个手语动作；②在活动进行中，教师应观察学生的反应，适时给予指导和鼓励，确保每位学生都能积极参与。

主题活动1：回顾过去(建议时长：15分钟)

活动目标：引导学生回顾并反思之前的感恩活动经历，鼓励他们表达个人的感受与体会，从而深化对感恩概念的理解和感知。通过分享，学生们不仅能增进相互了解，还能从他人的故事中获得启发，共同探索感恩的深层含义。

活动材料：无。

活动场地：教室或操场。

教师引导语：同学们，我们一起走过了一段意义深远的感恩之旅。我们感谢了父母、老师、朋友——那些在我们生活中不可或缺的存在。我们还对祖国的慷慨之爱和自然界赋予我们的力量表示了感激。现在，让我们共同回首，在这段旅程中我们收获了什么。作为队长，我也有很多感触，我愿意首先分享我在这些感恩活动中的经历。我学到了，对母亲的关心不仅要体现在语言上，更要通过实际行动去表达。

具体操作：在这个环节，学生们围坐一圈，每个人都有平等的机会来分享自己在前几次感恩活动中的心得和体会。每位学生可以用简短的几句话来表达自己的感受。例如，"我从这次活动中学到了……"。在分享的过程中，鼓励学生提出问题或分享自己的观点，以促进更深层次的交流和思考。

注意事项：在活动开始前，教师应避免给出过多示例，以免限制学生的思考。教师的角色是引导和激励学生自由表达，确保每个学生都有发言的机会。在活动的最后，教师可以对学生分享的内容进行简短的总结，强调感恩的重要性，并鼓励学生将这些体会应用到日常生活中。

主题活动 2：感恩呈献(建议时长：15 分钟)

活动目标：激发学生的创造力和想象力，让他们以独特的方式表达对感恩的理解。通过亲手制作礼物并分享感恩之情，学生们不仅能够加深对感恩的个人体验，还能在小组合作中交流想法，增进彼此之间的理解和情感联系。

活动材料：彩纸。

活动场地：教室或操场。

教师引导语：在这段感恩之旅中，我们共同经历了许多温馨的时刻，彼此陪伴、帮助和倾听。今天，让我们用双手，折出一个美丽的礼物，送给那个你最想感谢的人或物。不论是在场的任何人，还是这个空间里的任何物品，如你长时间坐着的椅子、你心爱的彩笔等，只要你心怀感激，就将这份心意传达出去。在赠送礼物时，不要忘了分享你感谢他(它)们的原因，讲述你们之间的专属故事。如果你觉得折纸有难度，一个温暖的拥抱、一个大大的赞，或是一段真挚的祝福，都是表达感恩的美好方式。

具体操作：引导学生使用彩纸制作心意礼物，并将其赠送给现场的同学或其他物品。在赠送时，鼓励学生分享选择赠送对象的原因，并用自己的方式表达感谢和感恩之情。

注意事项：教师要着重强调尊重和包容的契约精神，确保学生在交流时能够无条件尊重他人的观点和想法，避免任何形式的指责和批判。教师可以通过分享自己想要感恩的事物来为学生提供示范，帮助他们更好地理解如何表达和分享个人的感恩体验。通过这样的活动，我们期望每位学生都能在尊重和理解的基础上，自由地表达内心的感激之情。

主题活动 3：学习《感恩的心》的手语(建议时长：5 分钟)

活动目标：学生通过学习《感恩的心》的手语，体验感恩之情的非语言表达，进一步加深对感恩主题的理解和感受。

活动材料：《感恩的心》.mp4。

活动场地：教室或操场。

教师引导语：同学们，回想本单元活动伊始，我与大家分享的那首《感恩的心》，是否还在你们耳边回响？今天，就让我们更进一步，通过手语表达这份感恩的情感。通过这种方式，我们可以更深刻地感受和传达感恩的力量。

具体操作：我们将跟随视频教程一起学习《感恩的心》的手语。在这一过程中，请大家集中注意力，跟随视频中的动作，逐步掌握手语的基本技巧。学习手语不仅能让我们以一种全新的方式表达感恩，还能增进我们对听障人士的理解和尊重。

注意事项：在学习过程中，教师应确保每位学生都能看到视频，对于动作不熟练的学生给予耐心的指导和鼓励。同时，教师可以邀请学生分享学习手语的感受，以及他们对手语表达的理解，从而促进学生之间的交流和思考。

结束：小结(建议时长：5 分钟)

活动目标：学生深刻体会到感恩的重要性，并将这种感悟内化为自己的行为准则，提升活动的意义与价值。

教师总结语：同学们，我们的感恩之旅已经画上圆满的句号。愿你们在今后的生活中，始终怀揣一颗感恩的心。在与人相处时，铭记感恩的重要性。当他人向你伸出援助之手时，不要忘记道一声"感谢"，要认识到帮助并非他人的义务。正如这句格言所说，"草木感恩于大地，才得以郁郁葱葱；花朵感恩于雨露，才得以娇艳欲滴；人生感恩于彼此，才得以茁壮成长"。及时表达感激之情，不仅能够加深人与人之间的情感联系，还能激发人性中的善良与美好，让我们的人生道路越走越宽广。

附　录

亲爱的同学，您好！

　　附表 1 是小学生感恩量表，请您仔细阅读每个题项，根据您的真实情况，在相应的选项上画"√"。本量表采用不记名方式，答案没有对错之分，不必有任何担心和顾虑，请认真仔细地填写。每题均有"1、2、3、4、5"五个等级，1 代表"完全不符合"，2 代表"比较不符合"，3 代表"不确定"，4 代表"比较符合"，5 代表"完全符合"。每题只有一个选项，请根据真实情况认真填写，我们将对您的回答完全保密，再次感谢您的参与！非常感谢您的配合！

附表 1　小学生感恩量表

题　目	完全不符合	比较不符合	不确定	比较符合	完全符合
(1) 我很感激父母给予了我宝贵的生命和幸福的生活	1	2	3	4	5
(2) 我总是帮助父母做我力所能及的事情	1	2	3	4	5
(3) 我非常珍惜生活赋予我的所有美好的东西	1	2	3	4	5
(4) 我心里一直记着要回报帮助过我的人	1	2	3	4	5
(5) 他人对我微小的帮助，我也总是铭记在心	1	2	3	4	5
(6) 我常常做一些力所能及的事情帮助他人	1	2	3	4	5
(7) 对于现在的生活，我感到很满意	1	2	3	4	5
(8) 教师节的时候，我总是给老师送上节日的祝福	1	2	3	4	5
(9) 我总是发自内心地对每一个帮助我的人说声"谢谢"	1	2	3	4	5
(10) 回报他人恩情会让我觉得很开心	1	2	3	4	5
(11) 我对帮助过我的人一直心存感激	1	2	3	4	5
(12) 我曾主动参加过公益活动，以此来帮助社会上需要帮助的人	1	2	3	4	5
(13) 我非常珍惜我现在拥有的一切	1	2	3	4	5
(14) 我非常感激大自然的馈赠	1	2	3	4	5
(15) 即使多年以后帮助过我的人遇到困难，我也会想方设法去帮助他	1	2	3	4	5

（资料来源：徐升. 小学生感恩的初步研究[D]. 重庆师范大学，2016.）

本章小结

　　团体领导者在开展感恩之心主题团体心理辅导前，需精心设计团体心理辅导方案，明确团体性质、团体名称、团体目标、团体领导者、团体对象与规模、团体活动时间及频率、团体设计理论依据、团体活动场所和团体评估方法。在团体实施前，要依据团体方案规划好每次团体的热身活动、主题活动与结束活动，方案中需详细注明每项活动所需的材料和时间。

　　本章通过心心相聚、爱在身边、感恩父母、感恩老师、感恩朋友、感恩祖国、感恩自然、感恩之心等八个单元的实施，促进学生正确地理解感恩之心，并培养表达感恩的能力。

思考题

　　1. 小学生感恩之心主题团体方案设计的主要内容是什么？
　　2. 感恩之心主题团体在不同发展阶段设计的重点是什么？

第六章 团体凝聚力训练

课程目标

知识目标： 学生通过八个单元的亲身体验描述团体凝聚力训练活动的理论基础，阐明其常用技术和评估方法，并分析不同单元对学生心理成长发展的作用。

能力目标： 学生能够结合体验过的团体凝聚力训练，根据不同年龄段学生的特点设计出符合学生心理成长的团体凝聚力训练方案。在实施方案中，学生能够高效地组织、领导、沟通，并分析解决问题，独立带领团体。

素质目标： 学生在体验与感悟中树立投身基础教育的职业理想，坚定心理育人的教育情怀。

重点与难点

➢ 小学生团体凝聚力训练方案设计的内容。
➢ 小学生团体凝聚力训练方案的实施。

第一节 团体凝聚力训练方案的筹划

一、团体性质与团体名称

团体性质：结构式、封闭式、发展型团体。
团体名称：we are family。

二、团体目标

1. 总目标

团体总目标为结合相关理论和技术，帮助团队成员发掘自身的优势与力量，从而凝聚团队共识，增强团队的向心力，培养团队成员之间的默契，加强学生之间的相互信任，并提高学生在团队中的自我效能感。

2. 具体目标

(1) 团体成员积极融入集体，能够为团队贡献自己的智慧与力量。
(2) 团体成员之间彼此信任、相互协助、融洽相处。
(3) 团体成员能够加强沟通与交流，提升团体的凝聚力，营造积极向上的团体氛围。
(4) 团体成员能够感受团结的力量，感受集体的温暖，并在以后的学习和生活中继续发扬互助精神。

三、团体领导者

团体领导者需熟悉团体心理辅导的基础理论，并具有一定个案咨询和带领团体的经验。

四、团体对象与规模

参加对象：小学中高年级学生。

团体成员人数：每个团体人数为 4～6 人，预计组建 7～8 个团体。

五、团体活动时间及频率

活动安排为每周一次，共 8 个单元，每个单元时长为 45 分钟。

六、团体设计理论依据

1. 马斯洛需求层次理论

马斯洛需求层次理论属于人本主义科学的理论之一，由美国心理学家亚伯拉罕·马斯洛(Abraham H. Maslow)于 1943 年在《人类动机理论》一文中提出。他将人类的需要按照类似于阶梯状分为五种，分别为生理需求、安全需求、归属与爱的需求、尊重需求和自我实现需求。马斯洛的需求层次理论指出，每个人都具有被他人接受、尊重和欣赏的需求，而群体则可以满足他们社交的需求、归属与爱的需求。

2. 以人为中心理论

以人为中心理论又称来访者中心理论，是由人本主义心理学家卡尔·罗杰斯(Carl Ransom Rogers)创立的。他认为，在团体中，每一名团体成员都能够独立找到自己的目标，而这对于以人为中心理论来说，最重要的就是营造良好的团体氛围。如果领导者及团体成员之间能够做到互相理解、共情、积极关注，团体中就会营造一种温暖的氛围。罗杰斯认为，人一旦感受到了更深层次的尊重、理解，其信任感就会不断增加，进而达到自我成长和自我实现。因此，在整个团体辅导过程中，都应尽力营造良好的团体氛围，使每一名成员都能激发自我内部资源，通过团体辅导达到自我完善。

3. 人际关系理论

人际关系理论表明，要想得到他人的信赖首先要学会开放自己，接纳他人，愿意与他人分享，能与他人建立有效的沟通。因此，在团体辅导活动的各阶段都应依据该理论，将"分享"环节贯穿于整个团体辅导设计方案中，它不仅是人际交往的根基，还是团体辅导成功的保障之一。成员在参与活动的过程中，由浅层次的信任逐渐发展到更深层次的信任，最后上升至合作，并收获爱与归属需要的满足。

4. 团体凝聚力理论

团队凝聚力和团体凝聚力均可简称为凝聚力，是群体的一个重要特征。团队凝聚力研究是团体心理研究的重要组成部分，在群体动力学研究中处于核心的地位。随着心理学的不断发展，不同时代不同学者对团队凝聚力的解释也各有不同。凝聚力概念最早是由拓扑心理学创始人勒温(Lewin)提出的，他认为凝聚力是一种心理力量，对群体成员起着有效的作用，并且可以使群体成员转向群体内部。美国社会心理学家费斯廷格(Festinger)是第一个正式对凝聚力进行研究的，他认为团队凝聚力是使团队成员留在团体的所有作用力的总影响力。1974 年美国的巴克提出了凝聚力是一种成员与成员之间的情感，这种情感使人们倾向集合在一个群体中，群体中成员之间的感情要比群体以外的人更亲近、更深厚。

七、团体活动场所

团体活动场所为封闭、空旷、安静的教室或操场。

八、团体评估方法

评估工具采用的是团体凝聚力量表(见附录)。

九、团体方案

团体方案如表 6-1 所示。

表 6-1　团体方案

次　序	活动主题	活动目标	活动内容及时间
第一单元	缘分真奇妙	(1) 建立团体意识，营造和谐的团体氛围 (2) 澄清团体活动目标 (3) 激发团体成员参与兴趣 (4) 制定团体规范，签订团体契约	(1) 左右护法(5 分钟) (2) 小小动物园(15 分钟) (3) 我画我"家"(20 分钟) (4) 三字默契(备选活动) (5) 小结(5 分钟)
第二单元	团体初体验	(1) 帮助团体成员感受团体 (2) 帮助团体成员体会团体协作的乐趣 (3) 让团体成员对所处团体有自己的感知和理解	(1) 爱的抱抱(5 分钟) (2) 鲤鱼跃龙门(15 分钟) (3) 神笔马良(20 分钟) (4) 闻歌起舞(备选活动) (5) 小结(5 分钟)
第三单元	巧度磨合期	(1) 帮助团体成员认识到团体中的矛盾与摩擦 (2) 帮助团体成员理解彼此，顺利度过磨合期	(1) 007(5 分钟) (2) 不倒森林(10 分钟) (3) 找"领袖"(10 分钟) (4) 变形虫(15 分钟) (5) 我有你没有(备选活动) (6) 小结(5 分钟)
第四单元	信任大考验	(1) 帮助成员更加信任彼此、依赖彼此 (2) 增加团体成员之间的联系，在信任中建立友谊	(1) 电波传递(5 分钟) (2) 人椅大比拼(15 分钟) (3) 风雨同行(20 分钟) (4) 坐地起身(备选活动) (5) 小结(5 分钟)

续表

次 序	活动主题	活动目标	活动内容及时间
第五单元	友谊万万岁	(1) 帮助团体成员加深彼此之间的友谊 (2) 帮助巩固所建立的团体	(1) 口香糖(5 分钟) (2) 快乐传声筒(10 分钟) (3) 人体拼字(10 分钟) (4) 穿越呼啦圈(15 分钟) (5) 抛绣球(备选活动) (6) 小结(5 分钟)
第六单元	团结力量大	(1) 增强团体成员之间的配合和默契 (2) 帮助团体成员体会团体的力量 (3) 增强团体的凝聚力	(1) 腹背受敌(5 分钟) (2) 无敌风火轮(20 分钟) (3) 珠行千里(15 分钟) (4) 歌王大比拼(备选活动) (5) 小结(5 分钟)
第七单元	携手共向前	(1) 帮助团体成员感受自己在团体中的进步 (2) 帮助团体成员更加信赖团体 (3) 使团体更加团结有力	(1) 面粉搬运工(5 分钟) (2) 气球大挑战(20 分钟) (3) 心灵对对碰(15 分钟) (4) 神秘嘉宾(备选活动) (5) 小结(5 分钟)
第八单元	祝福与告别	(1) 帮助团体成员梳理团体中的学习与收获 (2) 升华团体辅导活动的意义与价值	(1) 动物大连蹲(5 分钟) (2) 我们是一家人(20 分钟) (3) 友谊树常青(15 分钟) (4) 无声排序(备选活动) (5) 小结(5 分钟)

第二节　团体凝聚力训练方案的实施

第一单元　缘分真奇妙

教师引导语：在时间的长河中，我们都是漂泊的船只。缘分，就像一股激流，将我们推向彼此。在这个充满可能的世界里，正是缘分让我们找到了彼此。在这次团体活动中，老师希望同学们能够全身心地投入我们共同建立的大家庭中，去感受团体带来的温暖与力量。

热身活动：左右护法(建议时长：5 分钟)

活动目标：活跃气氛，消除彼此之间的拘束感，增进团体成员之间的联系。

活动材料：无。

活动场地：教室。

左右护法

教师引导语：接下来，请大家参与一个有趣的小游戏，游戏的名字叫作"左右护法"。让我们看看哪位同学的反应最为敏捷，哪组同学的配合最为默契。

具体操作：团体成员围成一圈，首先相互认识身边的同学。当活动开始时，教师随机叫出一位学生的名字。需要注意的是，被叫到名字的学生，其左边的同学需要迅速高举右手，而其右边的同学则要大声回答"到"。完成这个动作后，被叫到名字的学生需要立即继续游戏，叫出另一位同学的名字。

注意事项：活动结束后，邀请学生分享他们的成功经验和遇到的挑战。通过这些分享，教师引导学生认识到，成功不是仅靠个人努力就能实现的。在团队中，相互配合与默契的协作是至关重要的，它们是实现共同目标的关键。

主题活动 1：小小动物园(建议时长：15 分钟)

活动目标：相互认识，建立互动关系，增进对彼此的了解。

活动材料：白纸，彩笔。

活动场地：教室。

教师引导语：同学们，你们都喜欢什么小动物呢？有没有哪种小动物让你觉得其能够代表你自己？接下来，请大家展示自己的绘画才能，让我们看看我们的小小动物园都有哪些动物。

具体操作：每位成员用彩笔在白纸上画出代表自己的动物，如兔子、小狗等。完成画作后，大家同时展示自己的作品，观察我们的动物园里有哪些动物，哪些动物与自己有相似之处，并分享选择这个动物代表自己的原因。

注意事项：在分享环节，要引导学生表达为什么这个小动物能够代表自己，鼓励他们谈论自己的性格、爱好等个性特点，这有助于增进团队成员对彼此的了解。

主题活动 2：我画我"家"(建议时长：20 分钟)

活动目标：确保团体活动的顺利进行，并营造一个积极、和谐的团体氛围。

活动材料：白纸，彩笔。

活动场地：教室。

教师引导语：同学们，想象一下，如果我们和身边的同学组成一个大家庭，你们心中的这个"家"会是什么样子？接下来，老师希望你们用彩笔在白纸上描绘出自己心中理想的大家庭。

具体操作：小组成员首先讨论并确定想要建立的团体类型和理想中的团体特征。然后，大家共同在白纸上作画，确保白纸上包含团体的名称、标志以及成员们共同遵守的规则(即契约)。每位成员还需在团体契约上签名，以示承诺。

注意事项：在此项活动中，要特别鼓励同学们积极参与讨论和协作。教师需要强调团体契约的重要性，它是未来一系列活动顺利进行的重要保障。

备选活动：三字默契

活动目标：测试成员间的配合与反应速度，同时营造轻松愉快的活动氛围。

活动材料：秒表。

活动场地：教室。

三字默契

教师引导语：明讲常见，默契不常见；朋友易得，知己难求。默契并非天生，而是在日复一日的相处中，通过爱与关怀、用心观察和留意，自然而然形成的真挚情感。老师希望通过"三字默契"游戏来加强我们之间的默契。

具体操作：每组选出三名参赛选手。老师提出问题，参赛选手依次回答一个字，共同组成一个完整的答案，答案必须是通顺的词语。在规定时间内，答对最多题目的小组获胜。例如，请说出三个字的旅游地，第一个人回答"新"，第二个人应回答"加"，而第三个人则应回答"坡"。

活动题目提供(仅供参考)：请说出三个字的旅游地；请说出三个字的女歌手/男歌手；请说出三个字的电视剧；请说出三个字的零食。

注意事项：教师在出题时应考虑不同年级学生的实际情况和知识水平，确保题目与学生的知识储备相符。

结束：小结(建议时长：5分钟)

活动目标：回顾并总结活动中的收获、体会和感悟。

教师总结语：恭喜大家成功建立了各自的小团体，并拥有了专属于自己的名称和标志。老师希望大家在未来的活动中能够认真遵守团体的规范，积极参与活动，不仅能在团体大家庭中收获欢乐与友谊，还能在相互支持和合作中不断成长。

第二单元　团体初体验

教师引导语：欢迎大家参加这一单元的集体活动，老师希望大家通过这次活动，能够更加深入地了解彼此，增强团队内成员之间的默契与配合，相互帮助，共同完成各项任务。

热身活动：爱的抱抱(建议时长：5分钟)

活动目标：活跃气氛，消除彼此之间的拘束感，增进相互间的感情。

活动材料：印有1角、2角、5角、1元等面额的卡片。

活动场地：教室。

爱的抱抱

教师引导语：拥抱是一种肢体语言，能够传达爱、关怀、友谊和支持等情感。当人们拥抱时，不仅能够拉近彼此的距离、增进感情，还能在困难时刻给予对方力量和鼓励。本次活动的第一个小游戏是"爱的抱抱"，希望同学们在游戏中建立深厚的友谊。

具体操作：每位成员领取一张卡片，卡片上分别印有1角、2角、5角、1元等面额。当教师报出一个金额时，参与者需要迅速与他人拥抱，共同凑出教师报出的金额。未能及时凑出正确金额的人将被淘汰。

注意事项：教师需注意观察哪位成员最受同学们欢迎，每次游戏都有同学主动与他拥抱，活动结束后可以邀请他分享自己的经验。同时，教师应提醒参与者注意安全，避免恶意推搡或拥挤。

主题活动1：鲤鱼跃龙门(建议时长：15分钟)

活动目标：增强团队成员之间的互动与协作。

活动材料：篮球或足球。

活动场地：教室或操场。

教师引导语：同学们在"爱的抱抱"游戏中表现非常出色。接下来，老师需要测试一下同学们的灵活性。让我们看看哪一组"小鲤鱼"能够成功跃过"龙门"。

具体操作：小组成员排成一列，双脚分开站立。队列中的第一个成员将球从前面向后滚动，球沿着队伍的通道滚动到队尾。当球到达最后一个成员时，该成员需蹲下捡起球，然后抱着球跑到队伍的最前面，并继续从前面向后滚球，如此循环，直到球再次回到第一位成员手中。

注意事项：在游戏过程中，如果被球卡住，成员们可以用一只手将球继续向后推。如果球滚出队伍，将球滚出的成员需要捡回球并继续游戏。

主题活动 2：神笔马良(建议时长：20 分钟)

活动目标：促进成员间的交流，体验团队活动的乐趣。

活动材料：白纸，彩笔，绳子。

活动场地：教室或操场。

教师引导语：同学们，如果让你们每个人用一支笔在纸上写字，这是不是很简单？但如果是整个小组用一支笔写字，会有什么效果呢？接下来这个游戏叫作"神笔马良"，让我们看看哪个小组能够获得"神笔马良"的称号。

具体操作：将一张白纸平铺在桌子上，准备一支彩笔。小组成员各自将绳子的一端系在彩笔上，并握住绳子的另一端，不得直接接触彩笔。同时，根据教师的要求，完成指定的任务。教师可以要求小组书写"合作""团队""家"等字。

注意事项：确保同学们书写的字能够体现团队的凝聚力，如"家""团结"等。同时，要引导小组成员进行沟通，通过活动增进彼此间的交流。

备选活动：闻歌起舞

活动目标：团队成员初步体验团队的力量，增强对团队的依赖和信任。

活动材料：秒表。

活动场地：教室或操场。

教师引导语：同学们平时喜欢听歌吗？接下来这个游戏，老师要考查一下同学们的歌曲储备量。让我们开始"闻歌起舞"这个游戏吧。

具体操作：教师提出体现特定主题要求的歌曲，如团结、友爱等，每一组需要依次说出符合条件的歌名，并配上合适的舞姿。在规定时间内，未能想出歌曲的小组将被淘汰，坚持到最后的小组将获胜。

注意事项：教师提出的歌曲应与团体凝聚力的主题相符，如关于团结、友谊等主题的歌曲。

结束：小结(建议时长：5 分钟)

活动目标：总结活动中的收获和感悟，深化对团队精神的理解。

教师总结语：老师看到了你们为了完成团队目标所做的不懈努力，你们在沟通和协作中不断进步。即使在遇到挫折时，你们也没有放弃，这正是我们团队最宝贵的品质，这种精神可以激发每位成员的意志力。老师期待在下一次活动中看到你们更加显著的成长和进步。

第三单元　巧度磨合期

教师引导语：俗话说，"一人难挑千斤担，众人能移万座山"。团结协作赋予我们克服困难的勇气和力量。在团队中，我们可能会遇到摩擦和矛盾，但通过沟通交流、换位思考和相互理解，我们的团队才能和谐且长盛不衰，这是我们团队成功的秘诀。老师希望通过这次活动，加强我们之间的沟通与理解，减少摩擦，共同感受团队精神的珍贵之处。

热身活动：007(建议时长：5 分钟)

活动目标：活跃气氛，加强成员间的交流。

活动材料：无。

活动场地：教室。

教师引导语：同学们，你们听说过"詹姆斯·邦德"吗？接下来，老师将带领大家玩一个名为"007"的游戏。让我们看看哪个小组的配合最为默契，哪位同学的反应最迅速。

具体操作：小组成员围成一个圆圈。教师随机点名一位同学，这位同学需喊出"0"，同时指向另一位成员，被指的成员需立即喊出"0"，再指向第三位成员，第三位成员需喊出"7"，同时做出手枪手势指向另一位成员。被"射中"的成员不得发出任何声音或动作，但其左、右两边的成员需做出投降动作，并发出"啊"的声音。犯错的成员将接受惩罚。

注意事项：教师应观察小组成员在游戏过程中是否互相指责，并适时引导和规范，确保热身活动与本次主题相符，帮助各组顺利度过磨合期。

主题活动 1：不倒森林(建议时长：10 分钟)

活动目标：帮助成员理解他人，增强彼此之间的配合。

活动材料：棍子。

活动场地：教室或操场。

教师引导语：同学们在"007"游戏中反应非常迅速，接下来这个游戏不仅要考验同学们的反应能力，还要考验彼此之间的配合与默契。让我们看看哪组同学能让自己队伍的"小森林"始终屹立不倒。

具体操作：所有人围成一圈，每人手中要立一根棍子。当教师喊出"123 换"时，所有人要顺时针向前迈一步，抓住前面一个人的棍子。如果棍子倒下即为失败。教师可以先给成员 5 分钟时间进行练习，然后进行展示。

注意事项：教师要注意对一直失败的小组及时给予指导与鼓励，增强他们的自信心。活动结束后，可以请速度最快的小组分享经验，引导他们说出小组成员间的配合与沟通是取得胜利的关键。

主题活动 2：找"领袖"(建议时长：10 分钟)

活动目标：帮助成员进行换位思考，理解团队中的其他成员，加强彼此之间的沟通与协作。

活动材料：无。

活动场地：教室。

教师引导语：接下来这个游戏需要每位成员的积极参与，因此取胜的关键在于团队的集体力量。现在，让我们开始"找'领袖'"这个游戏。

具体操作：选出一位同学作为猜谜游戏的志愿者。请这位志愿者暂时离开活动现场，确保他无法看到或听到教师和其他成员之间的交流。

接着，选出一位同学担任"镜子"角色，其任务是精确复制"领袖"的动作，即"领袖"做出什么动作，"镜子"就要完全模仿。

剩下的同学按照方形队列站立，准备观察和模仿动作。

"领袖"开始连续做出一些日常动作，如模拟刷牙、洗脸或挠耳朵等。"镜子"需要迅速并准确地复制"领袖"的每一个动作。其他同学观察"镜子"的动作，并尽可能地模仿，使整个队列看起来像是在模仿同一个人的动作。

在动作模仿进行一段时间后，教师引导猜谜的志愿者回到现场，并告知他需要在1分钟内或2分钟内观察并猜测谁是真正的"领袖"。

注意事项："领袖"在发出动作时，应保持动作的连贯性，每个动作建议持续6～10秒，以避免中间出现停顿。动作变化的幅度不宜过大。例如，不应从刷牙动作突然转变为甩手动作，因为这样会降低游戏的难度，使"领袖"容易被识别。"镜子"需要具备快速的反应能力，以确保在"领袖"更换动作时能够迅速模仿，避免因反应迟缓暴露"领袖"的身份。教师在选择"镜子"时，应考虑选择反应敏捷、视力良好、身高适中的同学，以便于更好地观察和模仿动作。所有模仿"镜子"的同学应保持动作的一致性，避免出现速度上的快慢不一，以维持游戏的公平性和挑战性。

主题活动3：变形虫(建议时长：15分钟)

活动目标：体验沟通的重要性，感悟人际交往中的理解和合作，从而提升人际交往能力。

活动材料：长绳，眼罩。

活动场地：教室或操场。

教师引导语：同学们，通过"找'领袖'"活动的配合，我们彼此之间的默契已经显著增强。我相信大家对即将开始的"变形虫"游戏充满期待。现在，让我们共同开始这场有趣的挑战。

具体操作：教师将长绳两端系紧，形成一个大绳圈。小组成员戴上眼罩，教师将准备好的大绳圈交给他们。根据教师的指令，如正三角形、正四边形、正五边形等，成员需通过非语言方式合作完成图形的构建。游戏过程中，成员之间不允许进行语言交流，以增加挑战性。用时最短完成指定图形的组别获胜。

注意事项：长绳的长度应略长于所有成员伸直双臂的总长度，建议多出5米，以确保绳子既不过短也不过长，影响游戏难度。在变形过程中，应确保绳子充分展开，避免部分绳子收缩。如果有5名成员参与，需要组成正三角形时，可以安排两位成员共同承担一个顶点或边的角色。

备选活动：我有你没有

活动目标：增进成员之间的相互了解，为每个人提供一个分享自己独特经历的平台。

活动材料：无。

活动场地：教室。

教师引导语：我们每个人都是独一无二的个体，拥有各自不同的经历。那么，有哪些事情是你做过而其他人没有做过的呢？让我们通过"我有你没有"游戏来探索这些独特的经历。

具体操作：每个人开始时都伸出十根手指。参与者轮流说出一件自己做过而认为别人可能没有做过的事情。如果其他成员表示自己也有过类似的经历，那么说这件事的人就要放下一根手指；如果其他成员没有类似经历，则要放下一根手指。游戏继续进行，直到有人用完十根手指被淘汰，坚持到最后的成员获胜。

注意事项：活动结束后，引导成员分享"让你印象最深刻的事情是什么？"或"哪位同学给你留下了深刻印象？"等问题，以促进彼此更深层次的了解。鼓励成员思考并讨论"你对身边同学的印象是否有所改变？"，旨在通过游戏加深对彼此的认识和理解。

结束：小结(建议时长：5 分钟)

活动目标：总结成员们在活动中的收获和感悟，深化对沟通重要性的认识。

教师总结语：沟通是心灵的桥梁，也是情感的纽带。在这个纷繁复杂的世界里，沟通如同一座无形的桥梁，连接着人与人之间的心灵。它超越了语言的交流，是情感的传递和理解的深化。在这次活动中，我看到了你们在面对困难时能够及时沟通，积极寻求解决问题的方法。你们没有选择相互指责，而是展现出了团队的协作与配合。你们的表现非常出色，这不仅解决了问题，也使我们的团队更加团结和坚固。

第四单元　信任大考验

教师引导语：信任是一切感情的基石。因为信任，我们愿意敞开心扉；因为可靠，我们愿意将重要的事情托付给对方。信任一个人并不容易，而被他人信任则是一种珍贵的荣誉。让感情变得牢固的最佳途径是成为一个值得信赖的人。老师希望通过这次活动，大家能够学会相互信任，信任自己的团队。同时，也希望大家都能成为值得他人信赖的人。信任不仅能加强我们之间的联系，还能让我们的团队更加团结和强大。

热身活动：电波传递(建议时长：5 分钟)

活动目标：活跃气氛，增进小组成员之间的默契配合，并让同学们进一步体验彼此间的沟通与感应。

活动材料：无。

活动场地：教室。

教师引导语：同学们，你们相信心灵感应的存在吗？今天，我们将通过一个名为"电波传递"的活动考验我们的心灵感应能力。在活动中，老师希望大家闭上眼睛，全身心地感受与队友之间的联系。

具体操作：所有同学围成一个圆圈坐下，并向两边伸出双手，左手手心朝下，右手伸出手指与左、右两边的同学搭在一起。所有成员闭上眼睛，教师随机选择一位同学开始向右传递信息，传递方式是在右边同学的手掌上轻轻点一下。信息传递依次类推，直到最后一位同学收到信号后举手示意。在整个过程中，大家需要仔细感受信息传递的强度与速度。

注意事项：根据实际情况，可以调整游戏难度。例如，变形玩法，老师可以让几位同学同时发出"电波"，可以是顺时针或逆时针同时进行。活动结束后，引导学生分享他们的体验，关注点可以是"是否认真感受到了别人传来的电波"和"是否准确地将电波传递给了下一个人"。通过分享，学生学会等待并用心感受对方发出的信号，培养耐心和敏感度。

主题活动 1：人椅大比拼(建议时长：15 分钟)

活动目标：增强成员间的配合与信任，同时促进友谊的进一步发展。

活动材料：无。

活动场地：教室或操场。

教师引导语：同学们，你们是否对自己的同伴和队友抱有完全的信任？历史上，伊丽莎白女王率领卫队出征时遇到了大雨和泥泞的困境，卫兵们非常劳累，需要休息却又担心坐在地上生病。面对这种情况，他们想出了一个方法来应对，这也正是我们今天游戏的灵感来源。现在，让我们开始"人椅大比拼"游戏。

具体操作：每位小组成员将双手放在前一位同学的双肩上，形成一个紧密的圈。所有人两脚靠拢并齐，后一位同学的脚尖顶住前一位同学的脚后跟，以保持圆形队列。在活动过程中，要确保整个圈维持圆形。调整好后，教师发出"坐下"的指令，前面的同学应缓慢地坐在后面同学的腿上，并说出："我相信你。"

注意事项：成员之间的距离应适中，不宜过大，以确保安全和稳定性。教师可以根据团队的实际情况增加难度。例如，在坐下的基础上引导同学们一起向前走，也可以在坐下的同时边喊团队口号边一起前行。这有助于让团队成员感受到团队协作的力量，以及每个人对团队的重要性。

主题活动2：风雨同行(建议时长：20分钟)

活动目标：增进成员之间的信任与合作，同时感悟团体合作中的优势和需要改进的地方。

活动材料：绳子，眼罩，口罩，书包，篮球，雨伞，抱枕等日用品。

活动场地：教室或操场。

教师引导语：人生是一段既漫长又短暂的旅程，充满了风风雨雨。在这条道路上，我们总会需要有人相互扶持，引导我们绕过坎坷。同学们，你们愿意将这份珍贵的信任交给彼此，愿意牵引另一个人走出这段荆棘之路吗？现在，让我们开始"风雨同行"的游戏。

具体操作：规定每组中分别有"盲人""无脚者""无手者"和"哑巴"等角色，小组成员需讨论并决定各自扮演的角色，允许多人共同扮演同一角色。"盲人"需戴上眼罩，"无脚者"需捆绑双脚，"无手者"需捆绑双手，"哑巴"需戴上口罩。教师将参与者带到比赛起点，小组成员应将物品(如书包、篮球、雨伞、抱枕等)搬运到终点。起点至终点的距离应大于20米，用时最短的小组获胜。

注意事项：教师可以根据游戏的时长安排同学们体验多种角色扮演，以增进对不同角色的理解和同情。活动结束后，可以让速度最快和最慢的小组分别发言，分享他们的体验和感受。通过这种分享，引导学生体会配合与信任对于团队成功的重要性。

备选活动：坐地起身

活动目标：活跃团队气氛，增进成员之间的信任与合作。

活动材料：无。

活动场地：教室或操场。

教师引导语：信任是人际交往中最宝贵的财富。它如同一把钥匙，能够打开心门，让我们彼此更加亲近。信任让我们在困难时刻相互扶持，在快乐时光共同分享。老师希望通过"坐地起身"这个游戏，我们能够彼此坦诚相待，携手共同成长。

具体操作：小组成员两人一组，背对背坐在地上，手臂相互缠绕。在不使用手撑地的情况下，尝试站起来，才能算成功完成此动作。随着游戏的进行，逐渐增加人数，每次增加一人，直到所有小组成员都参与进来。

注意事项：教师在选择场地时，应避免过于光滑的地面，因为光滑的地面会增加游戏难度。如果学生在困难的条件下多次失败，可能会影响他们的自信心和积极性。教师应确保游戏环境安全，鼓励学生在游戏中学习合作与信任。

结束：小结(建议时长：5 分钟)

活动目标：总结在活动中的收获和感悟，加深对团队信任和合作重要性的理解。

教师总结语：回想"风雨同行"活动之初，你们戴着眼罩，对队友的信任尚浅，每一个动作都显得小心翼翼。然而，随着活动的进行，你们逐渐学会了完全信任对方，即使视线受阻，也能依靠队友的指令顺利完成任务。在"人椅大比拼"活动中，你们从最初的犹豫不决，到后来能够安心地坐在队友的腿上，甚至还能自如地做出一些动作，这一切都证明了你们之间信任的增长。在团队中，相互信任是不可或缺的力量。我相信，通过这次活动，你们不仅加深了彼此的信任，也让你们的友谊变得更加深厚。在这个快速变化的世界里，人与人之间的交往就像一条流动的河流，它可能平静如镜，也可能波涛汹涌。但无论何时，人心的交流总是相互的。只有我们以真诚之心对待他人，才能收获他人的信任；只有我们真心相待，才能赢得他人的真心。

第五单元　友谊万万岁

教师引导语：友谊如一缕温暖的阳光，照亮了我们生命的旅途。在人生这条漫长而宽广的河流中，友谊又似那璀璨的星辰，虽无声却永恒，照亮我们的夜空。它不在于时刻相伴，而在于深刻的共鸣和理解。它如同荒漠中的一股清泉，赋予我们前行的力量，指引我们前进的方向。

热身活动：口香糖(建议时长：5 分钟)

活动目标：活跃团队气氛，缩短同学之间的身心距离，传递友好之情，促进友谊的建立与发展。

活动材料：无。

活动场地：教室。

教师引导语：提到口香糖，同学们应该都不陌生。我们知道，一旦口香糖粘在地上，清理起来就非常困难。今天，我们的游戏也叫作"口香糖"，但这次我们要粘的可不是地板！大家能猜到口香糖这次要粘住我们身体的哪个部位吗？

具体操作：首先统计成员人数。如果是双数，从成员中选出一位同学担任发令员；如果是单数，教师将担任发令员。发令员大声喊出"口香糖"，其他参与者随即齐声询问"粘什么？"，发令员随即回答一个身体部位，如"粘肩膀"。此时参与者需要迅速找到另一个人，确保所指定的身体部位靠在一起。未能找到配对的成员将落单，成为下一轮的发令员，游戏继续进行。

注意事项：选择粘鼻子或粘脑门等部位可以极大地活跃气氛，但需要明确禁止粘嘴唇、胸部等不适宜的部位，以确保游戏的适当性和尊重每位参与者。

主题活动 1：快乐传声筒(建议时长：10 分钟)

活动目标：增进成员之间的互动与默契，进一步巩固已建立的友谊。

活动材料：卡片。

活动场地：教室。

教师引导语：同学们，交流是人生长河中的桥梁，能缩短心与心之间的距离。正如古语所说，"言为心声，交流则情通"。只有真诚地敞开心扉，我们才能跨越彼此之间的隔阂，找到共鸣和理解。今天，老师希望通过"快乐传声筒"这个游戏，让同学们体验到沟通与交流的重要性。

具体操作：成员站成一列，第一位成员从卡片堆中抽取一张卡片。其他成员转身背对第一位成员，以确保看不到卡片内容。第一位成员通过音效和动作将卡片上的内容演绎给第二位成员，但不得直接说出卡片上的文字。依次类推，演绎传递给下一位队友，直至最后一位成员。最后一位成员根据所接收到的信息猜测卡片上的内容，猜对即算成功。

传声筒游戏题目(仅供参考)：李白喜欢边喝酒边写诗；早起刷牙，牙齿变得又白又亮；猪猪侠对比萨情有独钟；笔袋里装有铅笔和橡皮；小蜜蜂忙碌地在花间采蜜；姥姥在花园里给植物浇水；同桌在超市精心挑选了一个玩具；故事里的小狗非常可爱。

注意事项：活动结束后，引导学生进行分享，讨论"团队是如何在游戏中取得胜利的"以及"你们是否感觉到团队之间存在默契"。通过这些分享，进一步让学生体会到团队合作的魅力和重要性。

主题活动 2：人体拼字(建议时长：10 分钟)

活动目标：加强成员之间的配合和协调，增进成员之间的默契，促进成员建立深厚的友谊。

活动材料：无。

活动场地：教室。

教师引导语：同学们，你们能用身体摆出汉字吗？接下来的"人体拼字"游戏将考验大家身体的柔韧性、灵活性，以及团队成员之间的默契配合。

具体操作：从小组中选出一位同学负责猜字，其余成员参与拼字。参与拼字的小组成员需要通过各自的身体姿势共同拼出一个汉字或单词。负责猜字的同学需在 5 分钟的限定时间内猜出所拼内容。如果在规定时间内猜不出，该小组则被判定为失败。

注意事项：所拼的字或单词应与增强团体凝聚力的主题相符，如"family""团结""协作"等。教师应根据学生年级和认知水平选择适宜的题目，也可以根据学生当前的课程来设计题目，确保题目的相关性和适宜性。

主题活动 3：穿越呼啦圈(建议时长：15 分钟)

活动目标：培养团体成员之间的协调能力，并在团体活动中收获快乐与友谊。

活动材料：适当大小的呼啦圈。

活动场地：教室或操场。

教师引导语：同学们，呼啦圈大家都不陌生吧。但你们尝试过在不使用双手的情况下穿越呼啦圈吗？这不仅是对身体柔韧性的挑战，还是对团队协作的考验。现在，让我们通过"穿越呼啦圈"的游戏来一较高下，看看哪一组同学的配合最为默契。

具体操作：小组成员手拉手围成一个圆圈，比赛开始前，由一位成员手持呼啦圈准备就绪。听到"开始"口令后，第一位成员需通过身体的协调动作，让呼啦圈穿过自己的身体，然后传递给下一位成员。呼啦圈依次穿过全队所有人的身体，最终回到起始成员手中。在整个过程中，成员必须始终保持手拉手，不能放开，也不能用手指钩住呼啦圈。

注意事项：选择适当大小的呼啦圈对于确保游戏顺利进行至关重要。教师应密切注意小组在失败后的表现，防止出现互相指责的情况。教师需要及时引导学生学会包容与理解，这不仅能够提高团体凝聚力，也是培养良好团队精神的关键。

备选活动：抛绣球

活动目标：培养团队成员之间的协作意识，并提升他们的配合能力。

活动材料：小筐，气球，秒表。

活动场地：教室或操场。

教师引导语："单丝不成线，独木不成林。"一个人的力量是有限的，而团队合作能够让我们更高效地完成任务。今天，我们要进行的游戏叫作"抛绣球"，考验一下我们的团队协作精神。

具体操作：将团队成员分成两人一组，每组中一人负责背筐，另一人负责投掷气球。背筐的成员需要努力接住来自投手的气球。在规定的时间内，接到气球数量最多的小组获胜。

注意事项：教师需要密切观察各组的表现，特别是那些配合最为默契的小组。活动结束后，我们邀请表现最佳的小组分享他们的经验和策略。通过分享，让所有同学感受到友谊带来的快乐和团队合作的力量。

结束：小结(建议时长：5 分钟)

活动目标：反思和总结活动中所获得的知识和感受，加深对团队合作、沟通交流、相互信任和个人责任感等方面的深刻理解。

教师总结语："海内存知己，天涯若比邻。"真正的友谊超越了时间和空间的限制。因为有了友谊，有了爱，我们的旅途才变得光明而温暖。友谊如一曲悠长的旋律，在我们耳边回响，激励我们以真诚之心去呵护这朵友谊之花，用切实行动去培育友谊之根。让我们携带着友谊的光芒，照亮前行的道路，让友谊的力量成为我们追逐梦想的坚强后盾。在这个团体大家庭里，我们相遇是缘分，相知是福分。让我们珍惜这份来之不易的友谊，让友谊的旋律永远在我们心中回荡。

第六单元　团结力量大

教师引导语：聚木成林，积水成河。"千人同心，则得千人之力；万人异心，则无一人之用"。团队精神时刻在我们身边发挥着强大的力量。我们一个人的力量是渺小的，但是团队的力量是巨大的，只有将个人力量汇聚于集体，团结才可铸造奇迹。

热身活动：腹背受敌(建议时长：5 分钟)

活动目标：活跃气氛，加强团队沟通，促进成员行动一致性。

活动材料：气球。

活动场地：教室或操场。

教师引导语：人心齐，泰山移。只要大家齐心协力，即使面对再大的困难和挑战，也能够成功克服。接下来，我们开始本次活动的第一个游戏——"腹背受敌"。

具体操作：发给每位成员一个气球，吹气并准备使用。成员排成一列，将气球夹在自己的腹部和前面成员的背部之间。要求全体成员一起向前移动，气球不得落地，不得破裂。

同时，队伍要保持一列，不得分散。

注意事项：活动之后的分享方向应围绕"取胜的关键是什么""团结的重要性"，使活动更加符合主题。通过分享，进一步提升团体凝聚力。

主题活动1：无敌风火轮(建议时长：20分钟)

活动目标：培养成员团结一致、密切合作的团队精神，以及克服困难的沟通协调能力。

活动材料：报纸，胶带，剪刀。

活动场地：操场。

教师引导语：这个社会已经不需要太多的个人英雄主义，我们需要的是团队的合作与配合。"一花独放不是春，万紫千红春满园"，这是《增广贤文》中的格言。在激烈竞争的时代，一花独放也许会很耀眼，但百花齐放才是长久之道。老师希望通过"无敌风火轮"这个游戏，让同学们认识到团队的成功才是真正的成功。

具体操作：每组成员使用报纸、胶带、剪刀等工具制作一个简易的输送带(要求必须容纳所有成员)。各组在输送带内站好，由教师发布口令后出发。行进途中，输送带必须垂直于地面，报纸必须紧密相连。所有成员必须站在输送带内，身体任何部位不得直接接触地面，最先到达终点的队伍获胜。

注意事项：引导学生发现成功并不是取决于输送带有多坚固，而是取决于大家的步伐是否一致，依靠团队协作才是确保任务完成的关键。

主题活动2：珠行千里(建议时长：15分钟)

活动目标：使成员认识到充分沟通与协作对于实现团队目标的重要性，培养团队整体的目标意识。

活动材料：高尔夫球或小球，报纸，纸杯。

活动场地：教室或操场。

教师引导语：如何让一个小球行进千里之远？这当然需要我们每组成员的共同努力。接下来，我们将开始"珠行千里"的游戏。

具体操作：小组成员站成一列，第一位成员站在起点处，所有成员手持用报纸制成的"U"形槽。成员们依次将球槽相连，使其呈一条直线，连接过程中球槽不得重叠。教师将小球放入第一位成员的球槽中，小球随即开始滑动。第一位成员完成运球后，跑到队伍的末尾继续等待运球。成员们交替进行，直到小球最终落入终点的纸杯中。如果小球落地，则应回到起点重新放球，用时最短的队伍获胜。

注意事项：教师应重视引导"U"形槽的制作过程，这也是团队成员之间交流与合作的重要环节。教师需引导小组成员相互帮助，共同完成"U"形槽的制作。

备选活动：歌王大比拼

活动目标：体验团队协作的乐趣，增强团队凝聚力。

活动材料：歌曲《友谊地久天长》.mp3。

活动场地：教室。

教师引导语：同学们应该都喜欢唱歌吧。接下来，老师将带领大家挑战一项有趣的活动——花样唱歌，欢迎大家参加"歌王大比拼"游戏。

具体操作：教师播放歌曲《友谊地久天长》，挑战的小组需要跟唱。在演唱过程中，一些关键词要用特定的动作来替换。例如，"我们"用双手合十的动作代替，"友谊"用比心的动作代替。成功演绎整首歌的小组将获得胜利。

注意事项：教师可以根据不同年级的学生水平设定不同的游戏难度。对于高年级学生，可以设计三个或更多的动作来增加挑战性。

结束：小结(建议时长：5 分钟)

活动目标：总结活动中的收获和感悟。

教师总结语：散落的星光永远成不了璀璨的星河，孤立的高峰远不如山川相连的壮阔。正是因为大家的团结，那些看似不可逾越的障碍也不再可怕。因为彼此之间的合作，我们圆满地完成了任务。让我们为自己鼓掌，为我们之间的友谊鼓掌。

第七单元　携手共向前

教师引导语："独行快，众行远"，这句话告诉我们，一个人独自行路时，没有负担和牵绊，可以心无旁骛地快速前进；而当许多人一起行路时，他们可以互相支持和帮助，共同克服困难，这样他们的旅程可以走得更远。有一种美好，那就是一起成长。老师希望大家在团队中能够相互帮助，相互鼓励，共同成长和进步。

热身活动：面粉搬运工(建议时长：5 分钟)

活动目标：活跃气氛，帮助成员感受在团队中的成长与进步。

活动材料：面粉，扑克牌，湿纸巾。

活动场地：教室。

教师引导语：在本次活动中，老师希望每位同学都能化身为面粉搬运工，通过依次接力的方式搬运面粉，让我们看看哪一组面粉搬运工的表现最为出色，哪个小组能够以最快的速度完成任务。

具体操作：小组成员排成一列，每位参赛选手用嘴咬住一张扑克牌，将面粉放在扑克牌上进行运送。运送过程中，需要依次进行接力。在 5 分钟的限定时间内，运送面粉量最多的队伍将获得胜利。

注意事项：活动结束后，教师应发放湿纸巾帮助学生清洁身上的面粉。同时，教师需要根据实际情况密切观察，防止有同学恶意向其他同学扬撒面粉，确保活动的安全。

主题活动 1：气球大挑战(建议时长：20 分钟)

活动目标：加强团队成员之间的配合，体验共同奋斗带来的乐趣。

活动材料：气球，绳子，椅子。

活动场地：教室或操场。

教师引导语：在"面粉搬运工"活动中，同学们表现十分出色。现在，让我们开始"气球大挑战"的游戏吧。

具体操作：将小组成员进行分工，一人负责吹气球(不能使用手)，另一位成员协助其完成吹气球的任务。两位成员负责运输气球，注意在运输过程中不能使用手。选出一位成员负责坐爆气球，但该成员在护送过程中双脚不能落地，需由其他两位成员抬着或抱着护送。教师发出"开始"口令后，各组开始接力赛。第一棒，一位成员在他人帮助下不用手吹气球。第二棒，两位成员将气球从起点运输到终点的椅子上，同样不使用手。第三棒，两位成员抬或抱护送一位成员(双脚不落地)到终点,并由这位成员坐爆椅子上的气球。用时最短的队伍获胜。

注意事项:教师应根据每组成员人数合理分配角色任务,确保每位成员都能参与活动。活动结束后,教师应引导学生分享体验,重点讨论团结与合作的重要性。

主题活动2:心灵对对碰(建议时长:15分钟)

活动目标:强调团队的重要性,帮助成员体会团队的力量以及团队对个人进步与成长的促进作用。

活动材料:故事《一滴水怎么才能不干涸》(相传,佛陀释迦牟尼曾向弟子提出一个问题:"一滴水怎样才能不干涸?"弟子们深思熟虑,却难以找到答案。"孤零零的一滴水,一阵风就能吹散它,一撮土就能吸干它,它的寿命能有多久?如何才能不干涸呢?"他们相互对视,无人能答。佛陀启示道:"将它放入江、河、湖、海之中。"确实,一滴水虽然渺小而单薄,一阵风可以轻易吹走它,一缕阳光可以迅速烘干它。但当它融入海洋,与无垠的大海合为一体时,它便获得了新生。它存在于大海的辽阔与蔚蓝之中,成为永恒)。

活动场地:教室。

教师引导语:事情往往在和睦中得以成就,利益往往在团结中得以产生。心理学家戴尔·卡耐基曾说过,"如果你能够让别人乐意与你合作,那么无论面对何种挑战,你都能够取得成功"。

具体操作:教师首先讲述《一滴水怎么才能不干涸》的故事,阐释一滴水只有融入大海才能保持不干涸的道理,从而引申出团队的重要性。邀请小组成员进行讨论,分享自己在集体中经历过的难忘事情,以及这些经历如何体现了团队对个人的影响和价值。教师在讨论结束后,帮助团队成员归纳和总结团队合作对个人的意义,强调团队合作的重要价值。

注意事项:"心灵对对碰"环节的目的是激发学生从内心深处认识到团队的重要性,并激励他们愿意为团队付出和奉献自己。教师应根据实际情况控制讨论的时长,确保每位成员都有机会发言。讨论分享应深入且真诚,鼓励学生表达内心的真实感受,以达到触动学生心灵、促进自我反思的效果。

备选活动:神秘嘉宾

活动目标:进一步增强团队成员之间的沟通与交流,提升彼此间的默契度。

活动材料:歌曲《朋友》或其他适合团队合唱的歌曲。

活动场地:教室。

教师引导语:人与人之间的相处,往往伴随着一种难以言喻的默契。有的人即使朝夕相处,也可能感到彼此之间存在距离;而有的人,尽管初次见面,却能迅速建立起深厚的联系。今天,我们将通过"神秘嘉宾"游戏来考验同学们之间的默契,让我们现在就开始吧。

具体操作:小组成员共同合唱歌曲《朋友》,其中两位成员被指定为"神秘嘉宾",他们需要假唱,即只对口型而不发声。歌曲演绎结束后,其他组成员需要观察并找出这两位假唱的"神秘嘉宾"。如果其他组成员能准确找出两位假唱的同学,则他们获胜;如果找不出或找错,则假唱的成员所在的小组获胜。

注意事项:教师可以根据团队的特点和喜好灵活选择歌曲,但歌曲的选择应与活动主题相符，能够促进团队成员间的交流和默契。教师应确保每位成员都清楚游戏规则，并鼓励大家积极参与，以实现活动的目的。

结束：小结(建议时长：5分钟)

活动目标：总结活动中的收获和感悟，深化对团队合作重要性的理解。

教师总结语：在我们这个团队里，每个人都扮演着不可替代的角色。我们每个人都有自己的闪光点，是你们的存在让我们的团队变得如此强大和充满活力。在这个团结和谐的大家庭中，让我们相互信任、相互支持、相互鼓励，一起努力，共同成长。让我们携手迎接一个更加优秀的自己，创造更加辉煌的团队未来。

第八单元　祝福与告别

教师引导语：这次活动将是我们最后一次集体活动。虽然我们的集体活动暂时告一段落，但我们的友谊将永远持续。老师希望通过这次活动，你们能将最诚挚的祝福送给其他成员。在未来的学习和生活中，希望大家继续互相帮助，珍视并维护这份珍贵的友谊。

热身活动：动物大连蹲(建议时长：5分钟)

活动目标：活跃气氛。

活动材料：无。

活动场地：教室。

动物大连蹲

教师引导语：同学们还记得在第一单元活动中，你们选择了哪些小动物来代表自己吗？接下来的"动物大连蹲"游戏中，这些可爱的小动物们将再次登场。

具体操作：小组成员一起回忆在第一单元活动中代表自己的动物，教师随机喊出一种动物的名称，如"小兔"。被指定为"小兔"的成员需要立即说出"小兔蹲，小兔蹲，小兔蹲完××(再随机说出一种动物)蹲"，并做出相应的动作。被叫到的成员必须继续完成这个任务，如果出错或反应慢，则被淘汰。

注意事项：教师需要仔细观察同学们之间的配合情况，与第一单元活动相比，是否有所提升，是否增强了团体的凝聚力，这些观察结果将是评价活动成效的重要依据。

主题活动1：我们是一家人(建议时长：20分钟)

活动目标：增进成员对团体的感情，提高团体的凝聚力。

活动材料：无。

活动场地：教室。

教师引导语：通过之前的活动，老师相信我们之间的友谊已经更加坚固，我们已经成了一家人。现在，让我们开始游戏——"我们是一家人"。

具体操作：小组成员围成一个圆圈，后一位成员将双手轻轻搭在前一位同学的肩膀上，并跟随教师完成口令动作。首先，教师说"我"，成员第一步需跟随教师说"我"，同时自己双手拍一下；第二步再说"我"，并轻拍前一位成员的肩膀。教师说"我们"，成员需说"我们"，并自己拍手两下(拍手次数与口令中的字数相同)；接着再说一次"我们"，并轻拍前面成员的肩膀两下。依次类推，成员需要完成"我们是一家人耶"这七个字的任务。

活动题目提供(仅供参考)：四年级，我们是一家人耶；五年级，我们是相亲相爱的一家人耶；六年级，我们是相亲相爱互帮互助的一家人耶。

注意事项：教师应根据学生的年级调整挑战的字数，对于高年级的学生，可以适当增加字数，以提高游戏的难度。

主题活动 2：友谊树常青(建议时长：15 分钟)

活动目标：梳理在团体中的学习和收获，并向团体中的每位成员传递祝福。

活动材料：白纸，笔。

活动场地：教室。

教师引导语：朋友是人生旅途中最美的风景，友谊是彼此心灵相连的纽带。友谊是在你遇到困难时，朋友伸出的援助之手；是在你生病时，朋友的一声问候；是在你感到孤单寂寞时，朋友的陪伴。真正的友谊渗透在生活的每一个瞬间和每一个细节中。

具体操作：每位成员需要在纸上绘制一棵代表自己的"友谊树"，在树叶或果实上写下团体中其他成员的名字，并在旁边附上对他们的祝福，在树干上记录自己在活动中的收获以及对团体的祝愿。

注意事项：教师应引导学生确保"友谊树"上包含小组的所有成员，并且对其他成员的祝福应充满美好和积极性。

备选活动：无声排序

活动目标：考验成员之间的了解程度，进一步增进彼此的友谊，并提升团体的凝聚力。

活动材料：无。

活动场地：教室。

教师引导语：经过我们八次的共同活动，老师相信你们对彼此已经有了深刻的了解。现在，让我们通过"无声排序"这个游戏来进一步考验一下吧。

具体操作：团队成员需要在完全沉默的情况下，根据身高、体重或其他标准自行排序。排序完成后，成员需说明排序的依据，并接受老师和其他小组的检验。用时最短且检验无误的小组将获得胜利。

注意事项：教师应根据游戏的时长合理安排游戏的次数，并可以根据情况逐步提高游戏的难度。

结束：小结(建议时长：5 分钟)

活动目标：总结活动中的收获和感悟，提升团体辅导活动的意义与价值。

教师总结语：友谊如同空气和阳光，是生命中不可或缺的一部分。对于正在茁壮成长的青少年来说，友谊尤为重要。正如没有空气和阳光，再强壮的春笋也难以长成高大的绿竹，老师希望通过这次活动，同学们能深刻认识到友谊的重要性，并收获满满的友谊。

附　　录

附表 1 共有 15 项陈述，每一项陈述都有 7 个选项，数字 1～7 表示您对该陈述内容的认同程度，其中 1 表示"非常不同意"，2 表示"不同意"，3 表示"不太同意"，4 表示"未定"，5 表示"基本同意"，6 表示"同意"，7 表示"完全同意"。请您认真阅读每一项陈述，根据以往的情况，从 1～7 中选择一种最适合您的情况并在相应的数字上打"√"。

附表 1　团体凝聚力量表

题　目	非常不同意	不同意	不太同意	未定	基本同意	同意	完全同意
(1) 我愿意成为这个团体中交往活动中的一员	1	2	3	4	5	6	7
(2) 离开后，我会惦念这个团体的成员	1	2	3	4	5	6	7
(3) 我对我们团体的求胜欲感到高兴	1	2	3	4	5	6	7
(4) 我的一些好朋友在这个团体里	1	2	3	4	5	6	7
(5) 这个团体提供了足够的机会提高我的个人成绩	1	2	3	4	5	6	7
(6) 我喜欢我们团体的风格	1	2	3	4	5	6	7
(7) 对我来说，这个团体是我所处的重要的团体之一	1	2	3	4	5	6	7
(8) 我们团体在实现奋斗目标的过程中，是团结一致的	1	2	3	4	5	6	7
(9) 我们团体的成员更喜欢独立做事，而不愿一起活动	1	2	3	4	5	6	7
(10) 我们团体的成员经常在一起活动	1	2	3	4	5	6	7
(11) 我们团体的成员对全队的成绩目标有着共同的期望	1	2	3	4	5	6	7
(12) 比赛结束后，在闲暇时我们团体的成员喜欢在一起消磨时间	1	2	3	4	5	6	7
(13) 如果在活动中有成员遇到问题，其他人都愿意帮助他/她，因此，团体总能团结向上	1	2	3	4	5	6	7
(14) 除了参与团体活动，我们团体的成员很少来往	1	2	3	4	5	6	7
(15) 在参与团体活动期间，我们团体的成员经常对每个人的责任坦诚地交换意见	1	2	3	4	5	6	7

(资料来源：刘越. 高校高水平男子篮球队凝聚力生成机制与培育研究[D]. 中南大学，2023.)

本章小结

　　团体领导者在开展团体凝聚力训练前，需精心设计团体心理辅导方案，明确团体性质、团体名称、团体目标、团体领导者、团体对象与规模、团体活动时间及频率、团体设计理论依据、团体活动场所和团体评估方法。在团体实施前，要依据团体方案规划好每次团体的热身活动、主题活动与结束活动，方案中需详细注明每项活动所需的材料和时间。

　　本章通过缘分真奇妙、团体初体验、巧度磨合期、信任大考验、友谊万万岁、团结力量大、携手共向前、祝福与告别八个单元的实施，促进学生发掘自身的优势与力量，凝聚团队共识，增强团队的向心力，培养团队成员之间的默契，加强学生之间的相互信任，并提升学生在团队中的自我效能感。

思考题

1. 小学生团体凝聚力训练主题团体方案设计的主要内容是什么？
2. 团体凝聚力训练主题团体在不同发展阶段设计的重点是什么？

第七章　品格优势训练

第一节　品格优势训练方案的筹划

一、团体性质与团体名称

团体性质：结构式、封闭式团体。
团体名称：品格小英雄队。

二、团体目标

(1) 通过一系列品格优势培养活动，帮助小学生认识并发展自己的品格优势，从而提升自我价值感和自信心。
(2) 促进小学生之间的合作与交流，增进相互了解和信任，培养团队协作精神。
(3) 鼓励小学生积极面对挑战，学会在失败中吸取教训，从而增强抗挫能力。

三、团体成员

参加对象：小学中高年级学生。
团体成员人数：每个团体人数为4～6人，预计组建7～8个团体。

四、团体领导者

团体领导者需熟悉团体心理辅导的基础理论，并具有一定个案咨询和带领团体的经验。

五、团体活动时间及频率

活动安排为每周一次，共 8 个单元，每个单元时长为 45 分钟。

六、团体设计理论依据

1. 品格优势理论

积极心理学认为，通过研究美德(virtue)和优势(strength)，并了解其与正面情绪的关系，有助于促进人的发展。皮特森与塞利格曼(Peterson and Seligman，2004)提出人们有六大类美德、24 种可测量的性格优势：①智慧与知识，创意、好奇、开明、爱学习、智慧；②勇气，勇敢、坚毅、诚实、活力；③仁慈，爱、善良、人际交往能力；④正义，公民性、公平、领导能力；⑤自制，宽恕与怜悯、谦虚、谨慎、自我控制；⑥超越自我，审美和优秀、感恩、希望、幽默、灵性。

发现并善用这些性格优势进行有意义的活动，人们会产生愉快的情绪。因此，在日常生活中认识自己的性格优势，或者通过良好的干预方法强化性格优势，对人们树立积极的态度和享受快乐生活大有裨益。

2. 社会学习理论

社会学习理论认为，人们通常是通过对他人的行为进行观察和模仿来学习和形成一种新的行为方式，尤其是对人们在社会生活中的各类行为进行观察和学习。团体辅导为成员创设了一种特殊的情境，团体中充满理解、关爱和信任，这种环境的变化必将引起个体行为的改变。

3. 人际沟通理论

马丁·路德(Martin Luther)认为，"人与人不能相处，是因为他们心存害怕；他们心存害怕，是因为他们彼此不了解；他们彼此不了解，是因为他们彼此没有好好地沟通"。人际沟通的研究领域广泛，内容丰富，成果卓著。它为团体辅导过程中人与人之间如何交往，如何增强沟通效果，建立良好的人际关系，避免或减少交往障碍提供了大量有价值的参考。同时，它也为团体辅导教师选择何种团体沟通方式，如何观察和指导团体成员的沟通，增进自我了解和他人了解，在和谐的人际关系中获得成长提供了具体的方法和技巧。团体辅导的过程就是一种人际沟通相互作用的过程，因此，人际沟通的研究成果大都适用于团体辅导的过程。

4. 交互作用分析理论

交互作用分析(Transactional Analysis，TA)理论，是由美国心理学家艾瑞克·伯恩(Eric Berne)在 20 世纪 50 年代创立的一种心理分析、心理沟通、人际交流的理论与技术。TA 理论基于精神分析原理，特别关注人际互动和沟通模式，它提供了一种理解和改善个人及群体之间关系的方法。

七、团体活动场所

团体活动场所为封闭、空旷、安静的教室或操场。

八、团体评估方法

评估工具采用的是 24 项品格优势测试问卷(见附录)。

九、团体方案

团体方案如表 7-1 所示。

表 7-1　团体方案

次　序	活动主题	活动目标	活动内容及时间
第一单元	我们的小世界 (相识相知)	(1) 建立团体意识,营造和谐的团体氛围;建立初步的信任感 (2) 澄清团体活动目标 (3) 激发团体成员参与兴趣 (4) 制定团体规范,签订团体契约	(1) 我的小小优势圈(5 分钟) (2) 优势串串连(15 分钟) (3) 我们的默契(20 分钟) (4) 小结(5 分钟)
第二单元	优势大探索 (认识品格优势)	(1) 帮助团体成员认识品格优势 (2) 帮助成员发现自我优势 (3) 培养成员们观察、思考和总结的能力	(1) 猜猜"我"是谁(5 分钟) (2) 优势大揭秘(15 分钟) (3) 品格优势树(20 分钟) (4) 小结(5 分钟)
第三单元	品格大寻宝 (发现自我品格优势)	(1) 深入引导学生认识并理解品格优势的含义和重要性 (2) 鼓励学生挖掘和欣赏自身的品格优势,提升自我认同和自信	(1) 品格模仿秀(15 分钟) (2) 品格小标签(5 分钟) (3) 品格故事会(20 分钟) (4) 小结(5 分钟)
第四单元	品格大优化 (提升品格优势)	(1) 帮助团体成员学会表达和倾听 (2) 学会尊重和理解彼此的感受 (3) 通过合作,激发学生学习、培养更多品格优势的动力	(1) 信任之旅(5 分钟) (2) 优势大转盘(15 分钟) (3) 优势大合作(20 分钟) (4) 小结(5 分钟)
第五单元	品格大比拼 (掌握品格优势)	(1) 鼓励成员将所学的品格优势应用到实际生活中 (2) 帮助成员体验成功与失败,培养坚韧不拔的品质	(1) 品格优势速写(5 分钟) (2) 品格优势大比拼(20 分钟) (3) 品格优势配对(15 分钟) (4) 小结(5 分钟)
第六单元	优势显身手 (运用品格优势)	(1) 通过具体活动和任务,让成员更深入地了解自己的品格优势,学会在日常生活中发掘和运用这些优势 (2) 增强成员对自我价值的认知,提升自信心和自尊感	(1) 品格优势蹲(5 分钟) (2) 品格小剧场(20 分钟) (3) 实践大挑战(15 分钟) (4) 小结(5 分钟)
第七单元	优势小竞赛 (加强品格优势)	(1) 帮助团体成员巩固知识 (2) 引导成员深入了解品格优势,发现自己在日常生活中的优势,并学习如何在不同场合中展现和运用这些优势	(1) 同舟共济(5 分钟) (2) 优势分享会(15 分钟) (3) 优势知识竞赛(20 分钟) (4) 小结(5 分钟)

次　序	活动主题	活动目标	活动内容及时间
第八单元	英雄分别会(总结)	(1) 帮助团体成员梳理团体中的学习与收获 (2) 升华团体辅导活动的意义与价值	(1) 优点接龙(5 分钟) (2) 品格优势宣言(35 分钟) (3) 小结(5 分钟)

第二节　品格优势训练方案的实施

第一单元　我们的小世界

教师引导语：今天，我们即将开启一段新的旅程——一门专注于品格优势训练的团体辅导课程。在这个过程中，我们将通过互动、分享和实践，深入理解品格的重要性，并掌握如何将这些优势应用到日常生活中。在正式进入课程之前，请同学们先行完成 24 项品格优势测试问卷(见附录)。

热身活动：我的小小优势圈(建议时长：5 分钟)

活动目标：活跃气氛，消除彼此间的拘束感。

活动材料：无。

活动场地：教室。

具体操作：将椅子数设置为比人数少一个，然后围成一圈。除了担任"鬼"角色的人外，其他人各自坐在不同的椅子上，每张椅子上只能坐一个人。担任"鬼"角色的人站在中央，他可以随意选择走大圈或走小圈。如果他说"走大圈"，拥有某些相同优势的人必须起来换位置；如果他说"走小圈"，则相反，没有某些优势的人必须起来换位置。换位置时，不允许两人之间互换或坐回原来的椅子。没能抢到位置的人将成为新的"鬼"。如果一个人三次成为"鬼"，则输掉游戏，需要接受处罚。

例如，"鬼"说：走大(小)圈。其余的人问：谁要走？"鬼"说：开朗的人(如果是走大圈，则开朗的人起来换；如果是走小圈，则不开朗的人起来换)。

主题活动 1：优势串串连(建议时长：15 分钟)

活动目标：彼此相识，建立互动关系。

活动材料：无。

活动场地：教室。

优势串串连

具体操作：首先每个人介绍自己的姓名和优势。当第一个人介绍完毕后，第二个人应接着第一个人介绍的内容继续介绍，依次类推，直到最后一个人介绍完毕。如果有人忘记了前面的内容或出现错误，将接受表演节目的惩罚。

主题活动 2：我们的默契(建议时长：20 分钟)

活动目标：保证团体活动的顺利进行，促进良好团体氛围的形成。

活动材料：签字笔。

活动场地：教室。

具体操作：根据人数分组(通常每个团体为 4～6 人，预计组建 6～8 个团体)，并介绍团体成员在参加团体活动时应遵守的规则。各组进行讨论，并选出一名代表报告讨论结果。领导者将各组的讨论结果汇总，形成本团体的活动契约，并请每位成员在契约上签字。

例如，团体辅导契约书的具体内容如下。

理念：任何人在团体心理互动中都更容易重新认识自己、发现自己并促进自我成长。本团体强调在游戏和讨论分享中实现心理互动，发现真正的自我。

目标包括以下几方面。

(1) 了解自我，认识自我，形成客观、理性的自我评价。

(2) 增进自我觉察，不断获得自我成长。

(3) 发展良好的适应能力，有效应对未来的学习和生活。

出席：请务必准时出席，并积极参与游戏和分享。每位成员的准时出席才能促进团体活动有效展开。如果你不能准时参加，请与领导者联系。任何成员都有权利在任何时刻退出该团体，但请提前与领导者沟通。这样对你和团体都有帮助。

作业：每位成员在下次聚会前，均需完成团体以外的时间练习和某些作业，你可以对领导者建议的作业提出异议，但一旦同意，请务必完成。

保密：任何一位成员在团体辅导中所说的话都是绝对保密的，不得随意在团体辅导以外议论。尊重每位成员的隐私权。当你不想和团体成员分享时，你有权保持沉默。

人数：24～48 人。

地点：心理健康中心。

时间：本团体辅导时间为20××年××月××日—××月××日，每周一次，共八次。具体时间经团体协商确定，拟定为每周六 7:00—9:30。

结束：小结(建议时长：5 分钟)

活动目标：总结活动中的收获和感悟。

教师总结语：通过这次活动，我相信同学们已经对自己的优势有了一定的了解，并且认识了团队成员，共同制定了团队契约。希望同学们能够认真遵守我们的约定。同学们，请记住，品格优势训练不仅是学习的过程，还是自我发现和成长的过程。我期待见证每位同学在这段旅程中的成长与变化。如果你们有任何问题或想法，欢迎随时与我交流。谢谢大家今天的参与和贡献，让我们期待下一次的相聚。

第二单元　优势大探索

教师引导语：欢迎回到我们的品格优势训练课堂。今天，我们将继续这段探索之旅。在接下来的课程中，我们将进一步深入挖掘品格的力量，学习如何在不同情境下运用我们的优势，以及如何通过这些优势克服挑战，实现个人成长。

热身活动：猜猜"我"是谁(建议时长：5 分钟)

活动目标：使初步认识的队员再次加深对彼此的了解。

活动材料：不透明的幕布。

活动场地：教室。

具体操作：参加人员分为两组，依次说出各自的姓名和优势。领导者和助理手持幕布，将两组成员隔开，然后各自蹲下。在第一阶段，每组选出一位代表站在幕布前，面对面蹲下。当领导者数到"三"时，放下幕布，两位成员需尽快说出对方的姓名和优势。先说出正确信息的成员获胜，可以将对方成员纳入自己组。在第二阶段，每组再次选出一位代表，背对背在幕布前蹲下。领导者数到"三"后放下幕布，两位成员依靠自己组内成员的提示(但不能直接说出姓名和优势)，先正确说出对方成员的姓名和优势者获胜，并将对方成员纳入自己组。当任一组的人数降至三人以下时，活动结束。

主题活动 1：优势大揭秘(建议时长：15 分钟)

活动目标：认识基本的品格优势。

活动材料：无。

活动场地：教室。

具体操作：领导者介绍品格优势的概念，并举例说明常见的品格优势。

品格优势的概念：品格优势是指个人在性格、道德品质或行为方式方面的特长和优点。这个概念通常用于个人发展、职业规划或心理学领域，强调那些使个体在社会交往、工作环境或个人生活中表现出色的积极特质。

常见的品格优势包括但不限于以下几个方面。

(1) 诚信：表现出诚实和可靠的特质，遵守承诺。

(2) 责任感：对自己和他人的行为负责，能够承担义务。

(3) 同理心：理解和感受他人情感的能力，能够体贴他人的需求。

(4) 韧性：面对挑战和困难时表现出的坚韧不拔的品质。

(5) 领导力：能够有效地引导和激励他人，共同实现目标。

(6) 创造力：能够提出新颖和有效的解决方案，具有创新思维。

(7) 成员可以思考并列举自己认为重要的品格优势，并分享对它们的理解。

例如，其对创造力的理解如下。

(1) 理解：创造力是指提出新颖和有效的解决方案的能力。它有助于解决复杂的问题并推动创新。

(2) 个人经验：在解决学习中的难题时，我通过思考不同的解题方法，并尝试一些新的思路，最终找到了一种更加高效的解决方法。

主题活动 2：品格优势树(建议时长：20 分钟)

活动目标：帮助团队成员发现自我优势。

活动材料：画纸、彩笔。

活动场地：教室。

具体操作：领导者提供画纸和彩笔，成员开始绘制自己的"品格优势树"，具体如下。

(1) 树干代表个人或团体的核心。

(2) 主枝代表主要的品格优势类别，如智慧、勇气等。

(3) 树叶代表具体的品格优势。

(4) 颜色，使用不同的颜色区分不同的品格优势类别。

例如，在品格优势训练团体中，树干代表"我/我们"；主枝代表"智慧和知识""勇气""人道""正义""节制""超越"；树叶代表每个主枝下绘制具体的品格优势，如"好奇心""勇敢""善良"等。

最后，成员展示自己的"品格优势树"，并解释每一个品格优势的选择和含义。

结束：小结(建议时长：5 分钟)

活动目标：总结活动中的收获和感悟。

教师总结语：在这次课上，我们探讨了品格优势的概念，了解了品格优势包含哪些方面，同学们也识别出了自己的品格优势。通过分享各自的品格优势，同学们对这一概念有了更深刻的理解。让我们带着今天的收获，继续在品格优势的道路上前进。期待在下一次课程中看到大家更多的成长和变化。

第三单元　品格大寻宝

教师引导语：亲爱的同学们，非常高兴再次与大家相聚在品格优势训练的课堂。我们即将开始第三次课程，今天，我们将进入更深层次的探索。在这次课程中，我们要学习如何进一步强化我们的品格优势，并学会在面对挑战时保持坚韧和适应性。我们还将讨论品格优势在团队合作中的作用，以及如何通过团队的力量实现共同成长。

热身活动：品格模仿秀(建议时长：15 分钟)

活动目标：活跃气氛，促进成员交流。

活动材料：无。

活动场地：教室。

具体操作：我们将分成小组，每组选择一个品格优势进行模仿。大家可以讨论并决定如何通过动作表现所选的品格。每组有 5 分钟时间准备模仿表演。同学们可以创造性地使用道具、服装或其他辅助工具。每组将依次上台表演，而其他同学则可以观察并学习如何通过动作表达品格优势。

模仿指导："记住，模仿不仅仅是外表，更重要的是捕捉品格优势的内在精神。例如，如果你选择模仿勇气，那么你可能需要表现出面对困难时的坚定和决心。"

在每组表演结束后，我们可以进行一个简短的讨论，让同学们分享对表演的理解和感受，以及他们认为哪些动作最能代表这个品格优势。

主题活动 1：品格小标签(建议时长：5 分钟)

活动目标：发现自我品格优势。

活动材料：品格优势小标签。

活动场地：教室。

具体操作：领导者提前准备一系列代表不同品格优势的小标签，如诚实、勇敢、善良、尊重等。成员根据自己的理解和感受，选择最符合自己品格优势的小标签贴在自己的胸前。分享自己选择该标签的原因，并听取其他成员的意见和看法。

主题活动 2：品格故事会(建议时长：20 分钟)

活动目标：激发学生对品格优势的向往和追求，同时培养他们的表达能力和倾听能力。

活动材料：故事。

活动场地：教室。

具体操作：领导者列举有关品格优势的故事，然后让同学们分享，可以是他们自己的亲身经历，也可以是听到的或看到的他人的故事。故事可以是成功或失败的经历。让学生轮流上台分享自己的品格优势故事，要求他们生动形象地讲述故事，同时突出故事中的品格优势。

故事示例如下。

1) 宰相肚里能撑船

故事背景：三国时期的蜀国，诸葛亮去世后，蒋琬主持朝政。

故事内容：蒋琬的属下杨戏性格孤僻，讷于言语。蒋琬与他说话，他也是只应不答。有人看不惯，认为杨戏怠慢了蒋琬。蒋琬却淡然一笑，表示理解杨戏的性格，并认为这是他为人的可贵之处。

品格启示：宽容和理解他人的不同性格和行为。

2) 负荆请罪

故事背景：蔺相如因"完璧归赵"有功被封为上卿，位在廉颇之上。

故事内容：廉颇不服气，扬言要羞辱蔺相如。蔺相如得知后，尽量回避、忍让，不与廉颇发生冲突。蔺相如的门客以为他畏惧廉颇，但蔺相如表示他是为了国家利益而退让。廉颇听到后，感动不已，于是负荆请罪。

品格启示：谦让和以国家利益为重。

3) 仁义胡同

故事背景：明朝年间，山东济阳人董笃行在京城做官。

故事内容：董笃行家里盖房时与邻居发生地基纠纷。董笃行写信回家，建议家人让出几尺地方。邻居见董家如此，也主动让出地方，最终形成了一条"仁义胡同"。

品格启示：仁义和邻里和睦。

4) 孔融让梨

故事背景：孔融是东汉末年著名的文学家。

故事内容：孔融年幼时，每次和哥哥吃梨都只拿最小的。父亲问他原因，他说："我是弟弟，年龄最小，应该吃小的。"

品格启示：谦让和尊重长辈。

5) 程门立雪

故事背景：北宋时期，杨时和游酢向老师程颐求教。

故事内容：杨时和游酢在程颐休息时来到其门前，不忍打扰，静静等待老师醒来。屋外下起了大雪，两人在雪中站立，直到程颐醒来。

品格启示：尊敬师长和耐心等待。

6) 苏武牧羊

故事背景：西汉时期，苏武奉命出使匈奴。

故事内容：匈奴贵族想招降苏武，多次威胁利诱，并将他流放至北海牧羊。苏武挂着代表汉朝的符节，始终不肯背叛自己的国家。

品格启示：忠诚和坚守信念。

7) 居里夫人教子品德

故事背景：居里夫人是著名的科学家。

故事内容：居里夫人注重培养子女节俭朴实、淡泊钱财的品德。她教导女儿说，"贫困固然会带来诸多不便，但过于富裕也未必是好事。人必须依靠自己的力量，去谋求生活"。

品格启示：节俭和自力更生。

在每位学生分享完故事后，组织大家进行讨论，分享他们听后的感受，以及从故事中学到的品格优势。同时提出改进建议。

结束：小结(建议时长：5 分钟)

活动目标：总结活动中的收获和感悟。

教师总结语：今天的课程已经接近尾声，我们一起度过了一段充满思考和启发的时光。在这节课中，我们更加深入地理解了品格优势的力量，并学习了如何识别我们内在的品格优势。感谢大家今天的参与和贡献，期待在下一次课程中再次见到你们，继续我们的品格之旅。

第四单元　品格大优化

教师引导语：欢迎回到我们的品格优势训练课程。时光飞逝，转眼间我们已经共同经历了三周的学习旅程。回顾之前的课程，我相信每位同学对品格优势都有了更深刻的理解。今天，我们将继续深入，探讨如何将这些品格优势融入我们的日常生活。

热身活动：信任之旅(建议时长：5 分钟)

活动目标：让成员了解合作的重要性。

活动材料：眼罩。

活动场地：教室。

信任之旅

具体操作：参与者两人一组，其中一名成员戴上眼罩，另一名成员则负责引导。引导过程中，双方不能通过语言沟通，只能通过身体接触或环境中的声音来引导。目标是让扮演"盲人"角色的成员安全地完成一段旅程，包括上楼梯、下楼梯、转弯等动作，直到到达目的地。活动期间，所有参与者应保持沉默，只能通过身体接触或借助物体发出的声音进行引导。参与者需要尊重并倾听其他成员的意见和建议，鼓励团队成员之间互相沟通、协商和配合。

主题活动 1：优势大转盘(建议时长：15 分钟)

活动目标：增强成员对自我价值的认知，提升其自信心和自尊感。

活动材料：品格优势大转盘，如图 7-1 所示。

图 7-1　品格优势大转盘

活动场地：教室。

具体操作：领导者准备一个写有各种品格优势的大转盘，如勇敢、仁慈、公平、正直等。每个成员转动转盘，随机获得一个品格优势标签。然后，成员分享自己对这个品格优势的理解，并思考如何在生活中展现这一优势。

下面以正直为例。首先让我们简单了解一下什么是正直。正直就是诚实、公正和有勇气做正确的事情。

同学们可以这么做：在学校，不抄袭别人的作业，即使有时候作业很难，也要选择自己努力完成；在和同学们玩耍时，要确保游戏规则公平，不偏袒任何一方，让每个人都能公平竞争；如果看到有同学被欺负或受到不公正对待，要站出来说话，告诉老师或家长，帮助其解决问题；不论是在学校还是在家里，都要遵守规则。比如，按时完成作业，不迟到，不早退，等等。

主题活动 2：优势大合作(建议时长：20 分钟)

活动目标：培养成员观察、思考和总结的能力，促进个人成长和团体凝聚力的提升。

活动材料：拼图。

活动场地：教室。

具体操作：领导者准备拼图或其他有助于团体合作的玩具，确保每组有足够的拼块。成员分组进行挑战。根据同学们的品格优势进行分组，四人一组，分工合作。在完成任务的过程中，鼓励大家发挥自己的品格优势，由组内领导力强的同学带领组员一同完成挑战，同时让成员之间有效沟通，相互支持和配合，快速完成拼图。完成后，团队内部和团队之间进行经验分享和总结，强调品格优势在团队合作中的重要性。

结束：小结(建议时长：5 分钟)

活动目标：总结活动中的收获和感悟。

活动材料：奖品，可以是零食、学习用品、一些写满鼓励的小纸条等。

教师总结语：同学们今天的表现非常出色，每个人都充分发挥了自己的品格优势，并积极参与活动。你们所展现的团队精神、创造力和解决问题的能力令老师感到非常欣慰。为了表彰大家的努力和取得的成就，老师特别准备了一些奖品，希望它们能激励你们继续努力和进步。这些奖品不仅是对你们今天表现的认可，更是对你们未来潜力的期待。老师相信，只要你们继续保持这种积极的态度和不断探索的精神，未来一定能够取得更大的成就。让我们以热烈的掌声为自己今天的出色表现喝彩，同时也为即将到来的挑战做好准备！再次感谢大家今天的参与和贡献，希望你们能够享受这些奖品，并在未来的日子里继续发挥自己的品格优势，不断成长和进步。

第五单元　品格大比拼

教师引导语：首先，我要对大家在前四次课程中所展现出的热情和努力表示由衷的赞赏。你们每个人都在不断地探索和发现自己的品格优势，并且在实际生活中积极地应用它们，这让我感到非常骄傲。今天，我们将迎来第五次课，这是我们品格优势之旅中的一个重要里程碑。在这次课程中，我们将继续深入挖掘品格的力量，并学习如何将这些优势转化为我们日常生活和学习中的积极行动。让我们带着好奇心和热情，开始今天的探索之旅吧！

热身活动：品格优势速写(建议时长：5 分钟)

活动目标：活跃气氛，带动成员大脑运转。

活动材料：白纸、彩笔。

活动场地：教室。

具体操作：将成员分成小组，在规定时间内画一幅与自己品格优势相关的画，如图 7-2 所示。然后组内成员互换，绘画补充其他成员认为他身上还有什么其他品格优势。每个人分享自己的画，并说明它代表哪些品质。

图 7-2　品格优势画

主题活动 1：品格优势大比拼(建议时长：20 分钟)

活动目标：通过竞赛形式，加深学生对品格优势的理解。

活动材料：故事。

活动场地：教室。

具体操作：通过分组竞赛的形式，让学生在观看故事的过程中思考每个人身上表现了哪些品格优势。首先，将学生分成四人一组，每组成员需要共同找出故事中人物所展现的品格优势，找出品格优势最多的小组获胜。

故事示例如下。

1) 智慧与知识

小明是一位对科学充满热情的高中生。在一次科学竞赛中，他利用所学知识设计了一个能够净化污水的装置。这个装置不但高效，而且成本低廉，非常适合发展中国家使用。他的发明引起了环保组织的关注，并获得了一笔资金支持，帮助他进一步完善设计。最终，小明的装置被应用到了多个国家的污水处理厂，为环境保护做出了巨大贡献。

2) 勇气

小丽是一名女消防员。在一次严重的工厂火灾中，她带领团队深入火场，面对熊熊烈火和不断坍塌的建筑，她毫不退缩。在一次救援中，小丽发现了一个被困的小女孩，她冒着生命危险，将小女孩从火海中救了出来。这次救援行动被媒体报道后，小丽成了全国的英雄，她的勇气激励了无数人。

3) 仁爱

张老师在乡村学校教书，他发现班上有一个孩子因为家庭困难经常旷课。这个孩子的父亲因病去世，母亲身患重病，家中还有两个弟弟需要照顾。张老师不仅在学业上给予帮助，还帮助这个家庭解决了一些生活上的困难。他联系了当地的慈善机构，为这个家庭提供了食物和医疗援助。在张老师的帮助下，这个孩子得以重返校园，最终考上了大学，改变了自己的命运。

4) 正义

赵律师在一次偶然的机会了解到一个被冤枉的案件。被告是一个年轻的工人，因为证据不足被错误地指控为罪犯。尽管这个案子对他个人没有任何好处，但赵律师决定免费为被告辩护。他深入调查，收集证据，最终揭露了真相。被告被宣告无罪释放，赵律师的正义行为赢得了社会的广泛赞誉。

5) 节制

小晨是一名职业拳击手，为了参加即将到来的锦标赛，他制定了严格的训练计划和饮食规定。在训练中，他每天都要进行高强度的体能训练和技巧训练，同时还要控制饮食，避免摄入过多的脂肪和糖分。即使在朋友的生日聚会上，面对诱人的美食，小晨也坚持自己的饮食规定，只吃了一些蔬菜和瘦肉。他的节制和毅力最终帮助他在锦标赛中获得了冠军。

6) 精神卓越

艺术家小峰在创作一幅描绘自然风光的画作时，经历了多次失败和挫折。他的第一幅作品因为色彩搭配不当失败，第二幅作品因为构图不合理被批评。但小峰没有放弃，他深入研究自然风光的特点，多次到户外写生，汲取灵感。经过无数次的尝试和修改，他最终创作了一幅震撼人心的作品，这幅作品不仅色彩丰富，构图合理，而且充满了生命力和动感，赢得了国际赞誉。

7) 希望

小华被诊断出患有罕见疾病，医生告诉他治愈的希望很渺茫。面对这样的打击，小华并没有放弃，他坚信总有办法可以战胜病魔。他开始积极寻找治疗方法，查阅了大量的医学资料，联系了国内外的专家。通过不懈的努力，他终于找到了一种新的治疗方案，这种方案虽然风险较大，但有可能治愈他的疾病。在医生的指导下，小华勇敢地接受了治疗，最终病情得到了控制，他重新获得了健康。

8) 乐观

小波失业了，这对他来说是一个巨大的打击。但他没有绝望，而是选择了乐观面对。他利用这段时间学习新技能，如编程和数据分析，同时积极寻找新的工作机会。经过几个月的努力，小波终于找到了一份更好的工作，不但薪资更高，而且工作内容也更加符合他的兴趣和能力。

9) 毅力

小刚是一名登山爱好者，他一直梦想着攀登珠穆朗玛峰。在攀登过程中，他遭遇了极端天气，暴风雪和低温让他的体力和意志都受到了极大的考验。但他没有放弃，凭借坚强的毅力，他克服了重重困难，最终成功登顶。站在世界之巅，小刚感受到了前所未有的成就感和自豪感，他的毅力和勇气激励了无数人。

10) 忠诚

士兵小李在执行任务时，他的部队遭到了伏击。在混乱中，小李坚守岗位，保护了受伤的战友，并带领他们安全撤退。在撤退过程中，小李不顾自己的安危，多次返回战场，救助被困的战友。他的忠诚和勇敢得到了上级的高度赞扬，并获得了荣誉勋章。

11) 团队合作

"风暴"篮球队在决赛中落后，队员们的情绪都很低落。但队长站了出来，鼓励大家不要放弃，要相信团队的力量。在队长的带领下，队员们重新振作起来，通过默契的配合和团队精神，他们逐渐缩小了比分差距。在比赛的最后时刻，队长助攻，一名队员完成了绝杀，帮助球队逆转了比赛，赢得了冠军。这次胜利充分展示了团队合作的力量。

12) 公平

裁判老张在一场关键的足球比赛中，面对巨大的压力，他坚持公正判罚。在比赛的最后时刻，一支球队的队员在禁区内摔倒，许多人认为这是一个点球。但老张通过仔细观察，发现摔倒的队员并没有被对方队员犯规，他果断地拒绝了点球的判罚。虽然这个判罚引起了一些争议，但老张坚持自己的判断，确保了比赛的公平性。

13) 领导力

李总在公司面临危机时，展现出了卓越的领导力。公司因为市场变化和竞争对手的压力，业绩持续下滑。李总没有慌乱，他冷静地分析了形势，制定了新的发展战略。他带领团队进行了一系列改革，包括优化产品线、提高运营效率、加强市场营销等。经过一段时间的努力，公司逐渐走出了困境，并实现了业务的转型和增长。李总的领导力得到了员工和股东的高度认可。

14) 谦逊

著名科学家王教授在获得国家级奖项后，他没有骄傲自满，而是更加谦逊地继续他的研究工作。在颁奖典礼上，他感谢了所有支持和帮助过他的人，表示这个奖项属于整个团队。在获奖后的演讲中，王教授分享了自己的研究经历和心得，鼓励年轻科学家勇于探索，不断追求科学真理。

15) 宽容

小张在工作中被同事误会，他的一些建议被误解为对他人的批评。面对这种情况，小张选择了宽容对方，没有进行报复。他主动与同事沟通，解释了自己的意图，并表示愿意接受不同的意见。他的宽容最终化解了误会，两人成了好朋友，共同为团队的发展做出了贡献。

16) 创造性

发明家小李在研究过程中遇到了技术难题，他的初步设计无法满足产品的性能要求。面对这个难题，小李没有放弃，而是运用创造性思维，尝试了多种不同的设计方案。经过无数次的试验和改进，他最终发明了一种新的技术，不仅解决了问题，还显著提高了产品的性能。这项技术被广泛应用于多个领域，为社会的发展做出了重要贡献。

17) 社交智慧

心理咨询师小赵通过他的社交智慧，帮助一位客户解决了长期困扰他的人际关系问题。这位客户在与他人交往中总是感到紧张和不自在，导致他在工作和生活中遇到了很多困难。小赵通过倾听和引导，帮助客户认识到自己的问题，并教会他一些有效的沟通技巧。在小赵的帮助下，客户逐渐克服了社交恐惧，建立了更加和谐的人际关系。

18) 对美和优点的欣赏

艺术评论家小陈在一次展览中，对一幅画作的深刻理解和欣赏，不仅提升了公众对艺术的认识，还帮助他获得了更多的认可。小陈在评论中不仅分析了画作的技法和色彩，还探讨了画作所表达的情感和思想。他的评论深入浅出，既有专业的分析，也有个人的感受，让读者对艺术有了更深刻的理解和欣赏。

19）感恩

在一次自然灾害后，小镇的居民们面临着巨大的困难和挑战。但他们没有放弃，而是保持感恩的心态，共同努力重建家园。居民们感谢那些在灾难中伸出援手的人，组织了多次感恩活动，如感恩晚会、感恩墙等，表达对帮助者的感激之情。这些活动不仅增强了社区的凝聚力，还让居民们在困难中看到了希望和力量。

主题活动2：品格优势配对(建议时长：15分钟)

活动目标：掌握品格优势

活动材料：品格优势图片，如图7-3所示。

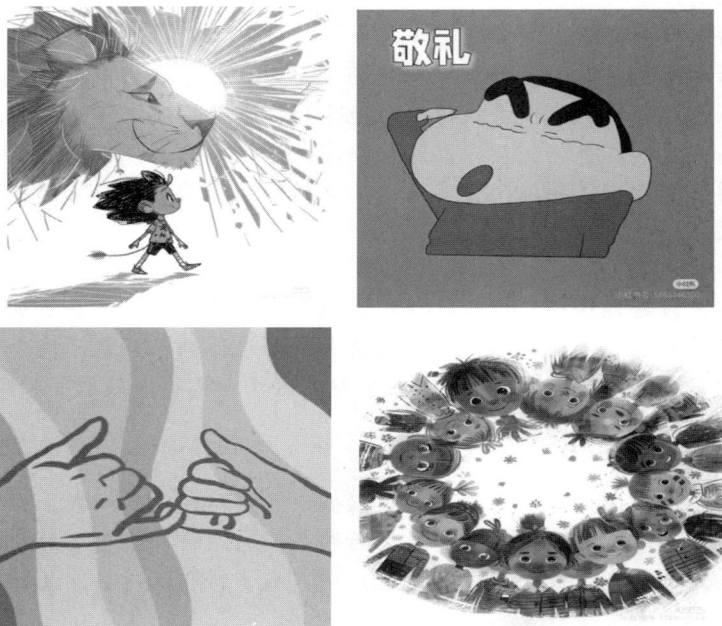

图7-3　品格优势图片

活动场地：教室。

具体操作：准备一系列品格优势图片，让学生通过观察和思考，将图片与对应的品格优势描述进行配对，以加深他们对品格优势的理解。

结束：小结(建议时长：5分钟)

活动目标：总结活动中的收获和感悟。

教师总结语：今天的课程中，我观察到大家已经充分掌握了品格优势，这让我感到非常欣慰。不论是在团队合作、解决问题时，还是在面对困难时表现出的坚韧不拔，你们都展现了令人钦佩的品质。随着今天的课程结束，我们的第五次品格优势训练也画上了圆满的句号。在过去的几周里，我们一起经历了许多有意义的活动和深入的讨论，每个人都在这个过程中获得了成长和启发。

我想对大家说，你们每个人都是独一无二的，拥有自己独特的品格优势。这些优势是你们宝贵的财富，也是你们在面对生活中的挑战时的重要支撑。我希望大家能够珍惜并继续培养这些优势。

第六单元　优势显身手

教师引导语：欢迎回到我们的品格优势训练课堂。今天，我们即将开始第六次课程，在过去的几周里，我们一起探索了品格的力量，分享了彼此的故事，也见证了每个人的成长和变化。今天，我们将继续深入挖掘品格的内涵，学习如何在不同的环境中展现和加强我们的品格优势。品格优势不仅能够指导我们的行为，还能塑造我们的思想和情感。它们是我们面对挑战时的坚实后盾，也是我们与他人建立深厚关系的桥梁。在今天的课程中，我为大家准备了一些新的活动和挑战，帮助我们更好地理解品格优势，并将其融入我们的日常生活中。让我们以今天的课程为新的起点，继续我们的品格成长之旅。

热身活动：品格优势蹲(建议时长：5 分钟)

活动目标：活跃气氛，调动成员的积极性。

活动材料：无。

活动场地：教室。

品格优势蹲

具体操作：每位成员选取一种品格优势作为自己的称呼；领导者指定一位成员开始游戏，该成员说出："[品格]蹲，[品格]蹲，[品格]蹲完，[下一个品格]蹲。"[品格]代表所选的品格优势。例如，"仁爱蹲，仁爱蹲，仁爱蹲完正义蹲"；被叫到的成员需蹲下并重复指令。游戏循环进行，最终留在场上的成员获胜。

主题活动 1：品格小剧场(建议时长：20 分钟)

活动目标：增进成员对品格优势的理解和认识。

活动材料：剧本。

活动场地：教室。

具体操作：领导者设计几个与品格优势相关的场景，如诚实面对错误、勇敢挑战困难等。成员分组进行角色扮演，模拟场景中的对话和行为。其他成员观看表演并评价表演者的品格表现，提出改进建议。

剧本示例如下。

标题：《诚实的代价》。

场景：一个社区图书馆。

角色如下。

小明：一个热心但有时过于自信的大学生志愿者，他渴望得到社区的认可和尊重。

张老师：图书馆的负责人，一个严厉却公正的人，他相信诚实和责任感是成长的关键。

小红：一个理性且富有同情心的高中生，她总是鼓励小明做正确的事。

王阿姨：社区的活跃分子，对图书馆有着深厚的感情，她对小明的失误感到失望，但也理解年轻人犯错是成长的一部分。

小风：小明的弟弟，一个好奇心旺盛的小学生，他的行为和问题常常引发小明的反思。

老张：一位退休教师，经常在图书馆阅读和写作，他对小明的行为有着深刻的见解。

剧情如下。

场景一: 图书馆内。

(张老师在检查书架,小明在一旁整理书籍。)

张老师: 小明,你今天整理书架了吗?

小明: (自信满满)当然了,张老师,我可是最细心的。

(小红走进图书馆,看到地上散落的书籍。)

小红: (惊讶)小明,这些书怎么都在地上?

小明: (尴尬)哦,这个……我刚才不小心……

(王阿姨走进来,看到混乱的场面。)

王阿姨: (失望)小明,这是怎么回事?

小明: (犹豫)我……我不太清楚。

(小风跑进来,好奇地看着地上的书。)

小风: (好奇)哥哥,这些书是不是你弄的?

小明: (沉默,内心挣扎。)

(老张慢慢走近,看着小明。)

老张: (平静)小明,诚实是一个人品格的基石。你应该知道怎么做。

场景二: 图书馆外。

(小明和小红坐在图书馆外的长椅上。)

小明: (沮丧)我知道我应该承认错误,但我害怕大家会怎么看我。

小红: (安慰)小明,你一直都是个勇敢的人。面对错误,承认它,这是成长的一部分。

(小风跑过来,坐在小明旁边。)

小风: (好奇)哥哥,你为什么要害怕呢?老师不是说过,犯错不可怕,改了就好。

小明: (深受触动)小风,你说得对。我不能因为害怕就逃避。

场景三: 图书馆内。

(小明站在张老师面前,深吸一口气。)

小明: (坚定)张老师,我刚才说谎了。是我不小心打翻了书架,我愿意承担责任。

张老师: (微笑)小明,你的诚实让我感到骄傲。我们一起整理这些书籍,这也是你成长的一部分。

(王阿姨和其他社区成员走进来,看到小明和张老师一起整理书籍。)

王阿姨: (赞许)小明,你做得很好。我们都会犯错,但重要的是我们如何面对。

(小风和其他孩子们也加入帮忙,大家一起努力整理书籍。)

结尾:

(图书馆恢复了整洁,小明感到了社区的支持和温暖。)

小明: (感慨)今天,我学到了诚实的力量。感谢大家的帮助和理解。

(社区成员鼓掌,小明感到了成长的喜悦和社区的团结。)

主题活动 2: 实践大挑战(建议时长: 15 分钟)

活动目标: 将所学的品格优势知识转化为实际行动,进一步巩固和提升品格能力。

活动材料: 无。

活动场地: 教室。

具体操作：领导者根据成员们的品格优势特点，设置一系列挑战任务，同学们可以自行选择一个挑战，回家后完成即可。

具体示例如下。

1) 诚实挑战任务

(1) 归还丢失物品：参与者需要在一周内归还至少一件他们发现的丢失物品。

(2) 承认错误：参与者需要在一周内承认并纠正他们犯下的一个错误。

(3) 诚实日记：参与者每天记录一次他们如何通过诚实行为影响他人或自己。

2) 勇气挑战任务

(1) 公开演讲：参与者需要在一周内进行至少一次公开演讲，内容可以是他们的兴趣、经历或观点。

(2) 尝试新事物：参与者需要尝试一项他们通常不敢做的事情，如学习新技能或参与新活动。

3) 同情挑战任务

(1) 帮助陌生人：参与者需要在一周内至少帮助一个陌生人，如为他们指路或帮助他们搬运重物。

(2) 邻里互助：参与者需要在一周内至少帮助一个邻居，如帮助其购物或做家务。

4) 责任感挑战任务

(1) 清理公园：参与者需要在一周内参与至少一次公园清理活动。

(2) 帮助老年人：参与者需要在一周内至少帮助一位老年人，如帮助购物或做家务。

5) 团队合作挑战任务

(1) 社区清洁：参与者需要在一周内参与至少一次社区清洁活动。

(2) 筹款活动：参与者需要在一周内参与至少一次筹款活动，为社区项目筹集资金。

结束：小结(建议时长：5分钟)

活动目标：总结活动中的收获和感悟。

教师总结语：今天我们体验了品格优势在生活中的重要作用，我相信，通过这些活动，你们不仅对自己的品格有了更深刻的认识，也会在面临挑战时更加坚韧。通过今天的学习，希望同学们能够将品格优势运用到生活和学习中去。感谢大家的积极参与，我们下次见。

第七单元　优势小竞赛

教师引导语：欢迎来到我们品格优势训练的第七次课程。今天我们将通过一个特别的活动——"优势小竞赛"，进一步探索和展示我们的优势。优势小竞赛是一次展示团队协作、创新思维和个人品格优势的机会。它不仅是一场竞赛，还是一次学习和成长的经历。在今天的活动中，我期待看到大家如何运用自己的智慧、勇气、同情心和其他品格优势来应对挑战。请大家记住，竞赛的结果并不是最重要的，重要的是我们在过程中的体验和学习。我鼓励大家保持积极的态度，享受竞赛带来的乐趣，同时相互尊重，展现出我们最好的自己。现在，让我们以饱满的热情和开放的心态，迎接今天的优势小竞赛。准备好了吗？让我们开始吧！

热身活动：同舟共济(建议时长：5 分钟)

活动目标：活跃气氛，唤起积极情绪。

活动材料：报纸。

活动场地：教室。

具体操作：全体成员分为 8～10 人一组。将报纸看作本小组在落水时唯一的一艘救生艇，请小组想办法让尽可能多的人站到报纸上获救。看哪一组获救的人最多，团体分享感受。

主题活动 1：优势分享会(建议时长：15 分钟)

活动目标：增强成员们的责任感和使命感，为成为优秀的品格小英雄打下坚实基础。

活动材料：品格优势证书。

活动场地：教室。

具体操作：同学们完成"同舟共济"挑战任务后，相聚一堂，分享自己的实践经历和收获。其他成员倾听并给予反馈，肯定他们在实践中展现出的品格优势。教师为完成挑战的同学颁发"诚信之星""勇气勋章""同情之星""团队合作奖""责任之星"等证书，鼓励他们在生活中坚持运用品格优势。

主题活动 2：优势知识竞赛(建议时长：20 分钟)

活动目标：引导成员深入了解品格优势，发现自己在日常生活中的优势，并学习如何在不同场合中展现和运用这些优势。

活动材料：知识竞赛题目。

活动场地：教室。

具体操作：首先，通过一场知识竞赛，让成员回答关于品格优势的问题，巩固和拓展他们对品格优势的认识。

题目示例如下。

品格优势知识竞赛的题目应该围绕品格优势的定义、类型、重要性以及如何在日常生活中运用这些优势展开。

一、选择题

1. 以下(   )不是常见的品格优势。

    A. 诚实   B. 勇敢   C. 懒惰   D. 同情

2. 品格优势的培养能(   )。

    A. 提高社交能力   B. 增强自我控制能力

    C. 降低生活质量   D. A 和 B

3. (   )不属于传统意义上的"五大品格优势"。

    A. 智慧   B. 勇气   C. 正义   D. 财富

4. 根据积极心理学，品格优势可以(   )。

    A. 降低幸福感   B. 增强心理韧性   C. 增加焦虑感   D. 减少社交活动

5. (   )是"自我控制"这一品格优势的体现。

    A. 冲动购物   B. 坚持节食计划

    C. 过度使用社交媒体   D. 经常迟到

6. 在团队中，(　　)最能体现"团队精神"这一品格优势。

　　A. 独自完成任务　　　　　　　　B. 与团队成员分享成功

　　C. 忽视团队成员的贡献　　　　　D. 只关注个人成就

7. 品格优势的培养对于(　　)没有直接影响。

　　A. 个人道德发展　　B. 社会关系建立　　C. 身体健康状况　　D. 职业成功

8. (　　)以其"坚韧不拔"的品格优势而闻名。

　　A. 爱因斯坦　　　　B. 马丁·路德　　　C. 拿破仑　　　　D. 所有选项

二、判断题

1. 品格优势是与生俱来的，无法通过后天努力来提升。(对/错)

2. 团队合作中，展现领导力不是一种品格优势。(对/错)

三、简答题

请简述诚实这一品格优势在日常生活中的重要性。

四、情景分析题

你的朋友在一次重要的考试中作弊，你发现了这一行为。请说明你会如何运用正直和勇气这两种品格优势来处理这一情况。

五、案例研究题

阅读以下案例：一个学生在团队项目中承担了大部分工作，而其他成员则没有多大贡献。请分析这个学生可能展现了哪些品格优势，并讨论如何平衡团队中的工作分配。

结束：小结(建议时长：5 分钟)

活动目标：总结活动中的收获和感悟。

教师总结语：今天，通过品格优势知识竞赛，我们不仅检验了大家对品格优势知识的掌握，还看到了大家如何将这些品格优势应用到实际行动中。每个人的积极参与和出色表现都让我感到无比欣慰。这是老师给大家准备的奖品，希望同学们能继续保持自身的品格优势。随着今天的课程结束，我们这次品格优势训练已经接近尾声。在接下来的最后一次课中，我期待听到你们每个人的分享和反思。让我们共同期待下一次聚会。

第八单元　英雄分别会

教师引导语：今天我们聚集在这里，不仅是为了完成我们品格优势训练的最后一次课程，更是为了庆祝我们共同走过的这段旅程。这八次课程中，我们一起学习、一起成长，每个人都在这个过程中展现了自己独特的品格优势。下面让我们一同走进最后一堂课。

热身活动：优点接龙(建议时长：5 分钟)

活动目标：活跃气氛，增强团队凝聚力。

活动材料：白纸、笔。

活动场地：教室。

具体操作：团体成员围成一圈站立，在每位成员的背后贴上一张白纸。请大家认真思考，你面前的同学在这些天的训练中给你留下了怎样的印象，他现在的表现与刚参加团体时相比有何不同，他在参加团体辅导后有哪些变化。思考后，请将自己的感受写在对方背后的白纸上。一位成员完成后，再换另一位成员，依次类推，争取为每位成员留下你的祝福和建议。当每个人都完成一圈后，每位成员可以细细阅读他人写下的祝福，并对他人表达深深的感激。

主题活动：品格优势宣言(建议时长：35 分钟)

活动目标：使成员在生活中更好地发挥和运用这些优势。

活动材料：无。

活动场地：教室。

具体操作：领导者引导成员们思考，在未来的学习和生活中，我们应如何更好地发挥和运用自己的品格优势。

成员们共同制定一份"品格优势宣言"，明确自己在未来要发扬哪些品格优势，以及如何付诸实践。

宣言示例如下。

我(同学的名字)在此郑重宣言：

我将诚实作为我言行的基石，无论何时何地，我都将坚持真理，不欺骗、不隐瞒。

我将以勇气面对生活中的挑战，不畏艰难，勇敢追求我的梦想和目标。

我将展现同情心，对他人的痛苦和需求给予理解和帮助，传递爱与关怀。

我将致力于自我成长，不断学习，提升自我，以实现个人潜能的最大化。

我将公正无私，对待每一个人都给予平等的尊重和机会，维护正义。

我承诺，无论遇到何种困难和诱惑，都将坚守这些品格优势，让它们成为我人生旅途中的指南和力量。

结束：小结(建议时长：5 分钟)

活动目标：总结活动中的收获和感悟，升华团体辅导活动的意义与价值。

教师总结语：虽然这次课程已落下帷幕，但它标志着你们品格成长新篇章的开启。我希望你们能带着在这里学到的知识和经验，勇敢地迈向未来，不断探索，不断前进。最后，我想用一句话来结束我们的课程，"品格优势的光芒，将照亮你们前行的道路"。谢谢大家，祝你们未来充满希望和成功。

附　　录

24 项品格优势测试问卷

"每一天，在不同场合尽量展现你突出的优势，以得到最多的满足与真正的幸福。"

姓名：_____

1. 好奇心，对世界的兴趣

(1) "我对世界总是充满好奇"，这句话(　　)。

A. 非常符合我

B. 符合我

C. 既没有符合，也没有不符合

D. 不符合我

E. 非常不符合我

(2) "我很容易感到厌倦"，这句话(　　)。

A. 非常符合我

B. 符合我

C. 既没有符合，也没有不符合

D. 不符合我

E. 非常不符合我

2. 喜爱学习

(1) "每次学新东西我都很兴奋"，这句话(　　)。

A. 非常符合我

B. 符合我

C. 既没有符合，也没有不符合

D. 不符合我

E. 非常不符合我

(2) "我从来不会特意去参观博物馆或其他教育性场所"，这句话(　　)。

A. 非常符合我

B. 符合我

C. 既没有符合，也没有不符合

D. 不符合我

E. 非常不符合我

3. 判断力、判断性思维、思想开发

(1) "不管是什么主题，我都可以很理性地去思考它"，这句话(　　)。

A. 非常符合我

B. 符合我

C. 既没有符合，也没有不符合

D. 不符合我

E. 非常不符合我

(2) "我通常会很快做出决定"，这句话(　　)。

A. 非常符合我

B. 符合我

C. 既没有符合，也没有不符合

D. 不符合我

E. 非常不符合我

4. 创造性、实用智慧、街头智慧

(1) "我喜欢以不同的方式去做事情"，这句话(　　)。

A. 非常符合我

B. 符合我

C. 既没有符合，也没有不符合

D. 不符合我

E. 非常不符合我

(2) "我的大多数朋友都比我有想象力"，这句话(　　)。

A. 非常符合我

B. 符合我

C. 既没有符合，也没有不符合

D. 不符合我

E. 非常不符合我

5. 社会智慧、个人智慧、情商

(1) "无论是什么样的社会情景我都能轻松愉快地融入"，这句话(　　)。

A. 非常符合我

B. 符合我

C. 既没有符合，也没有不符合

D. 不符合我

E. 非常不符合我

(2) "我不太知道别人在想什么"，这句话(　　)。

A. 非常符合我

B. 符合我

C. 既没有符合，也没有不符合

D. 不符合我

E. 非常不符合我

6. 洞察力

(1) "我可以看到问题的整体大方向"，这句话(　　)。

A. 非常符合我

B. 符合我

C. 既没有符合，也没有不符合

D. 不符合我

E. 非常不符合我

(2) "很少有人来找我求教"，这句话(　　)。

A. 非常符合我

B. 符合我

C. 既没有符合，也没有不符合

D. 不符合我

E. 非常不符合我

7. 勇敢与勇气

(1) "我常常面对强烈的反对"，这句话(　　)。

A. 非常符合我

B. 符合我

C. 既没有符合，也没有不符合

D. 不符合我

E. 非常不符合我

(2) "痛苦和失望常常打倒我"，这句话(　　)。

A. 非常符合我

B. 符合我

C. 既没有符合，也没有不符合

D. 不符合我

E. 非常不符合我

8. 毅力、勤勉、勤劳

(1) "我做事都有始有终"，这句话(　　)。

A. 非常符合我

B. 符合我

C. 既没有符合，也没有不符合

D. 不符合我

E. 非常不符合我

(2) "我做事时常会分心"，这句话(　　)。

A. 非常符合我

B. 符合我

C. 既没有符合，也没有不符合

D. 不符合我

E. 非常不符合我

9. 正直、真诚、诚实

(1) "我总是信守承诺"，这句话(　　)。

A. 非常符合我

B. 符合我

C. 既没有符合，也没有不符合

D. 不符合我

E. 非常不符合我

(2) "我的朋友从来没说过我是个实在的人"，这句话(　　)。

A. 非常符合我

B. 符合我

C. 既没有符合，也没有不符合

D. 不符合我

E. 非常不符合我

10. 仁慈与慷慨

(1) "上个月我曾主动帮助他人"，这句话(　　)。

A. 非常符合我

B. 符合我

C. 既没有符合，也没有不符合

D. 不符合我

E. 非常不符合我

(2) "我对别人的好运不像对我自己的好运那样激动"，这句话(　　)。

A. 非常符合我

B. 符合我

C. 既没有符合，也没有不符合

D. 不符合我

E. 非常不符合我

11. 爱与被爱

(1) "在我的生活中，有很多人给予我关心，让我感受到幸福，他们就像关心自己一样关心着我"，这句话(　　)。

A. 非常符合我

B. 符合我

C. 既没有符合，也没有不符合

D. 不符合我

E. 非常不符合我

(2) "我不太习惯接受别人对我的爱"，这句话(　　)。

A. 非常符合我

B. 符合我

C. 既没有符合，也没有不符合

D. 不符合我

E. 非常不符合我

12. 公民精神、责任、团队精神、忠诚

(1) "为了集体，我会尽最大努力"，这句话(　　)。

A. 非常符合我

B. 符合我

C. 既没有符合，也没有不符合

D. 不符合我

E. 非常不符合我

(2) "我对牺牲自己利益去维护集体利益很犹豫"，这句话(　　)。

A. 非常符合我

B. 符合我

C. 既没有符合，也没有不符合

D. 不符合我

E. 非常不符合我

13. 公平与公正

(1) "我对所有人一视同仁，不管他是谁"，这句话(　　)。

A. 非常符合我

B. 符合我

C. 既没有符合，也没有不符合

D. 不符合我

E. 非常不符合我

(2) "如果我不喜欢这个人，我很难公正地对待他"，这句话(　　)。

A. 非常符合我

B. 符合我

C. 既没有符合，也没有不符合

D. 不符合我

E. 非常不符合我

14. 领导力

(1) "我可以让人们为了共同的目标而努力，而且不必反复催促"，这句话(　　)。

A. 非常符合我

B. 符合我

C. 既没有符合，也没有不符合

D. 不符合我

E. 非常不符合我

(2) "我对计划集体活动不太在行"，这句话(　　)。

A. 非常符合我

B. 符合我

C. 既没有符合，也没有不符合

D. 不符合我

E. 非常不符合我

15. 自我控制

(1) "我可以控制我的情绪"，这句话(　　)。

A. 非常符合我

B. 符合我

C. 既没有符合，也没有不符合

D. 不符合我

E. 非常不符合我

(2) "我的节食计划总是虎头蛇尾，半途而废"，这句话(　　)。

A. 非常符合我

B. 符合我

C. 既没有符合，也没有不符合

D. 不符合我

E. 非常不符合我

16. 谨慎、小心

(1) "我避免参与有身体危险的活动"，这句话(　　)。

A. 非常符合我

B. 符合我

C. 既没有符合，也没有不符合

D. 不符合我

E. 非常不符合我

(2) "我有时交错了朋友或找错了恋爱对象"，这句话(   )。

A. 非常符合我

B. 符合我

C. 既没有符合，也没有不符合

D. 不符合我

E. 非常不符合我

17. 谦虚

(1) "当人们称赞我时，我常转移话题"，这句话(   )。

A. 非常符合我

B. 符合我

C. 既没有符合，也没有不符合

D. 不符合我

E. 非常不符合我

(2) "我常常谈论自己的成就"，这句话(   )。

A. 非常符合我

B. 符合我

C. 既没有符合，也没有不符合

D. 不符合我

E. 非常不符合我

18. 对美和卓越的欣赏

(1) "在过去的这个月，我曾被音乐、艺术、戏剧、电影、运动、科学或数学等领域的某一个方面感动"，这句话(   )。

A. 非常符合我

B. 符合我

C. 既没有符合，也没有不符合

D. 不符合我

E. 非常不符合我

(2) "我去年没有创造出任何美的东西"，这句话(   )。

A. 非常符合我

B. 符合我

C. 既没有符合，也没有不符合

D. 不符合我

E. 非常不符合我

19. 感恩

(1) "即使别人帮我做了很小的事情，我也会说谢谢"，这句话(   )。

A. 非常符合我

B. 符合我

C. 既没有符合，也没有不符合

D. 不符合我

E. 非常不符合我

(2) "我很少停下来想想自己有多幸运"，这句话(　　)。

A. 非常符合我

B. 符合我

C. 既没有符合，也没有不符合

D. 不符合我

E. 非常不符合我

20. 希望、乐观、展望未来

(1) "我总是看到事情美好的一面"，这句话(　　)。

A. 非常符合我

B. 符合我

C. 既没有符合，也没有不符合

D. 不符合我

E. 非常不符合我

(2) "我很少对要做的事情有周详的计划"，这句话(　　)。

A. 非常符合我

B. 符合我

C. 既没有符合，也没有不符合

D. 不符合我

E. 非常不符合我

21. 灵性、目标感、信仰

(1) "我对生命有强烈的目标感"，这句话(　　)。

A. 非常符合我

B. 符合我

C. 既没有符合，也没有不符合

D. 不符合我

E. 非常不符合我

(2) "我的生命没有目标"，这句话(　　)。

A. 非常符合我

B. 符合我

C. 既没有符合，也没有不符合

D. 不符合我

E. 非常不符合我

22. 宽恕与慈悲

(1) "过去的事情，我都让它过去"，这句话(　　)。

A. 非常符合我

B. 符合我

C. 既没有符合，也没有不符合

D. 不符合我

E. 非常不符合我

(2) "有仇不报非君子，总要报了才甘心"，这句话(　　)。

A. 非常符合我

B. 符合我

C. 既没有符合，也没有不符合

D. 不符合我

E. 非常不符合我

23. 幽默

(1) "我总是尽量将工作与玩耍融合在一起"，这句话(　　)。

A. 非常符合我

B. 符合我

C. 既没有符合，也没有不符合

D. 不符合我

E. 非常不符合我

(2) "我很少说好玩的事"，这句话(　　)。

A. 非常符合我

B. 符合我

C. 既没有符合，也没有不符合

D. 不符合我

E. 非常不符合我

24. 热忱、热情、热衷

(1) "我对每一件事情都全力以赴"，这句话(　　)。

A. 非常符合我

B. 符合我

C. 既没有符合，也没有不符合

D. 不符合我

E. 非常不符合我

(2) "我做事老是拖拖拉拉"，这句话(　　)。

A. 非常符合我

B. 符合我

C. 既没有符合，也没有不符合

D. 不符合我

E. 非常不符合我

(资料来源：[美]马丁·塞利格曼(Martin E. P. Seligman). 活出最乐观的自己[M]. 洪兰，译.

沈阳：万卷出版公司，2010.)

![本章小结图标] 本章小结

　　团体领导者在开展品格优势训练前，需精心设计团体心理辅导方案，明确团体性质、团体名称、团体目标、团体领导者、团体对象与规模、团体活动时间及频率、团体设计理论依据、团体活动场所和团体评估方法。在团体实施前，要依据团体方案规划好每次团体的热身活动、主题活动与结束活动，方案中需详细注明每项活动所需的材料和时间。

　　本章通过我们的小世界(相识相知)、优势大探索(认识品格优势)、品格大寻宝(发现自我品格优势)、品格大优化(提升品格优势)、品格大比拼(掌握品格优势)、优势显身手(运用品格优势)、优势小竞赛(加强品格优势)、英雄分别会(总结)八个单元的实施，促进学生认识并发展自己的品格优势，从而提升自我价值感和自信心。

![思考题图标] 思考题

　　1. 小学生品格优势训练主题团体方案设计的主要内容是什么？
　　2. 品格优势训练主题团体在不同发展阶段设计的重点是什么？

第八章　创造力训练

课程目标

知识目标：学生通过八个单元的亲身体验描述创造力训练活动的理论基础，阐明其常用技术和评估方法，并分析不同单元对学生心理成长发展的作用。

能力目标：学生能够结合体验过的创造力训练，根据不同年龄段学生的特点设计出符合学生心理成长的创造力训练方案。在实施方案中，学生能够高效地组织、领导、沟通，并分析解决问题，独立带领团体。

素质目标：学生在体验与感悟中树立投身基础教育的职业理想，坚定心理育人的教育情怀。

重点与难点

➤ 小学生创造力训练方案设计的内容。
➤ 小学生创造力训练方案的实施。

第一节　创造力训练方案的筹划

一、团体性质与团体名称

团体性质：结构式、封闭式团体。
团体名称：奇思妙想队。

二、团体目标

1. 总目标

团体总目标为帮助成员培养和进一步发展其自身的创造力，让成员在活动中发现创造的意义和乐趣。

2. 具体目标

(1) 团体成员能够学会保持好奇心。
(2) 团体成员能够充分发挥想象力。
(3) 团体成员能够具有一定的冒险精神。
(4) 团体成员能够掌握培养思维的灵活性、独创性、流畅性的方法。
(5) 团体成员能够重视创造力的培养。

三、团体领导者

团体领导者需熟悉团体心理辅导的基础理论，并具有一定个案咨询和带领团体的经验。

四、团体对象与规模

参加对象：小学中高年级学生。

团体成员人数：每个团体人数为 4～6 人，预计组建 7～8 个团体。

五、团体活动时间及频率

活动安排为每周一次，共 8 个单元，每个单元时长为 45 分钟。

六、团体设计理论依据

1. 创造力投资理论

创造力投资理论认为，创造力应从资源、能力、观念、评价这四个维度来理解。只有智力过程、知识、思维风格、个体特征、动机和环境这六种资源有效整合，才能产生高创造力。随后提出者又进一步指出，创造力是一种习惯，并非个体天生的能力，而是个体对生活的一种态度。高创造力个体倾向于采用新颖原创的方法去解决问题，而不是不经过思考就给出答案。

2. 创造性人才=创造性思维+创造性人格

我国著名心理学家、教育家林崇德认为，创造力是个体根据一定目的，运用所有已知信息，产生出具有新颖性、独特性、社会意义或个人价值的产品的智力品质。它既指思维过程，也指思维产品，即以某种形式存在的思维成果；它既可以是新概念、新思想、新理论，也可以是新技术、新工艺、新作品。因此，他提出了"创造性人才=创造性人格"，这也是本单元团体辅导活动方案设计的指导思想。

3. 积极心理学理论

积极心理学的研究范畴包括对创造力的训练和培养。因为积极心理学是研究人类积极品质和力量的学科，所以它会关注人的积极情绪体验、积极人格特征以及创造力等积极心理状态。积极心理学认为，个体的积极心理品质不仅关系到个人的身心健康，也与社会的和谐进步紧密相关。在积极心理学的视角下，创造力被视为个体积极心理特征的一部分，是推动个体实现自我潜能和美好生活的重要力量。

积极心理学通过研究个体的积极心理特征(如乐观、勇气、爱与被爱的能力等)促进个体的创造力发展。此外，积极情绪的扩展与建构理论也指出积极情绪能够扩展个体的思维和行为模式，从而有助于创造力的发挥。因此，积极心理学理论为个体创造力的培养提供了重要支撑。

七、团体活动场所

团体活动场所为封闭、空旷、安静的教室或操场。

八、团体评估方法

通过学生自身感受和指导教师感受的对比，我们进行了托兰斯创造性思维测验(流畅性、灵活性、独创性)和威廉斯创造力倾向测量表(冒险性、好奇心、想象力、挑战性)的前测、后测。具体如附表 1 所示。

九、团体方案

团体方案如表 8-1 所示。

表 8-1　团体方案

次　序	活动主题	活动目标	活动内容及时间
第一单元	很高兴认识你	(1) 建立团体意识，营造和谐的团体氛围 (2) 澄清团体活动目标 (3) 激发团体成员参与兴趣 (4) 制定团体规范，签订团体契约	(1) 创意的昵称(5 分钟) (2) 独特的你我(15 分钟) (3) 共同的约定(20 分钟) (4) 小结(5 分钟)
第二单元	创造力的起点 ——好奇心	(1) 帮助团体成员激发好奇心 (2) 培养团体成员好奇的能力 (3) 让团体成员学会在日常生活中保持好奇心	(1) 猜猜"它"是谁(5 分钟) (2) 神秘的箱子(15 分钟) (3) 十万个为什么(20 分钟) (4) 小结(5 分钟)
第三单元	创造力的先导 ——想象力	(1) 帮助团体成员充分发挥想象力 (2) 培养和提高团体成员想象的能力	(1) 动物园里没有什么(5 分钟) (2) "是"或"不是"(15 分钟) (3) 我是小作家(20 分钟) (4) 小结(5 分钟)
第四单元	创造力的要素 ——冒险性	(1) 培养团体成员的冒险精神 (2) 培养团体成员勇于挑战困难的精神	(1) 虾或吓(5 分钟) (2) 盲人摸箱(15 分钟) (3) 独木桥(20 分钟) (4) 小结(5 分钟)
第五单元	创造力的关键 ——流畅性	(1) 培养团体成员的思维流畅性 (2) 帮助团体成员打破固有思维 (3) 引导团体成员运用多种方法解决问题	(1) 帮帮小明(5 分钟) (2) 我是设计师(20 分钟) (3) 公平的桃子(15 分钟) (4) 小结(5 分钟)
第六单元	创造力的基础 ——灵活性	(1) 帮助团体成员提高思维的灵活性 (2) 帮助团体成员改变刻板的思维方式 (3) 让团体成员学会灵活思考问题	(1) 是非颠倒(5 分钟) (2) 脑筋急转弯(20 分钟) (3) emoji 大作战(15 分钟) (4) 小结(5 分钟)
第七单元	创造力的本质 ——独创性	(1) 培养团体成员独立思考问题的能力 (2) 培养团体成员在解决问题时创新思考的能力 (3) 引导团体成员通过独立思考产生新的想法和见解	(1) 如此断句(5 分钟) (2) 你说我画他猜(20 分钟) (3) 变废为宝(15 分钟) (4) 小结(5 分钟)
第八单元	开心落幕	(1) 帮助团体成员梳理团体中的学习与收获 (2) 升华团体辅导活动的意义与价值	(1) 与"昵"握手(5 分钟) (2) 我是小作家(20 分钟) (3) 创造力便签(15 分钟) (4) 小结(5 分钟)

第二节　创造力训练方案的实施

第一单元　很高兴认识你

热身活动：创意的昵称(建议时长：5 分钟)

活动目标：活跃气氛，加速学生之间的了解，消除彼此之间的拘束感。

活动材料：无。

活动场地：教室。

教师引导语：欢迎各位同学加入我们这个为期八个单元的创造力培养团体心理辅导课程。从这一刻起，我们就是一个团结的大家庭。老师会扮演家长的角色，而每一位同学都是这个家庭中不可或缺的成员。为了让我们这个大家庭的氛围更加活跃，我们即将开始一个有趣的热身活动——"创意的昵称"。通过这个活动，我们不仅能增进彼此的了解，还能激发我们的创造力和想象力。请大家积极参与，让我们在轻松愉快的氛围中开启这段探索自我、激发潜能的旅程。

具体操作：老师将学生分成若干组，每组为 4～6 人。每组的小组成员彼此伸出双手围成一个圆圈，分成几个小组就围成几个圆圈。老师在每个组里分别任意叫一位学生，让其进行自我介绍，要求自我介绍的内容是"我是×××(有创意的昵称或小名)"。按照顺时针方向轮流进行自我介绍，但第二名学生要说"我是×××(第一名同学的昵称)后面的×××(自己的昵称)"。要注意每个同学的昵称不可重复，且在整个第一单元活动期间，同学们要一直称呼昵称而不是真名。依次进行下去，直至最后介绍的学生要将前面所有同学的昵称和自己的昵称重复一遍。

例如，第一名同学说"我是小葵花"，第二名同学应说"我是小葵花后面的小老虎"，第三名同学则说"我是小葵花后面的小老虎后面的黑框眼镜"。依次类推，直到小组内最后一个同学介绍完毕，都不可以有重复的昵称出现。

主题活动 1：独特的你我(建议时长：15 分钟)

活动目标：进一步加深对彼此的了解。

活动材料：无。

活动场地：教室。

教师引导语：通过刚才的"创意的昵称"小游戏，大家都充满活力了吧？现在让我们趁热打铁，进一步加深对彼此的了解。接下来，我们将开展第二个活动——"独特的你我"。这不仅能增进我们的友谊，还能激发我们的创造力和想象力。让我们在轻松愉快的氛围中开启这段探索自我、发现彼此的旅程。

具体操作：首先，老师随机选择一名学生，要求他/她说出另一名同学的一个特点。需要注意的是，不能说学生的真名，而是要说在"创意的昵称"活动中起的昵称，以便于拉近师生之间的距离。该同学说完一个特点后，再继续点名被自己说特点的同学说出另一位同学的一个特点。注意每个人回答的特点不能重复，要保证每个人都有一个独一无二的特点。依次类推，直至每个同学都发言为止。

例如，老师说"请小葵花说出黑框眼镜的一个特点"，小葵花回答完之后，再由小葵花点名"请黑框眼镜说出小老虎的一个特点"，黑框眼镜回答完之后，再由黑框眼镜点名"请小老虎说出小喇叭的一个特点"，依次类推，直至每位同学都发言为止。

主题活动 2：共同的约定(建议时长：20 分钟)

活动目标：保证团体活动的顺利进行，促进良好团体氛围的形成。

活动材料：A4 纸、签字笔。

活动场地：教室。

教师引导语：经过刚才的"独特的你我"活动，同学们对彼此有了更深入的了解。俗话说，"家丑不可外扬"，我们在这里的交流和分享都是宝贵的隐私，需要我们共同守护。因此，现在请大家集中讨论，制定我们的保密规则和活动契约。我们要确保，不论是对爸爸、妈妈，还是对外界，我们都能保守这个大家庭的秘密。通过制定规则，我们可以建立信任，创造一个安全、开放的交流环境。让我们一起努力，维护这个大家庭的和谐与团结。现在大家可以讨论一下我们的保密规则和活动契约。

具体操作：讨论本团体成员在参加团体活动过程中应该遵守哪些规则，领导者将所有的讨论结果汇总，最终形成本团体的活动契约，并请每位同学在活动契约上签字。

结束：小结(建议时长：5 分钟)

活动目标：总结活动中的收获和感悟。

教师总结语：在咱们这个大家庭的第一个单元里，我们的主要任务是促进彼此的了解，并共同制定团体契约。通过这一系列的活动，我希望大家能够获得一些深刻的感悟和成长。作为这个家庭的家长，我有幸与大家共同度过了这段宝贵的时光，对每位成员都有了更深的认识。我感到非常欣慰，也对大家充满了期待。

我希望大家能够严格遵守我们共同制定的契约，做一个诚实守信的好孩子。这份契约不仅是我们相互之间的承诺，还是我们对自我的约束和要求。遵守契约，意味着我们要对自己和他人负责，要尊重每个人的隐私和感受。我相信，只要我们每个人都能做到这一点，我们的大家庭就会更加和谐，我们的团体心理辅导活动也会更加顺利。

让我们一起努力，用诚信和尊重去维护这个大家庭的团结和温馨。我相信，通过我们的共同努力，我们一定能够收获更多的友谊、信任和成长。让我们携手前行，共创一个充满爱与支持的美好家园。

第二单元　创造力的起点——好奇心

热身活动：猜猜"它"是谁(建议时长：5 分钟)

活动目标：活跃气氛，增进认识，消除彼此之间的拘束感，引起学生对事物的好奇心。

活动材料：空白便利贴。

活动场地：教室。

教师引导语：著名幼儿教育家陈鹤琴先生曾指出，儿童天生具有对世界的强烈好奇心和探索欲，这种好奇心是推动儿童发展的关键因素。那么，我们这些大朋友是否还保持着这份宝贵的好奇心呢？好奇心究竟能带领我们走向何方？为了激发大家的好奇心，我们先来玩一个热身小游戏——"猜猜'它'是谁"。通过这个简单的游戏，我们可以观察和体验好奇心如何引导我们去探索未知，激发我们的想象力和创造力。让我们在轻松愉快的氛围中，开启对好奇心的探索之旅，看看它能带我们走向多远的未来。

具体操作：老师给每位学生发一张空白便利贴，让每位学生在便利贴的背面写上一种动物、水果或蔬菜的名称，并根据这种动物、水果或蔬菜的特点，在便利贴的正面写一句话。例如，在便利贴背面写"松鼠"，然后在便利贴正面写"躲在自己尾巴下乘凉的精致小动物"；在便利贴背面写"橘子"，在便利贴正面写"白花如散雪，朱实似悬金的水果"。每位同学将便利贴贴在课桌上，正面朝上。同时，要确保便利贴贴得牢固。

将学生分成若干组，每组为4～6人。同时，将学生聚集在教室外面，按照小组顺序，每组依次进入教室查看课桌上的便利贴内容，并在最能引起自己好奇心的便利贴上画一个对号。

当所有小组都完成后，让学生们回到自己的座位上，看看哪位学生的便利贴被画对号最多。选出5张被对号标记最多的便利贴，贴在黑板上。老师向大家提问："都有谁给黑板上的便利贴打了对号？可以说说打对号的理由吗？"在得到学生的回答后，老师继续提问："除了便利贴的主人，还有谁能猜出这5张便利贴的答案吗？"再次得到学生的回答后，老师公布答案。

主题活动1：神秘的箱子(建议时长：15分钟)

活动目标：激发学生的好奇心。

活动材料：空白小纸片，贴着红色问号贴纸的箱子，不同颜色的棒棒糖(棒棒糖放入箱子中)。

活动场地：教室。

教师引导语：刚才的热身活动已经点燃了大家的好奇心，现在，让我们将这份好奇心转化为对接下来活动的期待。请大家集中注意力，因为接下来的环节将更加精彩有趣。我们将通过一系列精心设计的活动，进一步激发大家的想象力和创造力，让每位成员都能在轻松愉悦的氛围中得到成长和启发。请大家做好准备，让我们共同期待并享受即将到来的有趣体验，让好奇心成为我们探索未知世界的翅膀。

具体操作：首先，老师给每位同学发放一张空白小纸片，并拿出一个贴有红色问号贴纸的箱子放在讲台上，让学生们仔细观察这个箱子。等每位学生都观察完后，老师向学生提问："你们看到这个箱子时，脑海中浮现的第一个疑问是什么？"让学生思考片刻后，老师将箱子打开，向大家展示箱子里面不同颜色的棒棒糖。

其次，老师将学生分成若干组，每组为4～6人。每组派一个代表领取两个棒棒糖。需要注意的是，学生不可以打开棒棒糖或者吃掉棒棒糖，而是让每个学生观察棒棒糖，并提出一个问题写在纸上。

再次，让每个人拿着自己的问题纸条，依次与其他学生进行比对。如果问题一致，就在对方的纸条背面签上自己的名字，然后继续去找下一位同学进行比对；如果问题不一致，什么也不用做，继续寻找下一位同学。

最后，活动时间结束，学生们应回到座位上坐好。手中纸条背面没有人签名、是空白的学生，将自己的纸条内容写在黑板上。老师将黑板上的纸条内容向大家分享，并让纸条的主人向大家分享自己为什么会提出这个问题。

主题活动 2：十万个为什么(建议时长：20 分钟)

活动目标：学会对身边的事物或者自己的生活产生兴趣，保持好奇，并尝试着解决问题。

活动材料：无。

活动场地：教室。

教师引导语：好奇心是我们探索世界的原动力，它让我们对生活中的点点滴滴都充满疑问，就像我对"事不过三"这个说法的好奇一样，它激发我去思考和寻找答案。我逐渐理解，不论是宽容还是妥协，我们都应该设定一个界限，以避免重复的伤害。当一件事情两次伤害了我们，我们就不应该再给它第三次机会。这便是"事不过三"的深层含义。

我相信，每个人都会有自己好奇的问题。现在，让我们带着这份好奇心，进入我们的"十万个为什么"环节。在这里，大家可以自由地提出自己的疑问，分享自己的好奇心。通过这个活动，我们不仅能满足自己的好奇心，还能相互启发，共同成长。让我们在探索中发现更多，让好奇心成为我们前进的动力。

具体操作：首先，老师向学生提问："为什么人们都说'上厕所、下厨房'？"给出时间让学生们仔细思考，并鼓励学生踊跃回答。得到学生的回答之后，老师公布答案，因为古代房子坐北朝南，厕所在北边，厨房在南边，古人的方位观是北为上、南为下，因此是"上厕所、下厨房"。

其次，让学生们回忆自己在生活、学习和成长过程中产生的好奇心，轮流向大家分享自己感到好奇的事情。在座的同学如果能对其进行解答或者有自己的猜想就举手发言，然后继续下一位学生的分享。

最后，老师提问："我们应该如何保持好奇心？"总结学生的反馈之后，老师总结培养好奇心的方法，如培养观察的习惯、不断地提问等。

结束：小结(建议时长：5 分钟)

活动目标：总结活动中的收获和感悟。

教师总结语：通过这些活动，大家肯定有不少感悟和收获。现在，我想问问在座的同学们，有没有人愿意主动站出来分享自己的体验和心得呢？如果你愿意分享，我们还会送上一份小礼物——一根甜蜜的棒棒糖，作为对你勇气和分享精神的鼓励。让我们一起聆听你的故事，感受你的收获吧！

第三单元　创造力的先导——想象力

热身活动：动物园里没有什么(建议时长：5 分钟)

活动目标：活跃气氛，激发学生的想象力和对接下来的活动的兴趣。

活动材料：无。

活动场地：教室。

教师引导语：大家是否曾经设想过自己未来的样子，想象自己会从事什么样的职业，成为怎样的人呢？我小时候就曾梦想着长大后成为一名模特。尽管有人对我说这是不切实际的幻想，但我认为，幻想也是想象的一部分。每个人都有权利去想象自己的未来，去追求自己的梦想。

现在，让我们通过一个热身小游戏来激发大家的想象力。这个游戏可能会有点难度，但我相信，只要我们敢于想象，就没有不能克服的难题。请大家做好准备，让我们一起探索未知，挑战自我，看看我们的想象力能带我们飞向何方。准备好了吗？让我们开始吧！

具体操作：老师将学生分为若干组，每组为 4～6 人，按照小组顺序依次进行。老师提问："动物园里没有什么？"学生按照顺序依次一边拍掌一边回答："动物园里没有××。"这里的"××"是指动物园里没有的东西。如果有人回答错误、回答不上来或回答重复，整个小组视为失败。该小组排在回答错误的学生后面的同学不能继续回答，整个小组要接受惩罚。

例如，老师提问："动物园里没有什么？"第一个学生回答："动物园里没有电影院。"回答正确。紧接着第二个学生回答："动物园里没有高铁。"回答正确。这时第三个学生回答："动物园里没有灯泡。"显然这个回答是错误的，因为动物园里的公共厕所或工作人员的办公室会有灯泡。因此，该小组后面的同学也不能继续回答了，整个小组被视为失败。然后下一组学生开始游戏。

主题活动 1："是"或"不是"(建议时长：15 分钟)

活动目标：帮助学生充分发挥想象力，并通过分享自己经历过的事情更进一步了解彼此。

活动材料：白纸、笔。

活动场地：教室。

教师引导语：刚才的"动物园里没有什么"游戏已经成功点燃了大家的想象力。对于在游戏中遇到挫折的小组，请不要灰心，因为人生的道路本就充满起伏，每一次失败都是成长的机会。而对于取得成功的小组，也请保持谦逊，因为人生总是充满挑战，我们需要不断前进。

接下来的活动，我们将更深入地挖掘和运用大家的想象力。请大家振作精神，用积极的态度面对即将到来的挑战。通过这些活动，我们不仅能够锻炼思维，还能激发创造力，让我们的想象力成为解决问题和实现梦想的有力工具。让我们以饱满的热情迎接接下来的环节，充分展示自己的想象力吧！

具体操作：老师给每位同学发一张白纸。将学生分成若干小组，每组为 4～6 人。每位学生在一张纸上写出一件令自己记忆深刻的事情，总字数不超过 100 字，并提炼出"时间、地点、人物"这三个关键词。接下来，老师在各个小组里任意选择一名学生公布自己的关键词，组内其他人根据关键词进行耗时 2 分钟的提问，该学生只能回答"是"或"不是"，直至组内其他人将事情大致猜出；如果在 3 分钟内没有猜对，则由该同学将事情讲出来。然后，按照顺时针方向，由第二名同学公布自己的关键词，依次类推，直至组内所有学生都讲完。

主题活动 2：我是小作家(建议时长：20 分钟)

活动目标：帮助学生提高想象力。

活动材料：白纸、笔、一段只有画面但没有声音的视频。

活动场地：教室。

教师引导语：通过刚才的"'是'或'不是'"活动，我们已经帮助大家初步激发了想象力。现在，我们即将迎来一个更具挑战性的活动。这个活动在难度上将超越之前的热

第八章 创造力训练

169

身游戏，需要大家发挥更高层次的想象力和创造力。

请大家做好准备，因为接下来的活动将更加考验我们的思维能力。它不仅需要我们快速反应，还需要我们深入思考，从不同角度探索问题。这将是一个展示我们想象力深度和广度的绝佳机会。让我们以饱满的热情和积极的态度迎接这个挑战，相信每个人都能在这个过程中获得成长和突破。

具体操作：老师播放一段只有画面但没有声音的视频，让学生根据自己看到的内容，对视频中的人物关系和情节内容进行想象和推测，并编成一个不超过 300 字的小故事写在纸上。接下来，老师任意选择一名学生作为第一位分享者。分享结束后，第二位学生接着进行分享，依次类推，直至所有学生都分享完毕。

最后，老师提问："怎样才能充分发挥我们的想象力？"选择几位举手的学生回答后，老师总结培养想象力的方法，如积极思考、大胆幻想等。

结束：小结(建议时长：5 分钟)

活动目标：总结活动中的收获和感悟。

教师总结语：今天我们一起度过的时光，旨在激发和培养大家的想象力。通过一系列精心设计的活动，我们不仅锻炼了思维，更激发了创造力。我相信，每位同学在这一天中都有所收获，不论是对自我认识的深化，还是对问题解决的新视角。让我们以开放的心态，倾听和尊重每个人的经历和感受。

第四单元　创造力的要素——冒险性

热身活动：虾或吓(建议时长：5 分钟)

活动目标：活跃气氛，提高学生的反应力和冒险精神。

活动材料：整蛊薯片(整蛊薯片和市面上的桶装薯片包装基本一致)，与整蛊薯片包装相同的桶(桶里装一些玩具虾)。

活动场地：教室。

教师引导语：大家可能都听过这样的话，"搏一搏，单车变摩托"或者"果断白给，犹豫败北"。这些话语都传达了一个信息，人生充满了挑战和机遇，而拼搏和冒险是我们生活中不可缺少的一部分。它们鼓励我们勇敢地面对生活中的每一个挑战，敢于冒险，敢于追求梦想。

今天，我们的主题是"冒险"。接下来的热身活动将带领我们进入一个充满未知和挑战的世界。请大家打起精神，准备好迎接即将到来的冒险之旅。让我们以积极的态度，勇敢地迈出每一步，探索未知，体验成长。相信通过今天的活动，我们能够更好地理解冒险的意义，学会在挑战中寻找机遇，实现自我超越。

具体操作：老师将外形一致的整蛊薯片和装有玩具虾的桶放在讲台上，让每个学生到讲台上选择一个并打开。有的选中了整蛊薯片，结果被吓了一跳；有的选中了装有玩具虾的桶，于是得到了一只玩具虾。

主题活动 1：盲人摸箱(建议时长：15 分钟)

活动目标：激发学生勇敢地面对未知的恐惧，明白困难就像箱子里的玩具，只要自己勇敢地抓住它，就能成功。

活动材料：透明箱子，黑布，手感较差的物品(如水晶泥、黏土、玩具蜘蛛、解压玩具等)。(用黑布将箱子的上方和三个侧面都蒙上后，在箱子上方挖一个足够一只手臂伸进去的洞，再在箱子里装一些手感较差或者软体的物品。)

活动场地：教室。

教师引导语：刚刚结束的"虾或吓"活动让我们深刻体会到，冒险精神能带来意想不到的收获。敢于冒险的人往往能抓住更多的机会，体验到更多的人生精彩。这个活动告诉我们，勇气和决心是成功的关键因素。

因此，我希望在接下来的时间里，每位同学都能保持这种勇于冒险的精神，敢于接受挑战，不断突破自我。不论是在学习上还是在生活中，都不要害怕尝试新事物，不要畏惧困难和失败。只有勇敢地迈出第一步，我们才能开启无限可能，收获更多的成长和经验。让我们以开放的心态迎接每一个挑战，享受冒险带来的快乐和成就感。现在，我们大家一起开启新的活动——"盲人摸箱"。

具体操作：老师先问"有没有同学愿意和老师一起冒险？"选择几位主动举手的同学上台后，将箱子放到讲台上。箱子在台上的冒险者面前是不透明的，而箱子透明的一面对着台下的同学。老师告知台下的同学不可以给台上即将冒险的同学任何暗示或示意。冒险者要依次将手伸进箱子里，并用手抓住箱子里的某个物品，坚持 10 秒即为冒险成功。成功者将获得一枚小奖章或者小贴纸。

主题活动 2：独木桥(建议时长：20 分钟)

活动目标：培养学生的冒险精神，激发学生的勇敢与斗志。

活动材料：黑布、泡沫垫。(将泡沫垫剪成仅能放下一只脚的宽度的条状，再将其首尾连接成一条细长的"小路"。)

活动场地：教室。

教师引导语：刚才的"盲人摸箱"活动，让我们亲身体验了冒险带来的乐趣和收获。在这个过程中，敢于冒险的同学不仅锻炼了自己的勇气，还获得了更多的惊喜和发现。这个活动生动地告诉我们，冒险精神是探索未知、拓宽视野的重要驱动力。

因此，我希望大家在今后的学习和生活中，都能保持这种敢于冒险、勇于挑战的态度。不要害怕未知，不要畏惧困难，因为每一次冒险都可能带来新的机遇和成长。让我们以积极的心态，迎接每一个挑战，享受冒险带来的无限可能。相信通过不断的尝试和探索，我们能够收获更多的知识和经验，实现自我超越。

具体操作：老师指导学生用黑布蒙上眼睛，以走猫步的方式从起点走到小路的终点。如果在过程中踩空或脚完全脱离"小路"，则视为失败。老师在活动过程中要注意确保学生的安全。

最后，老师提问："怎样才能培养我们的冒险精神呢？"在学生回答之后，老师总结培养冒险精神的方法，如相信自己能够做好事情、多给自己鼓励等。

结束：小结(建议时长：5 分钟)

活动目标：总结活动中的收获和感悟。

教师总结语：希望通过今天的活动，能够让大家正视生活中的困难，敢于冒险。有哪位同学想说说今天的收获呢？

通过今天的一系列活动，我们学会了在面对生活中的困难时，敢于冒险和挑战自我。

这些活动设计的初衷是希望每位同学都能从中获得勇气和启发，认识到冒险精神对于个人成长的重要性。

现在，我想邀请同学们分享今天的收获和感悟。你的分享不仅能让我们听到不同的声音，还能启发我们从更多角度思考问题。请勇敢地说出你的想法，让我们共同见证每个人独特的成长和变化。通过分享，我们不仅能相互学习，还能加深彼此之间的了解和联系。让我们一起回顾今天的冒险之旅，思考它给我们带来的启示和价值。

第五单元　创造力的关键——流畅性

热身活动：帮帮小明(建议时长：5分钟)

活动目标：活跃气氛，激荡思维。

活动材料：无。

活动场地：教室。

帮帮小明

教师引导语：从今天起，我们将踏上一段训练创造力思维的旅程。请大家看黑板，上面清晰地写着我们的主题——"流畅性"。那么，"流畅性"在我们的生活中扮演着怎样的角色呢？它主要体现在我们的思维能力上。思维流畅性是指在面对问题时，我们能够迅速地想到多种可能的解决方法。

今天，我们将通过一系列有趣的活动和练习，培养和提升我们的思维流畅性。这些活动旨在激发我们的想象力，拓宽我们的思维视野，让我们在面对问题时能够更加灵活和创新。我们将学习如何跳出常规思维的框架，探索更多的可能性和解决方案。

请大家积极参与，敞开思维，勇敢地尝试不同的思考方式。通过今天的训练，相信我们的思维将变得更加活跃和流畅，我们也将更加自信地面对生活中的各种挑战。让我们携手前进，在创造力思维的海洋中遨游，发现更多未知的宝藏。

具体操作：老师提问"今天，小明放学回家之后发现自己的作业本落在教室没拿回来，此时学校大门已经关闭，小明该怎么做才能确保明天早上按时交作业呢？"

每个学生都要给出一个解决方案，并且解决方案不能重复。

主题活动1：我是设计师(建议时长：20分钟)

活动目标：培养学生的思维流畅性，锻炼学生面对问题时能够想出多种解决方法。

活动材料：白纸、笔。

活动场地：教室。

教师引导语：刚刚的"帮帮小明"活动无疑已经点燃了同学们的思维火花，让你们的思维更加活跃和敏捷。这个活动作为一个精彩的开场，为今天的创造力思维训练打下了良好的基础。然而，"帮帮小明"只是今天的热身活动，真正的"重头戏"即将上演。接下来的活动将更具挑战性，需要我们运用更灵活和创新的思维方式来解决。请大家保持这份热情和活力，继续努力闯关，迎接更多的挑战。

让我们以积极的态度迎接接下来的每一个环节，充分展示我们的创造力和思维能力。相信通过今天的训练，我们的思维将变得更加流畅和高效，我们也将在解决问题的过程中获得更多的成长和收获。让我们一起加油，向着更高的目标前进！

具体操作：老师首先发给每人一张白纸。老师向学生们提出问题"如果你是设计师，你会怎样设计我们的教室，使它既能提供良好的学习环境，又能让同学们在疲惫时得到充分休息，并且在有同学不慎磕破膝盖时能及时进行消毒处理？"要求学生们将自己的设计方案画在纸上，且每个学生至少提出两种设计方案。

老师要引导学生们分享自己的想法，并且在学生分享的过程中，鼓励其他学生进行补充。分享结束后，对学生们的想法进行总结。

主题活动2：公平的桃子(建议时长：15分钟)

活动目标：提高学生的思维流畅性，培养学生突破固有思维模式的能力，避免局限于固定的思维框架中。

活动材料：无。

活动场地：教室。

教师引导语：大家都出色地完成了"我是设计师"活动中的任务，我刚刚接到了小花的求助信息，接下来让我们一起帮帮小花吧！

同学们在刚才的任务中表现出色，展现了你们的创造力和团队协作能力。现在，我收到了小花的求助信息，她遇到了一些难题需要我们的帮助。让我们不遗余力地伸出援手，一起帮帮小花。这不仅是一个帮助他人的机会，还是我们锻炼思维和提升解决问题能力的时刻。请大家集中精力，发挥你们的聪明才智，共同为小花找到解决方案。让我们的团队精神和创造力再次发光发热，帮助小花渡过难关！

具体操作：老师先向大家提问，小花约了五位朋友这周六到她家做客，但她家里只有四个桃子。小花该怎么做才能让她的五位朋友都能均等地享用到桃子，并且避免偏袒任何一方的情况呢？每个学生至少想出两种解决方法。学生要按照顺序轮流分享，老师将学生所提方法的关键词写在黑板上。如果有重复的方法，就在其旁边画"正"字。最后统计一下，一共有多少种可行的方法能够解决这个问题。

最后，老师应鼓励学生今后要用灵活的思维去思考问题，并用多种方法去解决问题。老师提问："我们在日常生活中应该如何培养思维的灵活性？"学生的回答往往多样，老师将其进行总结，如在做数学题时不局限于一种解题方法等。

结束：小结(建议时长：5分钟)

活动目标：总结活动中的收获和感悟。

教师总结语：今天大家的思维都很流畅，每个人都有自己的奇思妙想。接下来请同学们分享总结一下自己今天的收获吧！

第六单元　创造力的基础——灵活性

热身活动：是非颠倒(建议时长：5分钟)

活动目标：帮助学生提高反应能力，并为接下来的思维灵活性游戏做铺垫。

活动材料：无。

是非颠倒

活动场地：教室。

教师引导语：今天，我们专注于训练思维的灵活性，这是一种极为重要的能力。灵活的思维不但能够提高我们的反应速度，使我们在面对问题时能够迅速做出判断和决策，而且它还能够激发我们的创造力和创新能力。拥有灵活思维的人，在学习和工作中往往能够更快地适应变化，更有效地解决问题。

此外，灵活的思维还能帮助我们更好地理解他人的观点，提高沟通和协作的效率。它让我们能够从不同的角度看待问题，发现更多的可能性和机会。因此，培养思维的灵活性对我们的个人成长和职业发展都有着不可估量的价值。通过今天的训练，我们不仅能够锻炼和提升思维的灵活性，还能够为未来的挑战做好准备。

具体操作：每位同学都要依次回答老师提出的问题，要用"是"或"不是"来回答，而且必须回答得言不由衷、颠倒事实。比如，问一位男学生"你今年 30 岁了吗？"，此时他的回答必须是"是"。

回答错误者需要接受惩罚，然后由他担任主持人来继续进行提问。

主题活动 1：脑筋急转弯(建议时长：20 分钟)

活动目标：帮助学生开动脑筋，进行头脑风暴，使思维更加灵活。

活动材料：在百度上搜索"脑筋急转弯"，可以收集很多脑筋急转弯题目。

例如，身份证掉了怎么办？捡起来。

大象的左边耳朵像什么？右边耳朵。

为什么黑人喜欢吃白色巧克力？因为他们害怕咬到自己的手。

活动场地：教室。

教师引导语：刚才的"是非颠倒"小游戏，虽然轻松有趣，但其实是我们为即将到来的更具挑战性活动做的一次思维预热。它像一剂预防针，帮助我们提前激活大脑，让我们的思维更加敏捷和活跃。因为紧随其后的环节，将是对大家思维能力的一次深度考验，需要我们投入更多的精力和智慧。

接下来的活动设计得更为复杂且更具挑战性，它将考验我们的逻辑思维、创新思维以及解决问题的能力。这是一个展示我们思维灵活性和深度的好机会，也是一次锻炼和提升自我的好时机。请大家做好准备，调整好状态，迎接接下来的挑战。让我们一起用灵活的思维去探索、去发现、去创造，享受解决问题的过程，体验思维的飞跃。

具体操作：首先，老师将学生分成若干组，每组为 4～6 人，并提出事先准备好的脑筋急转弯题目。各小组对每个脑筋急转弯题目只有一次回答机会，答错扣一分，答对加一分。接下来，各小组组内成员思考并讨论出一个脑筋急转弯题目，向对方小组提问，同样只有一次回答机会，答错扣两分，答对加两分。最后得分最高的小组获胜。

主题活动 2：emoji 大作战(建议时长：15 分钟)

活动目标：提高学生思维的灵活性和敏捷度。

活动材料：有关 emoji 成语的图片(小红书 App、微博 App、百度浏览器 App 上搜索"emoji 猜成语""表情猜成语""表情大作战"等关键词就会出现很多相关的图片和内容)。

活动场地：教室。

教师引导语：大家在日常生活中，尤其是在网络交流时，一定经常使用 emoji 表情来表达自己的情感吧？一个笑脸 emoji 可以传达我们的快乐，而一个哭泣的 emoji 则可以表达我们的悲伤。这些表情符号已经成为我们沟通中不可或缺的一部分，它们以简洁直观的方式传达着我们的情感和反应。

那么，接下来的活动，我们将进入充满趣味和挑战的 emoji 表情大作战！在这个活动中，我们将通过 emoji 展开一系列的游戏和挑战，这不仅能让我们更深入地了解和运用这些表情符号，还能激发我们的想象力和创造力。请大家准备好，让我们在 emoji 的世界里尽情发挥，体验一场不同寻常的沟通和表达之旅，用 emoji 来展现我们的多彩情感和无限创意！

具体操作：老师先让学生们排好队，在大屏幕上播放 emoji 表情，并让学生猜四字成语，如，🚗 💦 🐎 🐛 的意思是"车水马龙"。

轮到哪个学生，就给该学生 5 秒的时间猜测 emoji 表情。若猜对了，就更换新页面，让接下来的学生继续猜；若猜错了，则由下一位同学继续猜测当前页面的 emoji 表情。每位同学回答完毕后，需回到队伍的末尾重新排队，直到三轮游戏结束。之后，统计哪位学生答对的次数最多，并授予其"答题王"的荣誉称号。

最后，老师向大家提问："通过本节课，大家认为如何培养自己思维的灵活性呢？"教师将总结学生的回答，如多读书以激发新颖的想法、平时多做脑筋急转弯等。

老师需要认真听取学生们的回答，并进行总结，强调培养思维灵活性的重要性。另外，老师还要鼓励学生们在日常生活中尝试不同的方法，如参与讨论、学习新技能等，以促进思维的全面发展。

结束：小结(建议时长：5 分钟)

活动目标：总结活动中的收获和感悟。

教师总结语：今天的活动充满了欢声笑语，我能感受到大家兴致勃勃、意犹未尽的氛围，这正是我们所期望的。这表明我们今天的活动不仅让大家享受了快乐，还达到了我们预期的效果。通过这些精心设计的活动，我们不仅增进了相互之间的了解，也锻炼了我们的思维能力和团队协作精神。

现在，我想邀请愿意分享的同学站出来，勇敢地表达你的想法和感受，分享彼此的成长和收获。通过分享，我们可以相互学习，相互启发，让我们的团队更加团结和谐。

第七单元　创造力的本质——独创性

热身活动：如此断句(建议时长：5 分钟)

活动目标：活跃气氛的同时，培养学生独立思考的能力，并让学生意识到每个人都有自己独特的想法。

如此断句

活动材料：百度搜索"断句大挑战""断句游戏"就能搜到很多。例如，你去班上/数数/数数/数不好的有多少；多亏跑了两步差点没上上/上/上海的高铁；所以说你要是行/干一行/行一行/一行行/行行行/你要是不行/干一行/不行一行/一行不行/行行不行；下象棋孤将/将/将/将死；我有一个小本本/本本/本来很干净；这幅画/画了个/画画/画不好的人；我有一点点/想点一点/一点点喝；用粉碎机/粉碎/粉碎机/粉碎机/会被粉碎机/粉碎吗；奏一乐/乐一乐，一乐乐/乐乐乐，一乐没乐/乐乐不乐；你能/能有/我/刘能/能；我要和过儿/过过/过儿/过过的生活；下雨天/留客/天留/我不留；用电鳗的电/电/电鳗/电鳗会不会被电鳗的电/电死；在乎你的我/只在乎/我在乎的你/是否像在乎你的我/在乎我在乎的你一样/在乎在乎你的我；背有点驼，妈妈说你的背/得背背/背背佳；小偷/偷偷/偷东西；你看到王刚了吗/王刚/刚刚/刚走；我有一点点/想点一点/一点点喝；这几天/天天/天气不好；王也爸爸/你好/我是新西方/王子洪老师。

活动场地：教室。

教师引导语：大家都知道知识产权吧，它保护了我们的发明、创造和艺术作品不被他人未经授权地使用。但你是否知道，其实我们的思维也拥有一种"知识产权"呢。这是因为每个人都是独一无二的存在，我们的思想、创意和见解都具有个人的独特性。我们的思维"知识产权"意味着我们的想法和创意是专有的，它们是我们个性和经验的反映。这种独创性是我们个人身体的一部分，是我们与他人区别开来的重要标志。因此，我们应该珍视和保护我们的思维独创性，就像保护知识产权一样。

通过培养和运用我们的思维独创性，我们可以在学习和工作中发挥更大的创造力，提出新颖的观点和解决方案。同时，我们也应该尊重他人的思维独创性，鼓励创新和多样性，共同创造一个充满创意和活力的环境。让我们认识到思维独创性的价值，用它来丰富我们的生活和世界。

具体操作：老师向学生展示几句需要断句的话。比如，"这几天/天天/天气不好""如果用毒/毒/毒蛇/毒蛇会不会被毒/毒死""你等会/会会/会会计/的张老师"，等等。任意选择几名学生让他们对老师随机指定的话进行回答，如果有人不同意该学生的断句，则可以举手回答。

主题活动 1：你说我画他猜(建议时长：20 分钟)

活动目标：培养学生独立思考的能力和团结协作的精神。

活动材料：耳塞(耳机)、白纸、笔。

活动场地：教室。

教师引导语："你画我猜"是一个大家耳熟能详的游戏，它以轻松有趣的方式考验了我们的想象力和表达能力。今天，我们要尝试这个游戏的升级版——"你说我画他猜"。这个游戏的规则是，一个人负责用语言描述一个特定的事物，另一个人根据描述来绘画，而第三个人则戴着耳机，无法听到描述，只能通过观察画作来猜测所描述的内容。这个升级版的游戏不仅增加了难度，还增加了互动性和趣味性。它要求描述者能够清晰、准确地传达信息，绘画者则需要迅速捕捉描述的要点并将其转化为图像，而猜测者则需要发挥自己的想象力，从画作中解读出正确的答案。

请大家准备好，让我们开始这场充满挑战和乐趣的游戏。这不仅是一次锻炼我们表达和理解能力的机会，还是一个展示我们创造力和想象力的舞台。让我们在轻松愉快的氛围中，享受思维的碰撞和灵感的火花。让我们一起期待，看看谁能成为今天的"猜画大师"。

具体操作：老师让学生进行分组，每组四人，分别担任一名绘画者、一名描述者、一名全程戴耳塞或耳机的猜测者，以及一名监管者。活动共进行 3 轮，每轮限时 3 分钟。

每轮活动开始前，老师会给描述者一张写有生活用品名称的纸条(如卫生纸、保温杯等)。描述者需要通过语言描述纸条上的物品，只能描述物品的形状和颜色。绘画者根据描述者的描述将其画在纸上，并可以根据自己的猜测和理解适当添加一些辅助猜测者回答的图案。猜测者要根据绘画者的画作进行作答。每组的监管者需前往其他组进行监督，防止学生相互暗示，确保活动的公正性。而猜出答案最多的小组，其所有成员在下次分组活动中则享有优先挑选队友的权利。

主题活动2：变废为宝(建议时长：15分钟)

活动目标：发挥学生的创造力。

活动材料：空塑料瓶子、彩笔、彩纸、胶棒、胶带、裁纸刀等。

活动场地：教室。

教师引导语：许多同学可能对手账、流沙麻将、串珠等手工艺活动有所了解，甚至亲自动手尝试过。这些活动不仅仅是一种消遣，它们还能让我们体验到从平凡到非凡的转变过程。当原本普通的材料在我们的手中经过精心设计和制作，变成一件件独具匠心的成品时，那种由内而外的成就感和自豪感是难以言喻的。

今天，我们将一起进入一个名为"变废为宝"的独创世界。在这里，我们将利用一些看似无用的废弃物料，通过我们的创意和手工技艺，赋予它们新的生命和价值。这不仅是一次环保的实践，还是一次激发创造力和想象力的机会。

请大家积极参与，发挥你们的想象力和创造力，将废弃物料转化为令人惊叹的艺术品。这不仅能锻炼我们的动手能力，还能培养我们的环保意识和创新思维。让我们一起动手，将"垃圾"变成"宝贝"，体验创造的乐趣和满足感。让我们的"变废为宝"活动，成为一次意义非凡的环保创意之旅。

具体操作：老师给每个人发放一个空塑料瓶子、几支彩笔、几张彩纸、一个胶棒。通过这个过程，培养学生独立思考的能力，发挥学生的创造潜力，并让学生意识到每个人都有自己的独特见解。即使面对同一个事物，每个人的理解都不尽相同，思考的角度也各有差异。

每个人都需要在有限的时间内，利用手头的资源，将这个塑料瓶子变成一个既美观又实用的作品。完成后，学生们轮流向大家介绍自己在设计过程中遇到的小插曲，以及该作品的设计理念和用途。介绍完毕后，由学生们投票选出他们认为最实用或最具创意的作品，得票最多的作品的创作者将获得"小发明家"的荣誉称号。

最后，老师向学生提问："我们如何培养学生思维的独创性？"学生们回答后，老师对培养方法进行总结，如减少对他人的依赖、独立完成作业等。

结束：小结(建议时长：5分钟)

活动目标：总结活动中的收获和感悟。

教师总结语：正如世界上没有两片完全相同的树叶，我们每个人也都是独一无二的存在，拥有自己独特的思想和个性。这种独特性是我们最宝贵的财富，它让我们在这个世界中与众不同，也让我们的思考和行为充满了无限的可能性。

今天的活动，我相信每位同学都会有所感悟和收获。我们通过不同的活动体验了团队合作、创造力的激发和思维的挑战。现在，我想邀请同学们分享今天的感悟，不论是关于个人成长、团队协作，还是关于自我认知的深化，都是我们共同成长的见证。

请愿意分享的同学勇敢地站出来，告诉我们你的体会和思考。你的分享不仅能启发他人，还能加深我们对个体差异和独特性的理解。通过交流和分享，我们可以更好地欣赏每个人的不同，也能在相互学习和启发中共同进步。让我们在分享中找到共鸣，在感悟中获得成长。

第八单元　开心落幕

热身活动：与"昵"握手(建议时长：5分钟)

活动目标：活跃气氛。

活动材料：无。

活动场地：教室。

教师引导语：前七个单元的活动已经成功地激发了大家的好奇心和参与热情，让每位同学都对即将到来的环节充满了期待。"与'昵'握手"的热身环节不仅是为了让大家对活动有一个初步的了解，更是为了调动大家的思维，让大家的大脑活跃起来，为接下来的活动做好准备。这些活动将带给我们前所未有的体验和挑战，让我们在快乐中学习和成长。

接下来请大家做好准备，让我们以饱满的热情和积极的态度迎接接下来的每一个环节。相信通过今天的活动，我们不仅能够收获知识和技能，更能够收获友谊和团队精神。让我们共同期待，一起享受这段充满探索和发现的旅程。

具体操作：首先，所有人根据学号顺序围成一个圆圈。老师给学生们一些时间，让他们思考自己左手边和右手边的两位同学的特点或优点，并基于对方的特点或优点为其取一个充满正能量的昵称。学号为奇数的同学先与左手边的同学握手，说出自己给对方起的昵称，并说明理由；接下来再与右手边的同学握手，同样说出自己给对方起的昵称，并说明理由。然后，学号为偶数的同学重复这一系列操作。此时，所有人的手彼此紧握，连接起来形成了一个圆圈。例如，学号为5号的同学与左手边的同学握手，告知自己给他起的昵称是"荤素搭配的小海鸥"，理由是他不挑食，并且像海鸥一样永远积极。

主题活动1：我是小作家(建议时长：20分钟)

活动目标：加强学生创造力的培养，持续增强学生的创造能力。

活动材料：准备一张较为抽象的图片或画作(如德国表现主义大师爱德华·蒙克的《呐喊》)。你可以在小红书、微博、百度浏览器等应用程序中搜索"抽象画""创意画""印象派画作""抽象派画作""抽象表现主义画作""风格派画作"等关键词来收集相关图片。

我是小作家

活动场地：教室。

教师引导语：刚才的热身活动，虽然简短，却有效地调动了大家的兴趣和情绪，为今天的活动营造了一个轻松愉快的氛围。它不仅唤醒了大家的参与感，还为接下来的环节打下了良好的基础。

现在，请大家暂时放下手中的活动，将注意力集中到一张即将展示的图片上。这张图片不仅仅是一幅视觉作品，它还蕴含着深层的意义和启发。我希望通过这张图片，激发大家的思考，引发大家的联想，甚至可能激发出一些创意的火花。

请大家仔细观察这张图片，思考它所传达的信息，感受它所引发的情感。我鼓励大家积极交流自己的观察和感受，分享不同的观点和解读。通过这样的交流和分享，我们可以更深入地理解图片的内涵，也能从中获得更多的启发和灵感。让我们开始这次视觉和思维的探索之旅吧。

具体操作：老师提前准备一张较为抽象的图片或画作，让学生们观察这张图片，并充分发挥自己的创造力，通过这张图片来编写一个小故事。每位学生轮流分享自己编写的故事，并且在每位学生分享完毕后，大家都给予掌声。

在所有学生分享结束后，老师对学生们的故事进行总结和点评，并指出大家的创造力都有了显著提高。

主题活动 2：创造力便签(建议时长：15 分钟)

活动目标：梳理团体中的学习与收获。

活动材料：便签。

活动场地：教室。

教师引导语：随着我们即将进入团体心理辅导活动的尾声，这个环节不仅是对整个活动的一个总结，更是对我们共同度过的这段宝贵时间的回顾和梳理。这段时间里，我们通过各种活动和挑战，一起探索了自我，激发了潜能，也增进了彼此之间的了解和信任。

我注意到，每一位同学都是充满创造力的个体。这段时间里，大家的创造力得到了充分的展现和锻炼。我希望大家能够珍惜这段时间的收获和感悟，将它们内化为个人成长的动力和资源。在未来的日子里，无论遇到什么样的挑战和机遇，都能够勇敢地发挥自己的创造力，不断探索和创新。

请大家在今天的活动中，尽情分享自己的体会和感受，让我们共同见证每个人的成长和变化。同时，也请大家继续保持这份热情和好奇心，让创造力成为我们生活的一部分，伴随我们走向更加丰富多彩的未来。让我们以今天的活动为起点，开启新的旅程，继续在创造力的道路上前行。

具体操作：老师将提前准备好的便签发给每位同学。接下来，老师引导学生对便签进行设计，他们可以将便签修剪或折叠成自己喜欢的形状，也可以在便签上画一些自己喜欢的图案，并写下自己在创造力方面学到的知识。随后，学生们将便签交给老师，老师打乱顺序后将便签发放给不同的同学。每位同学将自己手中的便签内容进行分享，并评价便签的设计。最后，老师进行总结。

结束：小结(建议时长：5 分钟)

活动目标：总结活动中的收获和感悟，提升团体辅导活动的意义与价值。

教师总结语：在这段旅程即将画上句号之际，我想邀请同学们分享自己的收获和感悟。正如我刚才所分享的，通过这八个单元的学习和实践，我的思维变得更加灵活和开放。一个简单的例子，就像今早我看见的随风飘扬的塑料袋，我的第一反应不再是它作为垃圾的存在，而是想象它如何被重新利用，变成有用的东西，如一个创意的拖布。这正是创造力带给我们的视角转变。

我相信，在座的每位同学都比我更深入地参与了这些活动，你们的体验和收获一定更加丰富和深刻。我期待听到你们的声音，了解你们是如何在活动中成长，如何将所学应用到生活中，以及这些经历如何影响了你们的思考和行为。

请勇敢地分享你的故事，让我们共同庆祝这段时间的成长和变化。你的分享不仅能启发他人，也能进一步巩固你自己的学习和体验。让我们一起回顾这段旅程，展望未来，带着满满的收获继续前进。

附　　录

1. 托兰斯创造性思维测验[①]

答题要求如下。

(1)　努力思考他人未曾想到之事。

(2)　想出尽可能多的创意方法。

(3)　为你的想法提供细节，让其完整。

(4)　在规定时间内如果已经作答完毕，你可以继续为你的想法添加细节，或安静地坐着。

(5)　未经允许不要做下一道题目。

题目内容如下。

1)　文字题

题目一：对附图 1 所示的填充玩具进行改进，让它更好玩。(时间为 3 分钟)

附图 1　填充玩具

题目二：假设人们通过眨眼就能够把自己从一个地方运送到另一个地方，结果会出现哪些事情？(时间为 3 分钟)

2)　图画题

题目三：把附图 2 不完整的图画添加完整，用你完成的图画讲述一个完整的故事，并给你的图画起个名字。(时间为 3 分钟)

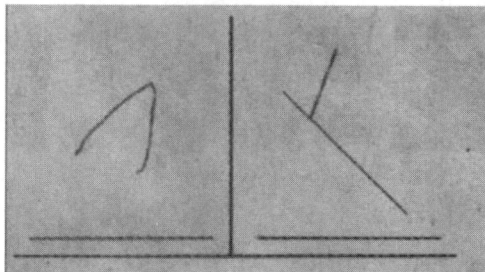

附图 2

---

①　王晓玲. 小学高年级儿童家庭环境、创意自我效能感与创造力的关系[D]. 山东师范大学，2008.

　　题目四：给附图 3 中的方块图案添加细节，使其构成完整的图画，让这些方块成为你图画的一部分。努力画出别人未曾画出的图画，添加细节，讲述完整的故事，并给图画起名。(时间为 3 分钟)

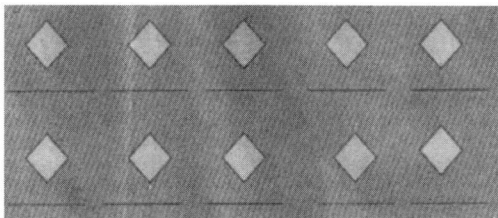

附图 3

2. 威廉斯创造力倾向测量表[①]

　　注意事项如下。

　　威廉斯创造力倾向测量表(见附表 1)中每一题都要做，但不要花太多的时间去想，所有的题目都没有"正确答案"，凭借你读句子后的第一印象作答。虽然没有时间限制，但是应尽可能地争取以最快的速度完成，越快越好。切记，凭借你自己的真实的感觉作答，在最符合自己情形的选项内打"√"，每一题只能打一个"√"。

　　威廉斯创造力倾向测量表共有 50 题，包括冒险性、好奇心、想象力、挑战性四项；测试后可得四种分数，加上总分，可得五项分数。分数越高，创造力水平越高。冒险性：包括第 1、5、21、24、25、28、29、35、36、43、44 题等 11 题。其中，第 29、35 题为反向题目。计分方法分别为：正向题目，完全符合为 3 分，部分符合为 2 分，完全不符合为 1分；反向题目：完全符合为 1 分，部分符合为 2 分，完全不符合为 3 分。好奇心：包括第 2、8、11、12、19、27、33、34、37、38、39、47、48、49 题等 14 题。其中，第 12、48 题为反向题目，计分方法同冒险性部分。想象力：包括第 6、13、14、16、20、22、23、30、31、32、40、45、46 题等 13 题。其中，第 45 题为反向题目，计分方法同前。挑战性：包括第 3、4、7、9、10、15、17、18、26、41、42、50 题等 12 题。其中，第 4、9、17 题为反向题目，计分方法同前。

附表 1　威廉斯创造力倾向测量表

题　　目	完全符合	部分符合	完全不符合
(1) 在学校里，我喜欢试着对事情或问题进行猜测，即使不一定都猜对也无所谓			
(2) 我喜欢仔细观察我没有看过的东西，以了解详细的情形			
(3) 我喜欢听变化多端和富有想象力的故事			
(4) 画图时我喜欢临摹别人的作品			
(5) 我喜欢利用旧报纸、旧日历以及旧罐头瓶等废物来做成各种好玩的东西			

---

① 张庆林，曹贵康. 创造性心理学[M]. 北京：高等教育出版社，2004.

题　目	完全符合	部分符合	完全不符合
(6) 我喜欢幻想一些我想知道或想做的事情			
(7) 如果事情不能一次完成，我会继续尝试，直到成功为止			
(8) 做功课时我喜欢参考各种不同的资料，以便得到多方面的了解			
(9) 我喜欢用相同的方法做事情，不喜欢去找其他新的方法			
(10) 我喜欢探究事情的真假			
(11) 我喜欢做许多新鲜的事			
(12) 我不喜欢交新朋友			
(13) 我喜欢一些不会在我身上发生的事情			
(14) 我喜欢想象有一天能成为艺术家、音乐家或诗人			
(15) 我会因为一些令人兴奋的念头而忘记了其他的事			
(16) 我宁愿生活在太空站，也不喜欢在地球上			
(17) 我认为所有的问题都有固定的答案			
(18) 我喜欢与众不同的事情			
(19) 我常想知道别人正在做什么			
(20) 我喜欢故事或电视节目所描写的事			
(21) 我喜欢和朋友一起聊天，和他们分享我的想法			
(22) 如果一本故事书的最后一页被撕掉了，我就自己编造一个故事把结局补上去			
(23) 我长大后，想做一些别人从来没想过的事情			
(24) 尝试新的游戏和活动，是一件有趣的事			
(25) 我不喜欢太多的规则限制			
(26) 我喜欢解决问题，即使没有正确的答案也没关系			
(27) 有许多事情我都很想亲自去尝试			
(28) 我喜欢没有人知道的新歌			
(29) 我不喜欢在班上同学面前发表意见			
(30) 当我读小说或看电视时，我喜欢把自己想象成故事里的人物			
(31) 我喜欢幻想 200 年前人类生活的情形			
(32) 我常想自己编一首新歌			
(33) 我喜欢翻箱倒柜，看看有些什么东西在里面			
(34) 画图时，我很喜欢改变各种东西的颜色和形状			
(35) 我不敢确定我对事情的看法都是对的			
(36) 对于一件事情先猜猜看，然后再看是不是猜对了，这种方法很有趣			
(37) 玩猜谜之类的游戏很有趣，因为我想要知道结果如何			
(38) 我对机器有兴趣，也很想知道它里面是什么样子，以及它是怎样转动的			
(39) 我喜欢可以拆开的玩具			
(40) 我喜欢想一些点子，即使用不着也无所谓			

续表

题目内容	完全符合	部分符合	完全不符合
(41) 我觉得一篇好的文章应该包含许多不同的意见和观点			
(42) 我觉得为将来可能发生的问题找答案，是一件令人兴奋的事			
(43) 我喜欢尝试新的事情，目的只是想知道会有什么结果			
(44) 玩游戏时，我通常是有兴趣参加，而不在乎输赢			
(45) 我喜欢想一些别人常常谈过的事情			
(46) 当我看到一张陌生人的照片时，我喜欢去猜测他是怎样一个人			
(47) 我喜欢翻阅书籍及杂志，但只是想知道它的内容是什么			
(48) 我不喜欢探寻事情发生的各种原因			
(49) 我喜欢问一些别人没有想到的问题			
(50) 无论在家里还是在学校，我总是喜欢做许多有趣的事			

(资料来源：张庆林，曹贵康. 创造性心理学[M]. 北京：高等教育出版社，2004.)

本章小结

团体领导者在带领创造力训练前，需精心设计团体心理辅导方案，明确团体性质、团体名称、团体目标、团体领导者、团体对象与规模、团体活动时间及频率、团体设计理论依据、团体活动场所和团体评估方法。在团体实施前，要依据团体方案规划好每次团体的热身活动、主题活动与结束活动，方案中需详细注明每项活动所需的材料和时间。

本章通过很高兴认识你、创造力的起点——好奇心、创造力的先导——想象力、创造力的要素——冒险性、创造力的关键——流畅性、创造力的基础——灵活性、创造力的本质——独创性、开心落幕八个单元的实施，促进学生发展其自身的创造力，让学生在活动中发现创造的意义和乐趣。

思考题

1. 小学生创造力训练主题团体方案设计的主要内容是什么？
2. 创造力训练主题团体在不同发展阶段设计的重点是什么？

第九章 注意力训练

课程目标

知识目标: 学生通过八个单元的亲身体验描述注意力训练活动的理论基础,阐明其常用技术和评估方法,并分析不同单元对学生心理成长发展的作用。

能力目标: 学生能够结合体验过的注意力训练,根据不同年龄段学生的特点设计出符合学生心理成长的注意力训练方案。在实施方案中,学生能够高效地组织、领导、沟通,并分析解决问题,独立带领团体。

素质目标: 学生在体验与感悟中树立投身基础教育的职业理想,坚定心理育人的教育情怀。

重点与难点

➢ 小学生注意力训练方案设计的内容。

➢ 小学生注意力训练方案的实施。

第一节 注意力训练方案的筹划

一、团体性质与团体名称

团体性质:结构式、封闭式团体。

团体名称:心无旁骛小队。

二、团体目标

1. 总目标

团体总目标为帮助成员掌握集中注意力的训练方法,提高注意力水平。

2. 具体目标

(1) 团体成员能够认识良好注意力品质的重要性。

(2) 团体成员能够认识到注意力高度集中对提高学习效率的重要性。

(3) 团体成员能够掌握注意力训练的方法。

(4) 团体成员能够自主集中注意力。

(5) 引导学生自己探索集中注意力的方法,提升专注水平。

三、团体领导者

团体领导者需熟悉团体心理辅导的基础理论,并具有一定个案咨询和带领团体的经验。

四、团体对象与规模

参加对象：小学中高年级学生。

团体成员人数：每个团体成员人数为 4～6 人，预计组建 7～8 个团体。

五、团体活动时间及频率

活动安排为每周一次，共 8 个单元，每个单元时长为 45 分钟。

六、团体设计理论依据

1. 沉浸理论

沉浸理论，也称为心流理论，由匈牙利籍心理学家米哈里·契克森米哈赖(Mihaly Csikszentmihalyi)提出。这一理论描述了当人们从事一项难度与个人技能相匹配的活动时，会完全沉浸其中，全身心投入，注意力高度集中。在这种状态下，活动变得流畅且高效，人们会体验到活动与意识的融合，时间感消失，甚至达到忘我的境界。

2. 注意网络理论

注意网络理论认为，注意力是大脑筛选信息、集中精力于特定任务或刺激上的一种机制。这使人们能够在复杂环境中专注于重要信息，同时忽略无关干扰。对注意网络的研究有助于深入理解注意力障碍、多动症以及其他神经认知疾病的机制，为这些疾病的治疗和干预提供了科学依据。

3. 认知资源理论

认知资源理论指出，人类在执行认知任务时需要依赖一定的资源，包括注意力、工作记忆和认知控制等。注意力作为一种有限的认知资源，对刺激的处理会消耗这些资源。刺激的复杂性或处理过程的复杂性越高，所需的认知资源也就越多。值得注意的是，输入的刺激本身并不自动消耗认知资源。

当人们同时处理多项任务时，必须在有限的资源中做出选择，决定哪些任务优先完成，哪些任务可以暂时搁置或推迟。这种资源的限制不仅影响人们的决策和行为，还会影响他们的注意力和集中力。

七、团体活动场所

团体活动场所为封闭、空旷、安静的教室或操场。

八、团体评估方法

"青少年注意力测验"(见附录)是由北京师范大学的教授殷恒婵于 2003 年编制的，它适用于中小学生以及其他青少年群体。该测验包含四个部分：图形辨别测验、选四圈测验、视觉追踪测验和加减法测验。这些测验分别评估学生的注意力分配、广度、稳定性和转移能力。在评价标准方面，每个测验的正确反应数量是评价的依据。答对一个问题得一分，得分越高，表明学生在相应的注意力品质上表现越好。四个测验的得分总和代表了注意力的总体水平，总得分越高，说明学生的注意力总体水平越好。

测验一：图形辨别测验。此测验使用由两个一大一小的圆环组成的图形，圆环上带有缺口。缺口的方向可以有多种不同的组合，从而形成许多相似的图形。测验中总共包含 300 个图形(15 行乘以 20 列)。参与者需要在规定的时间内找出两个特定的目标图形，并在这些图形上标记"√"。

测验二：选四圈测验。本测验使用的图形是一系列小方格，每个小方格内部画有不同数量的小圆圈。方格总数为 650 个，按照 26 行乘以 25 列的布局排列。参与者的任务是在指定的时间内，按照从上到下的顺序，搜索并识别出那些内部恰好画有四个小圆圈的方格，并在这些方格上标记"√"。

测验三：视觉追踪测验。此测验包含 35 条曲线，分为 A 图和 B 图两组。A 图由 10 条曲线构成，B 图由 25 条曲线构成。所有曲线的起点位于左侧，终点位于右侧。参与者的任务是仅使用眼睛追踪每条曲线，从起点到终点，并在曲线终点旁边的方格内填写该曲线起点的序号。

测验四：加减法测验。此测验的题目由 1～9 的自然数组成。参与者的任务是对每行中的相邻数字进行交替的加法和减法运算。具体来说，从每行的第一个数字开始，先进行加法运算，然后是减法运算，如此交替进行，并将每次运算的结果填写在相邻两个数字的中间位置。

团体辅导活动前后，均采用"青少年注意力测验"作为评估工具，对参与者的注意力水平进行测量，并进行相应的数据统计分析。

九、团体方案

团体方案如表 9-1 所示。

表 9-1　团体方案

次　序	活动主题	活动目标	活动内容及时间
第一单元	知你知我	(1) 创建团体，增强团体凝聚力 (2) 澄清团体活动目标 (3) 激发团体成员参与兴趣 (4) 制定团体规范，签订团体契约	(1) 红、黄牌(10 分钟) (2) 拍拍手(10 分钟) (3) 我们的约定(20 分钟) (4) 小结(5 分钟)
第二单元	深呼吸与细观察(注意的广度)	(1) 帮助团体成员初步了解注意力的重要性 (2) 培养团体成员注意的广度	(1) 耳听八方(5 分钟) (2) 舒尔特方格训练(15 分钟) (3) 一起来找碴儿(20 分钟) (4) 小结(5 分钟)

次序	活动主题	活动目标	活动内容及时间
第三单元	注意如此重要	(1) 帮助团体成员体验集中注意力所带来的快乐和成功 (2) 帮助团体成员有意识地去培养自己的注意力	(1) 一封来信(5 分钟) (2) 传递悄悄话(20 分钟) (3) 欣赏画作《红、黄、蓝的构成》(15 分钟) (4) 小结(5 分钟)
第四单元	克服分心有妙招(注意的稳定性)	(1) 帮助团体成员找出注意力分散的原因 (2) 帮助团体成员掌握注意力集中的表现形式	(1) 听歌抓"羊"(5 分钟) (2) 大话分心(15 分钟) (3) 做作业和听课(20 分钟) (4) 小结(5 分钟)
第五单元	注意的魔力(注意的分配)	(1) 帮助团体成员认识到注意力对学习的重要性 (2) 帮助团体成员学会自律	(1) 抓耳抓鼻(5 分钟) (2) 我是速算王(20 分钟) (3) 数字划消游戏(15 分钟) (4) 小结(5 分钟)
第六单元	抗干扰我最强(注意的稳定性)	(1) 引导团体成员掌握注意力的训练策略 (2) 帮助团体成员把集中注意力变为习惯	(1) 反口令(5 分钟) (2) 观看小猫钓鱼(15 分钟) (3) 快乐乒乓球(20 分钟) (4) 小结(5 分钟)
第七单元	别跑开，我的注意力(注意的转移)	(1) 帮助团体成员将集中注意力的方法学以致用 (2) 让团体成员学会排除干扰专心学习	(1) 左手画圆，右手画方(5 分钟) (2) 听力大比拼(15 分钟) (3) 拒绝"小黑洞"(20 分钟) (4) 小结(5 分钟)
第八单元	我的注意我做主	(1) 带领团体成员回顾并总结全部活动经验与收获 (2) 升华团体辅导活动的意义与价值	(1) 抓手指(5 分钟) (2) 手脚运动操(15 分钟) (3) 我的收获(20 分钟) (4) 小结(5 分钟)

第二节　注意力训练方案的实施

第一单元　知你知我

教师引导语：同学们，从今天开始，我们将在未来几周内共同参与八次团体辅导活动。老师希望每位同学在活动中能够遵循以下准则。

(1) 为其他同学保守秘密，维护彼此的隐私和信任。

(2) 在活动中，避免使用任何批评或攻击性言语，尊重每位同学的发言，不嘲笑、不讽刺，营造一个安全、支持的环境。

(3) 带着一颗真诚和坦诚的心参与团体辅导，全身心投入，因为只有投入，我们才能从中获得真正的收获。希望大家能够积极地参与，并与大家分享自己的感受和体会。

(4) 每次团体辅导课，我们会通过一系列小活动来进行，每个活动都有其特定的规则。因此，在参与活动时，请大家务必遵守规则，以确保活动的顺利进行。

现在，让我们跟随老师的脚步，满怀期待地开启今天的团体辅导活动吧！

热身活动：红、黄牌(建议时长：10 分钟)

活动目标：活跃课堂气氛，激发学生的兴趣，消除彼此之间的拘束感。

活动材料：红、黄两种颜色的卡片或标志物。

活动场地：教室。

具体操作：一半同学拿红牌，一半同学拿黄牌。学生根据老师的指令做出相应的动作。只有在听到"全体"两个字的时候才需要做出动作，如果没有听到这两个字，就保持原状，不要动。

示范口令："举起红牌""全体举起红牌""放下红牌""举起黄牌""全体举起黄牌""放下黄牌"

小组比赛如下。

A 组口令："全体举起红牌，然后举起黄牌，放下红牌，全体放下黄牌，再次举起红牌，最后一定要举起黄牌。"

B 组口令："全体举起红牌，放下黄牌，全体举起黄牌，放下所有牌，然后一定要举起黄牌。"

C 组口令："举起黄牌，全体举起黄牌，放下黄牌，举起红牌，全体举起红牌，放下所有牌，必须举起黄牌，最后全体不举红牌。"

交流方向：请学生说一说这个游戏获得成功的关键是什么？

主题活动 1：拍拍手(建议时长：10 分钟)

活动目标：彼此相识，建立互动关系。

活动材料：无。

活动场地：教室。

具体操作：老师读一段文字，学生听关键词，听到关键词后按指令拍手。

第一个口令：听到"西瓜"这个词，就拍一次手。夏天到了，西瓜成熟了。西瓜圆圆的和皮球一样大小，先是淡绿色，然后变成深绿色，最后变成光滑的墨绿色。没有熟的西瓜，瓜肉是淡白色的；成熟的西瓜，瓜肉是鲜红的。

第二个口令：听到学习用品名称的，就拍一次手，如茶杯、铅笔、电灯、橡皮、削笔机、尺子、脸盆、字典等。

第三个口令：听到动物名称时拍一下手，听到植物名称时拍两下手，如小猫、白菜、蒲公英、苹果、公鸡、长颈鹿、番茄、松树、蜻蜓等。

交流方向：请几位同学分享一下他们的制胜秘诀。

要在这个游戏中取得好成绩，首先需要集中注意力聆听，然后将听到的信息与规则相结合。当然，快速的反应也是不可或缺的。那么，我们在课堂上是否也能保持这样的注意力呢？同学们可以回想一下，当老师讲课时，你们是否全神贯注地听完了每一个细节？接下来，我们做个小调查。通过这个调查，我们会发现，尽管我们坐在同一个教室，听同一位老师讲课，但每位同学所听到和学到的内容却不尽相同。这在很大程度上取决于我们上课时是否能够集中注意力。因此，可以看出，在课堂上集中注意力不但重要，而且是非常必要的。

主题活动2：我们的约定(建议时长：20分钟)

活动目标：确保团体活动的顺利进行，促进良好团体氛围的形成。

活动材料：A4纸、笔。

活动场地：教室。

具体操作：学生根据自己的意愿分组，每个团体的成员人数控制为4～6人，预计形成7～8个团体，并根据班级人数进行适当调整。教师引导成员补充团体规范，讨论在参加团体活动过程中应该遵守的规则，以及表达自己不希望在团体中出现的情况。各组派一名代表报告讨论结果。领导者将所有小组的讨论结果进行汇总，最终形成本团体的活动契约。请每位成员在活动契约上签字，以示对团体规范的认可和承诺。请团体成员分享他们对第一次团体活动的感受。

结束：小结(建议时长：5分钟)

活动目标：总结活动中的收获和感悟。

教师总结语：我们这次的活动到这里就结束了。作为第一次团体辅导活动，同学们都参与得很认真，完成得也很好。我们一起明确了团体目标，制定了团体规范，签订了团体契约，并划分了小组。接下来的几周，我会带领大家围绕注意力这一主题，在一系列的团体辅导活动中逐步调整与改善。老师相信，只要每位同学都能积极参与，认真参与，你们会对注意力有一个全新的认识，也会有一定的收获和成长。

第二单元　深呼吸与细观察

教师引导语：在上一次的团体辅导活动中，我们签订了团体契约，相信同学们对活动以及自己的小组成员也有了更进一步的了解。今天的主题是"深呼吸与细观察"，注意力的特征主要包括广度、稳定性、分配和转移四个方面。今天我们将学习注意力的广度，希望同学们通过这节课的学习，能够初步了解注意力的重要性。

热身活动：耳听八方(建议时长：5分钟)

活动目标：活跃课堂气氛，帮助学生体会注意力集中的要素"耳到""心到"。

活动材料：无。

活动场地：教室。

具体操作：学生用双手中指分别按住耳屏，把注意力集中在耳朵里30秒。根据老师的要求把手放在桌面上，闭上眼睛，静静地听，注意听那些细小的、平时不太注意的声音，听听都有哪些声音。

交流方向：请几位同学分享一下他们都听到了什么。

记忆常被作为知识的仓库，一个仓库里储存的知识越丰富，人就越显得博学。但你们是否知道，集中注意力可以让更多知识涌入我们的脑海。如果注意力不集中，就像仓库的大门紧闭，知识便无法进入。因此，不论是学习还是生活中的任何事情，当我们集中注意力时，就能做得更好。老师希望同学们在生活和学习中积极体验集中注意力带来的快乐和成功，并培养出聚精会神、专心致志的优秀品质。

主题活动 1：舒尔特方格训练(建议时长：15 分钟)

活动目标：进行学生注意力水平测试，提供有效的注意力训练策略，确保学习与训练过程科学、系统、可持续。根据学生的初步注意力水平，提供有针对性的帮助，以达到实际提升的效果。

活动材料：秒表计时器、舒尔特方格训练表(见表 9-2)。

表 9-2　舒尔特方格训练表

21	22	7	2	10
8	14	3	6	11
5	23	1	15	17
12	16	9	13	20
19	4	18	24	25

活动场地：教室。

具体操作：学生根据老师要求分组进行舒尔特方格训练，每个小组由 6 名同学组成，每位同学将领取一张"舒尔特方格训练表"。6 名同学平均分为 3 对，每对使用一个秒表计时器。每对中的一名同学需依照 1～25 的顺序，用手指依次指出每个数字的位置，并同时大声读出来。另一名同学则负责记录所用时间。之后，两名同学互换角色，重复上述活动。每个小组的三对将同时进行训练。指出 25 个数字所用时间越短，说明该同学的注意力水平越高。具体参考成绩如表 9-3 所示。

表 9-3　5×5 舒尔特方格参考成绩

年　龄	优　秀	良　好	中　等	及　格
5～6 岁	30 秒内	30～40 秒	40～48 秒	55 秒内
7～11 岁	26 秒内	26～32 秒	32～40 秒	45 秒内
12～17 岁	16 秒内	16～18 秒	19～23 秒	24 秒内

注意事项：舒尔特方格训练表设有 25 个格子，每个格子内含有一个 1～25 的自然数，且每个数字不重复。训练表中的数字顺序是随机排列的，提供的舒尔特方格训练表可供参考。学生需连续完成三次训练，每次训练时都需注意准确计时。

主题活动 2：一起来找碴儿(建议时长：20 分钟)

活动目标：学生亲身体验失败和成功，深刻理解集中注意力对明确目标的重要性，从而培养他们的专注态度。

活动材料：图片，如图 9-1～图 9-7 所示。

活动场地：教室。

具体操作：学生根据老师准备好的图片，找出图中两幅图片之间的不同之处，限时 15 分钟。目标是既要速度快，又要正确率高。最先找出所有不同点的学生请举手示意。

交流方向：活动结束后，请几位同学分享他们在挑战过程中的感受和体验。

8 处不同

图 9-1

6处不同

图 9-2

8处不同

图 9-3

8处不同

图 9-4

8处不同

图 9-5

图 9-6

图 9-7

结束：小结(建议时长：5 分钟)

活动目标：总结活动中的收获和感悟。

教师总结语：同学们，通过你们的努力，这节课我们一起完成了"舒尔特方格训练"和"一起来找碴儿"的游戏，初步了解了注意力的重要性。老师看到每个同学都非常认真专注，这也是我们能够高效地完成这些活动的原因。通过这节课，老师希望大家认识到自己的注意力水平，以及注意力在生活和学习中的重要性。注意力不是一成不变的，通过一定的训练，我们的注意力是可以得到提升的。希望同学们在课后也能将团体辅导活动中的专注态度应用在学习中。只要你们认真践行，一定有所收获。

第三单元　注意如此重要

教师引导语：同学们，在今天的课正式开始之前，让我们先回顾一下上节课的内容。上节课中，我们初步了解了注意力的重要性，并且进行了注意力广度的练习。相信同学们已经有所感悟和收获。今天，我们将学习第三个单元，主题是"注意如此重要"。我希望同学们通过今天的学习，在活动中体验集中注意力带来的快乐和成功，并且学会有意识地培养自己的注意力。

热身活动：一封来信(建议时长：5 分钟)

活动目标：通过分享信件内容，活跃课堂氛围，引起学生共鸣，为引出本节课的主题"注意如此重要"做好铺垫。

活动材料：求助信。

活动场地：教室。

具体操作：教师朗读一封来自学生的求助信，并根据信中提出的问题，引导学生思考，导入主题，信的内容如下。

老师，您好！

最近，我在学习中遇到了一些问题，为此很烦恼，希望您能帮帮我。上课时我总是东张西望，思想走神，坐不住，老想动一动，或者和同桌说话，无法专注听讲。

有时候我也想认真听讲，可听着听着心思就走神了，开始胡思乱想。等回过神来，老师已经快讲完了。课后我很自责，作业不会做，后悔上课没好好听。我也曾立下目标，下节课一定要好好听，但类似的情况又发生了。老师，您说我该怎么办呢？

交流方向：学生讨论，这位同学面临的最主要问题是什么？在日常学习中，大家是否也会遇到类似的挑战？在课堂学习中遇到难以集中注意力的时候，应该如何应对？有没有什么具体的策略或方法，可以帮助我们更好地管理自己的注意力？

主题活动 1：传递悄悄话(建议时长：20 分钟)

活动目标：通过活动，让每位小组成员积极参与，培养团队精神和集体荣誉感。提高注意力，并锻炼"相互配合，共同努力"的能力。

活动材料：传递的话。

活动场地：教室。

具体操作：每个小组依次传递一句话，从第一个同学开始，一直传到最后一个同学。每位同学在传递信息时，声音要轻，且只能重复一次，目的是考验哪个小组能够既快速又准确地完成传递任务。传递内容如下。

(1) 前天晚上我绕着学校的操场跑了三圈。

(2) 星期天上午你和我去我家写作业。

(3) 今天下午语文课和英语课对调。

(4) 今天下午六年级要举行拔河比赛。

(5) 星期六妈妈要带我去超市买玩具。

(6) 明天晚上 7 点在本班教室开家长会。

(7) 后天中午我们班要留在教室里训话。

交流方向：游戏结束后，获胜组的学生分享游戏体验，其他组讨论如何提高传递效率。

主题活动 2：欣赏画作《红、黄、蓝的构成》(建议时长：15 分钟)

活动目标：通过欣赏艺术作品，引导学生理解目标对集中注意力的重要性。认识到目标越具体，注意力就越集中。

活动材料：画作《红、黄、蓝的构成》，如图 9-8 所示。

活动场地：教室。

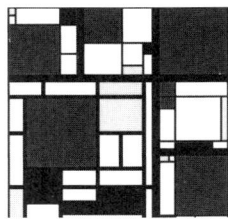

图 9-8 红、黄、蓝的构成

具体操作：师生一起欣赏荷兰画家蒙德里安的代表作《红、黄、蓝的构成》，画家以黑色线条划分出不同大小的色块，创造出了自己独特的艺术风格。欣赏完后，老师关闭图片，向学生提出以下问题。

(1) 在刚才的作品中，红色的区域有几块？凭记忆回答，不要猜测。

(2) 现在带着问题再次观察作品，数一数红色区域的数量。为什么在第一次提问时，大多数同学都不清楚答案，而第二次却能迅速回答？这背后的原因又是什么？

(3) 在日常生活中，尤其是在上课时，我们可以设定哪些具体目标来提高我们的注意力？

第一次观看作品时，大家没有带着具体的问题，而第二次则是带着明确目标——找出红色区域的数量。这个活动让我们发现了一个提高注意力的重要方法：设定明确的目标。当我们带着明确的目标去做事时，我们的注意力会更加集中。目标会引导我们的注意力，使我们更有效地完成任务。

结束：小结(建议时长：5 分钟)

活动目标：回顾并总结今天课程中的学习收获和深刻感悟。

教师总结语：今天的课程已经接近尾声，我希望每位同学都能通过今天的学习，深刻理解注意力对我们生活和学习的重要性。注意力并非与生俱来，而是可以通过持续训练逐步提升的。注意力如同一盏聚光灯，只有在它照亮的地方，我们才能够感知、记忆和思考。拥有出色的注意力是我们有效学习的基石，它将使我们的学习过程更加高效。

如果你目前发现自己的注意力还不够集中，请不要过于焦虑。在未来的学习中，老师会继续引导大家探索和学习提升注意力的策略和技巧。同时，我也希望同学们在课后能够认真回顾今天的课程内容，将所学的知识运用到你们的学习生活中去，不断实践，逐步提升。

第四单元　克服分心有妙招

教师引导语：同学们，你们是否还记得我们上节课讨论的主题是什么？……非常好，你们的回答很出色，我们讨论的是注意力的重要性。在体验集中注意力乐趣的同时，我们也尝试着培养这种能力。今天，我们将深入学习注意力的另一个关键特征——稳定性。

在小学阶段，注意力不集中往往是学业困难的一个重要原因。注意力稳定性差，也就是容易分心，会使学生在学习过程中经常处于"走神"的状态。我相信大多数同学都有过这样的经历，这不仅会降低听课的效率，还会影响学习成绩。

那么，我们该如何克服这种分心呢？这就是我们今天的主题——"克服分心有妙招"。我希望通过今天的学习，同学们能够掌握一些有效的方法来克服分心，这不仅对你们的学习大有裨益，也能帮助你们在日常生活中更好地集中精力。让我们一起探索这些有用的策略吧！

热身活动：听歌抓"羊"(建议时长：5 分钟)

活动目标：激发学生的兴趣，并让他们在参与过程中感受到集中注意力所带来的成就感，同时自然地引入本次课程的主题。

活动材料：歌曲《别看我只是一只羊》.mp3

活动场地：教室。

具体操作：老师播放歌曲《别看我只是一只羊》，学生听到歌曲中出现"羊"字时，需及时鼓掌。

刚才的活动中，我注意到有的同学表现得非常出色，能够迅速准确地响应。然而，也有几位同学似乎遇到了一些困难。这其实与我们的注意力是否集中密切相关。在完成任何任务时，确保能够集中注意力非常重要。今天，我们就来探讨如何提高我们注意力的稳定性，避免分心，从而在学习和其他活动中表现得更加出色。

主题活动 1：大话分心(建议时长：15 分钟)

活动目标：通过学生的个人经历分享和深入思考，识别在学习过程中注意力分散的各种原因。

活动材料：无。

活动场地：教室。

具体操作：让学生思考一下，有哪些事情在学习时会导致他们分心？小组讨论，5分钟后进行分享。

交流方向：随机选取小组成员分享他们的讨论成果。

通过刚才的小组讨论和分享，我们发现分心的原因多种多样。既有外部因素，如周围的声音、吸引人的图片等；也有内部因素，如情绪波动、对学习内容缺乏兴趣等。这些因素都可能成为我们学习过程中的干扰源，影响我们的学习效率。

在今天的课程中，我们将一起成为"注意力特工"，探索和学习如何有效应对这些分心的"大魔兽"。我们将学习一些实用的技巧和策略，帮助我们保持注意力集中，提高学习效率。

主题活动2：做作业和听课(建议时长：20分钟)

活动目标：通过案例讨论和小组合作相结合的方式，以趣味性和实践性引导学生深入分析注意力分散的原因。在此基础上，通过小组讨论和挑战任务，激发学生的创造力和团队协作能力，共同探索和实践克服分心的有效方法。

活动材料：案例。

活动场地：教室。

具体操作：分为案例讨论和寻找妙招两个环节来进行。

1) 第一环节：案例讨论

(1) 呈现案例。

案例一：做作业中。

今天功课特别多，安安吃完饭开始写作业。没一会儿，窗外传来了熟悉的歌声。安安兴奋得手舞足蹈，跟着哼唱起来。突然想起作业还没做完，刚准备继续写，忽然瞥见桌上的酸奶，便一边喝酸奶一边写作业。这时妈妈喊道："安安，快10点了，该睡觉了！""糟糕，我完蛋了。"

案例二：听课时。

老师领着同学们朗读古诗，小辉捧着书，思绪却早已飞出了教室。"今天放学我要玩什么游戏呢？晚上要吃香喷喷的炸酱面！噢，不，数学考砸了，今天回去会不会挨揍？"小辉试图控制自己不要去想这些，可是这些杂念却挥之不去，这节课他什么都没听进去。

交流方向：安安和小辉在学习时为什么会分心？想一想，有哪些方法可以帮助他们克服分心的问题。

(2) 小组讨论。学生按照老师的要求，以小组为单位进行案例讨论。1～3组的同学讨论案例一，4～6组的同学讨论案例二，讨论限时5分钟。

交流方向：分析影响安安和小辉分心的具体原因，并思考可以给他们哪些具体的建议来帮助他们减少分心。

(3) 小组汇报方法。

(4) 教师小结克服分心的小妙招。同学们的集体智慧让我们发现了许多提高注意力的有效策略，我们可以将这些策略分为两大类：减少外部干扰，如关闭音乐、整理书桌；调整自我状态，如情绪调节、寻找对手、他人监督、目标明确、有奖有罚等方法。

2) 第二环节：寻找妙招

(1) 情绪调节。

教师引导语：同学们，在案例二中，我们注意到小辉遇到了一个非常强大的分心因素——考试成绩不理想所带来的压力和负面情绪。这种情况让小辉感到心情沉重，很难立即摆脱这种情绪，进而影响了学习。面对这样的情况，我们该怎么办呢？

具体操作：请同学们用以下的句式来练习表达自己的感受。

请你告诉自己：对于_____这件事，我感觉_____，等学习结束后，我再好好想想它。

(2) 寻找对手。

第一轮任务具体操作：学生准备好纸和笔，进行书写任务。老师规定时间，学生在听到老师喊"开始"的指令后才能动笔，听到"结束"的指令时，必须立即停笔。根据老师要求，同学们从 1 开始在纸上按顺序书写阿拉伯数字。

第二轮任务具体操作：请学生在心里选择一个竞争对手，可以是自己，也可以是其他同学。用时和要求与第一轮任务相同，从 1 开始，在纸上按顺序书写阿拉伯数字。

交流方向：对比两次的书写情况，看是否有变化，请第二次写的数字比第一次多的同学举手，并分享原因。

通过比较两次任务的完成情况，你们发现了什么可以帮助自己更专心的方法吗？是不是有了竞争对手后，你们更有动力，注意力也更集中了呢？这种竞争意识和目标设定可以成为提高我们注意力的有效策略。

结束：小结(建议时长：5 分钟)

活动目标：总结活动中的收获和感悟。

教师总结语：同学们，今天的课程已经圆满结束，让我们一起回顾和总结这节课的要点。在大家的共同努力下，我们不仅找到了排除干扰的方法，还体验了如何进行自我调整来克服分心。

老师想要强调的是，无论面对什么干扰，我们都要学会静下心来，将注意力集中在目标上，实现全神贯注。这不仅能提高我们完成作业和听课的效率，还是我们学习成功的关键。

在未来的学习和生活中，分心的挑战可能会时常出现。我希望你们能够珍惜并运用我们今天学到的这些妙招。当你们能够熟练地运用这些技巧时，你们将会发现学习变得更加轻松，效率也会显著提高。

记住，每一次的专注都是对自我能力的锻炼，每一次的坚持都是向成功迈进的一步。让我们带着这些宝贵的经验和技巧，迎接新的挑战，不断攀登学习的高峰！

第五单元 注意的魔力

教师引导语：同学们，回想起上节课，我们一起探讨了如何克服分心，更好地集中我们的注意力。我想知道，经过上节课的学习，大家有没有尝试改掉分心的坏习惯？有没有感觉到自己的注意力有所提升呢？

截至目前，通过四个单元的学习，我们已经了解了注意力的两个重要特征：注意的广度和注意的稳定性。我相信每位同学在这个过程中都有所收获和进步。

今天，我将带领大家深入了解注意力的第三个特征——注意的分配。注意的分配是指我们能够在同时进行多项任务时，合理分配注意力的能力。例如，有的同学能够在听讲的同时做笔记，或者在弹琴时看乐谱，这些都是注意分配能力的体现。

现在，让我们正式进入今天的主题——"注意的魔力"。通过今天的学习，我们将探索注意力分配的奥秘，学习如何更高效地利用我们的注意力资源。

热身活动：抓耳抓鼻(建议时长：5 分钟)

活动目标：激发学生的兴趣，集中他们的注意力，为接下来的课堂学习做好准备。

活动材料：无。

活动场地：教室。

抓耳抓鼻

教师引导语：同学们，为了让我们的思维更加活跃，我们将进行一个有趣的反应游戏。这个游戏将帮助我们练习注意力的集中和快速反应。

具体操作：学生听从老师的口令，当老师喊"1、2"时，同学们两手在胸前按照口令的节拍击掌两次，当老师喊"3"时，左手拇指与食指抓住鼻子，同时右手与左臂交叉，用拇指与食指抓住左耳。在下一次听到"1、2"时，继续按节拍击掌两次。再次听到"3"时，换成右手拇指与食指抓住鼻子，左手拇指与食指抓住右耳。请同学们在听到口令后 2 秒内做出相应的动作。老师将随机喊出口令，如果在规定时间内没有做出动作，或者动作错误，将视为失败。

主题活动 1：我是速算王(建议时长：20 分钟)

活动目标：通过速算任务和外界干扰的结合，让学生亲身体验并理解注意力集中的重要性，明白在分心的情况下完成任务的难度。

活动材料：口算纸、笔、《猫和老鼠》.mp4。

活动场地：教室。

具体操作：给每个学生分发一张口算纸，根据老师的口令进行操作。当老师喊"开始"时，学生就开始做题；老师喊"停"时，学生需放下手中的笔，否则成绩将视为无效。活动开始 1 分钟时，老师开始播放动画片《猫和老鼠》，同时在教室内默默巡视，观察学生的反应。到第 5 分钟时，老师喊"停"，所有学生停止做题。让完成超过 15 道题的学生举手，完成超过 20 道题的学生报出答案，以便核对做题情况，整个活动共计用时 5 分钟。

主题活动 2：数字划消游戏(建议时长：15 分钟)

活动目标：帮助学生提高注意力的集中性和持久性，锻炼他们在面对重复性任务时保持专注的能力。

活动材料：数字划消卡、笔。

活动场地：教室。

具体操作：老师先介绍游戏规则，给每位学生发放一张数字划消卡，限时 10 分钟，学生在规定时间内，尽可能快速且准确地完成数字划消任务。10 分钟后，老师公布正确答案，学生在小组内交换卡片，相互批阅答案，并分享各自在任务中的体验和感受。

(1) 用"\"划去表中的数字"6"(共划去___个数字)。

(2) 用"×"划去表中位于"6"前面的数字(共划去___个数字)。

(3) 先判断"6"前面的数字是单数还是双数，再用"○"圈去单数(共划去___个数字)。

57361236320
72053246096

5 3 8 9 6 2 0 6 1 2 4
0 8 4 3 2 1 6 4 5 3 6
2 0 3 8 6 2 0 6 4 1 4
1 6 2 4 3 8 5 7 6 0 6

结束：小结(建议时长：5 分钟)

活动目标：总结活动中的收获和感悟。

教师总结语：同学们，今天的课程即将结束，让我们共同回顾一下这节课的核心内容。我们深入探讨了注意的分配，并通过"我是速算王"和"数字划消游戏"两个活动，让大家亲身体验了注意力集中的重要性。通过这些活动，我们发现"一心不可二用"的道理，它直接影响了学习和做事的效率。当我们的注意力分散时，不但学习效率会降低，而且对知识的理解和吸收也会受到影响。

这节课的学习让我们认识到，注意的分配对学习成绩有着直接的影响。只有将注意力集中于学习内容时，才能够更深入地理解知识，更有效地吸收信息；反之，如果我们在学习时分心，学习效果将大打折扣。我希望这节课的学习能够帮助大家在未来的学习中变得更加专注。请大家记住，集中注意力是一种可以通过练习不断提升的能力。在日常生活中，让我们有意识地培养这种能力，不论是在课堂上，还是在家中自学，都要学会排除干扰，提高学习效率。

最后，我鼓励大家思考一下，如何将今天学到的知识和技巧应用到自己的学习生活中？有哪些具体的行动计划可以帮助你更好地集中注意力？让我们带着这些问题和答案，一起迈向更高效的学习之路。

第六单元　抗干扰我最强

教师引导语：同学们，回想一下上节课，我们深入学习了注意的分配，并认识到了注意力对我们学习的潜在影响。老师在上节课中多次强调过，注意力不集中会阻碍我们的学习。

今天，我们将继续我们的探索之旅，专注于练习和掌握有效的注意力训练策略。我们的目标是培养集中注意力的习惯，学会有效地抵抗外界干扰，这样才能在学习中保持最佳状态。接下来，我们一起进入这节课的学习——"抗干扰我最强"。在这个环节中，我们不仅会讨论理论知识，还会通过一系列有趣的活动锻炼我们的注意力和抗干扰能力。请大家准备好，带着积极的心态，参与到今天的学习中来。让我们共同努力，不仅学会如何集中注意力，更要学会在面对干扰时如何保持专注。

热身活动：反口令(建议时长：5 分钟)

活动目标：一方面激发学生的积极性，集中他们的注意力；另一方面，让学生在游戏中体验集中注意力的乐趣，并通过游戏引出本节课的主题。

反口令

活动材料：无。

活动场地：教室。

教师引导语：同学们，我们正值充满活力的年纪，反应速度一定很快。今天，我们将通过一个名为"反口令"的游戏来测试和锻炼大家的注意力和反应能力。

具体操作：老师说口令，学生需要迅速做出与口令相反的动作。比如，老师说"点头"，学生就要"摇头"。在确保所有学生都理解规则后，老师开始喊口令，如"抬头、点头、坐下、起立、举右手、向左看、摇头"等。

接下来，进行"词语反说"游戏。老师说出一个词语，学生需要立即反着说出这个词语。例如，老师说"江河日下"，学生应该说"下日河江"。在游戏过程中，所有学生站立，一旦说错就坐下。教师接着说出一些词语，如"顺遂、青山不改、绿水长流、后会有期、来日方长、平安喜乐"等。

交流方向：游戏结束后，邀请同学们分享他们的成功体验和在游戏中的感受。

主题活动 1：观看小猫钓鱼(建议时长：15 分钟)

活动目标：通过观看视频，吸引学生的注意力，进行自我评估。让学生认识到集中注意力的重要性，并了解自己在集中注意力方面的表现。

活动材料：《小猫钓鱼》.mp4 和"注意力自评量表"。

活动场地：教室。

具体操作：组织学生观看《小猫钓鱼》视频片段。视频观看结束后，老师引导学生讨论并总结"片中的小猫为什么第一次没有钓到鱼？谁能用一个词语来概括这种情况？"老师进一步引导学生思考"专心学习是一种良好的学习习惯。在我们的学习中，往往一个小小的习惯就能决定事情的成败"。老师给每位同学发放一张"注意力自评量表"，并说明"下面，请同学们动手做个小测验，注意认真填写。这将帮助你们了解自己在集中注意力方面的表现"。学生根据提示，认真填写自己的注意力自评量表。填写完毕后，老师邀请几位学生分享他们的自评结果，并给予针对性的反馈和建议。

注意力自评量表

对下面符合自己情况的打"√"，不符合自己情况的打"×"。

1. 听别人说话时，常常心不在焉。 （ ）
2. 学习时，常常想起毫不相干的事情。 （ ）
3. 学习时，往往急于想干另外一件事情。 （ ）
4. 一有担心的事，便总是萦绕在心。 （ ）
5. 学习时，总觉得时间过得太慢。 （ ）
6. 被别人指责时的情景始终不会忘记。 （ ）
7. 有时忙这忙那，什么都想干似的度过一天。 （ ）
8. 想干的事很多，却不能专心干一件事情。 （ ）
9. 听课时，常常哈欠不断。 （ ）
10. 说话时，有时会无意识想其他的事情。 （ ）
11. 在等人时，感到时间长得难熬。 （ ）
12. 刚看完的笔记，有时会重新阅读好几遍。 （ ）
13. 读书时不能持续坚持 2 小时以上。 （ ）
14. 一件事情做得时间太长后，就会急躁地希望早点结束。 （ ）
15. 学习时，容易被周围人的说话声干扰。 （ ）

评分标准如下。

"√"计 0 分，"×"计 1 分。

0～3 分者注意力差；4～7 分者注意力稍差；8～11 分者注意力一般；12～13 分者注意力好；14～15 分者注意力很好。

主题活动 2：快乐乒乓球(建议时长：20 分钟)

活动目标：通过具体的游戏和任务，教会学生如何主动排除干扰，培养学生自觉自律的学习习惯。

活动材料：乒乓球、乒乓球拍、故事绘本。

活动场地：教室。

具体操作：教师介绍活动规则，学生分成三组。第一组进行乒乓球接力游戏，第二组在旁边进行干扰，第三组同学在教室完成故事绘本的阅读或创作。运球的同学尝试在不掉落乒乓球的情况下，用球拍托着球在教室内行走。进行干扰的同学在不触碰运球同学的情况下，通过拍手、喊叫等方式进行干扰。

游戏进行一段时间后，教师宣布游戏结束。

交流方向：教师随机选取几名参与运球的同学和完成绘本的同学进行采访，询问他们的体验。询问运球的同学是否受到干扰，以及他们是如何做到不受干扰的。询问完成绘本创作的同学在干扰环境下的感受，以及如果环境安静，他们是否能做得更好。教师根据学生的分享进行总结，强调排除干扰和自律的重要性。

结束：小结(建议时长：5 分钟)

活动目标：总结活动中的收获和感悟。

教师总结语：同学们，今天我们的课程内容丰富而有意义。我们观看了富有启发性的《小猫钓鱼》视频，参与了挑战反应和专注力的乒乓球接力赛，还认真填写了"注意力自评量表"。通过这些活动，我们意识到在学习过程中，周围环境和内心状态都可能成为干扰因素。老师想要强调的是，尽管这些干扰无法完全避免，但关键在于我们如何集中注意力，将这些干扰对学习的影响降至最低。更为关键的是，我们需要学会排除内心的杂念和干扰。

在今天的活动中，我们主要通过抗干扰的训练进行了注意力训练。但请记住，提高注意力的方法是多种多样的。在未来的学习生活中，我们需要不断地交流、探索和训练，才能逐步提升自己的注意力水平。这就如同运动员一样，虽然教练提供了训练方法，但要想取得优异的成绩，还需要长期而刻苦的训练。同样地，我们也需要通过持续的努力和练习，来锻炼和提高自己的注意力。

最后，老师希望你们能够将今天的收获和感悟应用到日常学习中，持续练习，不断进步。让我们一起努力，成为能够管理自己注意力的高手，让学习变得更加高效和愉快。

第七单元　别跑开，我的注意力

教师引导语：同学们，欢迎回到我们的团体心理辅导课。今天，我们将开展第七次团体辅导活动。让我们先来回顾一下，上节课我们学习的主题是什么？没错，就是"抗干扰我最强"。通过上节课，我们深入探讨了如何提高专注力，克服外界干扰。截至目前，我们已经学习了注意力的三个关键特征：注意的广度、稳定性和分配性。今天，我将带领大家学习注意力的最后一个关键特征——注意的转移。这个概念将帮助我们理解如何在不同任务之间灵活地转移注意力。

通过前面几次课程的学习，我相信同学们对注意力的理解已经相当深刻了。我也能观察到，大家在课堂上的表现都有了显著的提升。你们的努力和进步让老师为你们感到非常骄傲。在今天的课程中，我希望同学们能够继续保持这种积极的学习态度和热情。我期待看到大家取得更大的进步。让我们带着这份信念和期待，一起开启我们今天的学习之旅吧！

热身活动：左手画圆，右手画方(建议时长：5 分钟)

活动目标：通过"左手画圆，右手画方"的游戏，让学生在轻松愉快的氛围中亲身感受到一心二用的难度，并通过实践深刻体会到专注做一件事的效率和效果。

活动材料：白纸、笔。

活动场地：教室。

具体操作：老师向学生介绍今天的绘画活动，请 2 名同学到讲台前进行"左手画圆，右手画方"的示范，确保所有学生都能看清示范过程。其他同学在座位上拿出一张白纸和笔，跟随示范进行游戏。

规则 1：限时 30 秒，学生尝试同时用右手画方形和左手画圆形，可以多次尝试。

规则 2：限时 5 秒，学生先使用右手画方形，再用左手画圆形，注意两手不能同时进行，只画一次。

提问 1：在第一次尝试时，你有什么感受？是否感到困难或不协调？

提问 2：比较两次绘画的结果，哪个更好一些？为什么我们在 30 秒内尝试多次的结果，还不如 5 秒内专注一次画得好？

提问 3：通过这个活动，你学到了什么？有哪些关于专注和"一心不可二用"的认识？

主题活动 1：听力大比拼(建议时长：15 分钟)

活动目标：通过男女生的互动参与，激发学生的积极性，让学生在活动中体验集中注意力的感觉，并掌握提高注意力的训练方法，以便在日常生活和学习中进行有效训练。

听力大比拼

活动材料：文章。

活动场地：教室。

具体操作：请同学们认真听老师朗读一篇文章，当老师读到"花朵"时，女生需迅速起立，男生则坐下；当老师读到"雨滴"时，男生需迅速起立，女生则坐下。

教师开始朗读，具体内容如下。

当花朵最需要雨滴的时候，雨滴会适时而来。在我们的故乡，称此时的雨滴为"花雨"，此时的花朵为"雨花"。因为只有在这个时候，花朵才最艳丽动人，雨滴才最晶莹光彩。

怎样才能描述两者"结合"的情景，曾经让我苦苦思索。近日阅读台湾一位诗人的新作，才让我惊喜地读懂了我所理解的诗美：花朵是雨滴的最佳归宿，雨滴是花朵最爱恋的宝贝。雨滴流进了花朵，自己充满了花的欢笑；花朵迎进了雨滴，焕发着雨滴的晶莹。雨滴改变了花朵的颜色，花朵呈现了雨滴的光泽，它们共同映衬了天光，并使天光与它们的颜色结合。雨滴进入了花朵，成了花的一部分；花朵融入了雨滴，它的生命是由雨滴构成的。

交流方向：小组讨论，结束后随机找几位同学作为代表，分享如何做到专注的策略以及自己的心得体会。

主题活动2：拒绝"小黑洞"（建议时长：20分钟）

活动目标：通过对学生注意力水平测试，并让其反思，评估和了解学生的注意力水平，同时帮助他们识别和排除学习过程中的干扰因素。

活动材料：注意力水平测试题。

活动场地：教室。

具体操作：老师通过描述常见分心情况，引起学生共鸣，让学生意识到分心问题的普遍性和重要性。鼓励学生思考课余时间学习中可能遇到的干扰因素，即注意力"小黑洞"。老师给每位同学分发注意力水平测试题，并指导学生认真填写。学生独立完成测试题，老师巡回指导，确保学生理解题目要求。填写完测试题的同学举手示意，老师进行统计。老师随机选择几位学生，邀请他们分享自己的测试结果。

交流方向：思考和讨论如何有效拒绝或应对学习过程中的干扰因素。注意力水平测试题如下。

1. 做作业时，你喜欢看电视吗？（　　）

　　A. 是的，我觉得只有这样做作业才不会枯燥

　　B. 不是，我做作业很专心，一边看电视，一边做作业会干扰我做作业的

　　C. 一般不会，但有时做作业时间长的时候会看一会儿电视

2. 听别人讲话时，你会常常想其他的事吗？（　　）

　　A. 是的，我会不由自主地想其他的事情

　　B. 我会尽量和对方互动交流

　　C. 我不会一心二用，否则可能两件事情都做不好

3. 你在做作业的时候常常会关注身边其他的人和事吗？（　　）

　　A. 我做作业时总是眼观六路，耳听八方

　　B. 我做作业时从不关心周围的人和事

　　C. 这种情况不常发生，除非我在做抄写作业

4. 做暑假作业时，你总是花几天的时间就做完所有的暑假作业吗？（　　）

　　A. 是的，早点做完，就可以踏踏实实玩，不用惦记着作业了

　　B. 基本不是，因为这样做会影响做功课的质量

　　C. 偶尔，如果有事想出去玩才会这样

5. 做试卷时，你会经常漏掉题目吗？（　　）

　　A. 是的，我考试的时候会有点心不在焉

　　B. 不会，我做任何事情都很认真

　　C. 我有时候会忘记检查，总要漏掉点什么

6. 妈妈叫你拿碗筷，你却常常会拿错其他东西吗？（　　）

　　A. 当我在看喜欢的动画片时会

B. 一般不会，我一向做事很准确

C. 是的，我会经常拿错东西

7. 你放的东西经常会找不到吗？（　　）

A. 我放的东西有条有理，除非别人改变了位置

B. 我经常会随意乱放东西

C. 我常常找不到橡皮、尺子等小东西

8. 上课时如果外面下雨，你会分心吗？（　　）

A. 我会听一会儿雨声，然后再继续上课

B. 上课时外面的雨声不会让我分心

C. 是的，我会被雨声吸引

9. 班上来了新老师，你会将注意力放在老师的穿着上吗？（　　）

A. 我会花点时间想想新老师的事情

B. 我会像原来一样认真听课

C. 我会好奇地一直打量着新老师

10. 一旦身体不舒服，你会请假不上学吗？（　　）

A. 如果不上新课的话我就请假

B. 正好有理由不去上课

C. 我不会因为小病影响上课

结束：小结(建议时长：5 分钟)

活动目标：总结活动中的收获和感悟。

教师总结语：在今天的班级活动中，我们通过一系列精心设计的环节，不仅增进了同学之间的互动，更在轻松愉快的氛围中，深刻体会到了专注力的重要性和一心不可二用的困难。

首先，在"左手画圆，右手画方"的活动中，同学们积极参与，尝试在有限的时间内完成看似简单的任务。这个活动不仅考验了大家的协调能力，更重要的是，它让我们意识到专注于一件事的效率远高于一心二用。通过比较两次绘画的结果，我们发现，尽管在 30 秒内多次尝试，但效果却不如 5 秒内专注完成一次画得好。这充分说明了专注力对于提高工作效率和质量的重要作用。

其次，在"听力大比拼"环节中，同学们通过男、女生的互动参与，体验了集中注意力的感觉。这个活动不仅激发了大家的积极性，还让大家掌握了提高注意力的训练方法。通过小组讨论和分享，同学们交流了各自的专注策略和心得体会，这对于我们在日常生活和学习中进行有效训练很有帮助。

最后，在"拒绝'小黑洞'"环节中，我们通过注意力水平测试和自我反思，了解并评估同学们的注意力水平。这个活动帮助大家识别和排除了学习过程中的干扰因素，即注意力"小黑洞"。通过思考和讨论如何应对这些干扰因素，同学们学会了如何在学习中保持专注，提高学习效率。

综上所述，今天的活动非常成功。同学们在参与中学习，在体验中成长。希望大家能够将今天的收获应用到今后的学习和生活中，不断提高自己的专注力，排除干扰，实现更

高效的学习。让我们一起努力，拒绝"小黑洞"，迎接更加专注和高效的自己！

第八单元　我的注意我做主

教师引导语：同学们，今天我们迎来了我们团体辅导课程的最后一次活动。在这最后一次聚会之前，让我们先来回顾我们共同走过的旅程。

在第一单元的"知你知我"活动中，我们分组、签订了团体契约，并通过这一过程对彼此有了更深入的了解。在第二次团体辅导的"深呼吸与细观察"活动中，我们首次深入探讨了注意的广度，并开始认识到注意力的重要性。在第三次的"注意如此重要"活动中，我们体验了集中注意力带来的乐趣和成功，许多同学开始有意识地培养自己的注意力。在第四次的"克服分心有妙招"活动中，我们学习了如何提高注意的稳定性，并意识到了一心不可二用的道理。在第五次的"注意的魔力"活动中我们学习了注意的分配，进一步理解了注意力对学习的重要作用，并鼓励大家自觉自律。在第六次的"抗干扰我最强"活动中帮助同学们将集中注意力转变为习惯。而在第七次的"别跑开，我的注意力"活动中，我们学习了注意力的最后一个特征——注意的转移，并希望同学们学会排除干扰，专注学习。

经过这么多次的团体辅导活动，老师有幸见证了每一位同学的成长和进步。现在，让我们带着满满的收获和期待，开始我们最后一次的团体辅导课吧！

热身活动：抓手指(建议时长：5分钟)

活动目标：通过"抓手指"游戏进行课前热身，激发学生的积极性和参与度。通过游戏过程中的快速反应要求，让学生意识到分心可能导致任务失败，从而为后续深入探讨注意力问题和学习集中注意力的技巧做好铺垫。

活动材料：无。

活动场地：教室。

具体操作：学生随机分组，每组4～8人，形成一个圆圈。每个学生伸出右手，掌心向下；同时伸出左手，食指向上并顶在右侧同学的右手掌下。老师随机说出一系列数字，当听到数字"3"时，学生需要迅速用右手掌紧握右侧同学的食指(扮演"抓"的角色)；同时，自己的左手食指要尝试快速逃脱左侧同学的抓捕(扮演"逃"的角色)。老师开始报数，学生根据听到的数字做出反应。游戏结束后，老师引导学生讨论在游戏中的体验，特别是关于注意力集中和分心的感受。

主题活动1：手脚运动操(建议时长：15分钟)

活动目标：通过结合"手脚运动操"游戏和故事讲述，让学生在轻松愉快的氛围中参与进来，深刻理解一心不可二用的道理，并锻炼他们在分心环境下的注意力集中能力。

手脚运动操

活动材料：有趣的视频.mp4。

活动场地：教室。

具体操作：老师讲述《乌鸦和乌龟》的故事，当听到"乌鸦"这个词时，学生需要拍掌两次；当听到"乌龟"这个词时，学生需要跺脚两次。在讲故事的过程中，老师在屏幕上播放有趣的视频，作为干扰。

故事内容：森林里的池塘边住着一只小乌龟，它有一双乌溜溜的大眼睛。有一天，乌龟在外面玩，突然看见一只乌黑羽毛的乌鸦在天上飞，乌鸦边飞边喊:"兄弟，快跑，巫婆来了!"乌龟连忙把头缩进壳里，乌鸦则躲进了池塘边的茅屋。过了一会儿，乌龟见周围没什么动静，探出头来一看，才发现刚才乌鸦看到的既不是巫婆，也不是巫师，而是乌云。这时天空乌云密布，眼看就要下大雨。好心的乌龟赶紧走出去，把乌鸦请到屋里避雨，可是乌鸦看到它家满地污泥，乌七八糟，乌鸦就喋喋不休地数落乌龟，简直就是无理取闹。乌龟强忍住一肚子怒火，终于在雨停的一刻送走了乌鸦。

交流方向：请几位同学分享一下，他们是如何在有干扰的情况下，还能准确地完成每一个动作的?

主题活动 2：我的收获(建议时长：20 分钟)

活动目标：通过总结和分享，帮助学生梳理自己在团体辅导活动中的学习，鼓励学生认识到自己的进步，并为未来的学习和生活做好准备。

活动材料：便利贴。

活动场地：教室。

具体操作如下。

(1) 老师将提前准备好的便利贴发给每位学生。学生在便利贴上写下自己在注意力训练方面的收获和成长，随后将自己的便利贴贴在黑板上。老师从黑板上挑选几个便利贴，与大家分享。

(2) 进行小组告别仪式，老师准备好"回顾过往，展望未来"的主题，学生自己写一段话，表达自己的感受和祝福。设计留言区，邀请其他成员在留言区留言。学生写好留言后，交给成员保管。

小组成员讨论结束后，老师请每一位学生分享自己的便利贴和留言，鼓励并祝贺每位学生取得的进步。在积极和愉快的氛围中结束这次团体心理辅导活动。

结束：小结(建议时长：5 分钟)

活动目标：回顾整个团体辅导活动过程中的收获和感悟，升华活动的意义与价值。

教师总结语：同学们，随着今天最后一次团体辅导活动的落幕，我们共同走过了一段难忘的旅程。现在，我想邀请大家分享自己在团体辅导中的体会和感受。如果你感到有些害羞或不确定从何说起，没关系，老师愿意首先分享自己的感受，希望能够鼓励大家打开心扉，畅所欲言。

在这段时间里，我们一起探索了注意力的奥秘，见证了彼此的进步和成长。通过大家的积极参与和分享，我们不仅学习了集中注意力的方法，更感受到了注意力对我们学习和生活的重要性。每位同学的发言都让我看到了你们的成长和收获。感谢每一位成员的积极参与和真诚分享。通过这八次团体辅导活动，大家对注意力有了更深刻的理解，掌握了提高注意力的技巧。这些技巧将成为你们宝贵的财富，帮助你们在学习中更加专注和高效。最后，我希望同学们能够把团体辅导活动中学到的注意力技巧应用到日常生活和学习中。记住，专注是一种力量，它能够帮助我们克服困难，实现梦想。老师相信，只要你们保持专注，就一定能一步步接近自己的梦想。让我们以热烈的掌声，为自己在团体辅导中的努力和成长喝彩!期待在未来的日子里，看到大家更加出色的表现!

附　录

青少年注意力测验

姓名：　　　　　　性别：　　　　　　年龄：　　　　　　年级：

语文成绩：　　　　数学成绩：　　　　英语成绩：　　　　排名：

测验前请填写下一行的情况，在符合你实际感受的序号上打"√"。

我现在的状态：A. 很好　　B. 较好　　C. 一般　　D. 较差　　E. 很差

1) 测验一

说明：这是一个简单的测验，主要测量你从很多相似的图形中找到某些指定图形的能力。本测验的图形是由两个大小不同、都有缺口的圆环组成。由于圆环的缺口方向不同，就组成很多近似但又不同的图形。

本测验要完成的任务是从很多相似的图形中找出指定的两种图形，如附图1所示。

请注意以下几个方面。

(1) 直接在找到的两个图形上面打"√"。

(2) 两个图形要同时寻找，不能全部找完一个后再找第二个。

(3) 大圆环与小圆环的缺口方向都要与找的图形完全一致，才算正确。

(4) 请从测验图的第一行开始由左至右依次寻找，查完一行再查下一行，直至全部查完或时间到再停止。

(5) 如果有错打"√"的地方，请不要改正，继续往下找。

希望你能又快又准确地完成本测验，谢谢！

还有不明白的地方，请向主持人提出，保证完全明白测验的要求。

没有听到"开始"口令时，请勿翻页！

2) 测验二

说明：本测验要求从画有不同数目圆圈的小方格内找出画有四个圆圈的小方格，找到后请在该方格上打"√"，如附图2所示。

请注意以下几个方面。

(1) 要求小方格内有四个小圆圈，不管圆圈的排列方式如何，都属于要找的小方格。

(2) 从测验的第一行开始自左至右依次寻找，查完一行再查下一行，直至全部查完。

(3) 如果有错打"√"的地方，请不要改正，继续向下找。

希望你能又快又准确地完成本测验，谢谢！

还有什么不明白的地方，请向主持人提出，保证完全明白测验的要求。

没有听到"开始"口令时，请勿翻页。

3) 测验三

说明：本测验是一个视力追踪测验。要求你用眼睛从左侧开始追踪一条曲线，并将该线起始时的序号，用笔写到右侧曲线结束的方格内，如附图3所示。

请注意以下几个方面。

(1) 必须用眼睛追踪，不能使用手指或笔尖辅助追踪，否则会算错。

(2) 图中的曲线一般都比较圆滑。

(3) 每条曲线可能有上有下，但无中途停断的现象，都是起于左侧而止于右侧。

(4) 请先找出 A 图各条线，然后再找出 B 图各条线。

希望你能又快又准确地完成本测验，谢谢！

还有什么不明白的地方，请向主持人提出，保证完全明白测验的要求。

没有听到"开始"口令时，请勿翻页。

4) 测验四

说明：本测验主要测验你的加减运算能力。请按下面的示范，交替进行一加一减运算，并将结果写在两个数中间，如附图 4 所示。

请注意：每行从左至右按先加后减的次序进行。

希望你能又快又准确地完成本测验，谢谢！

还有什么不明白的地方，请向主持人提出，保证完全明白测验的要求。

没有听到"开始"口令时，请勿翻页。

测　验　一

从以下图中找出图形和

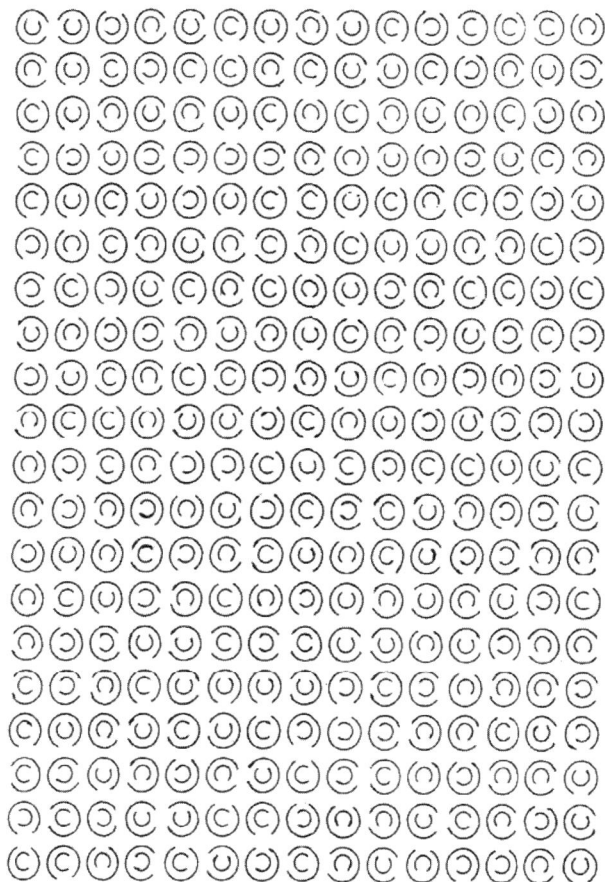

附图 1　图形辨别测验

测　验　二

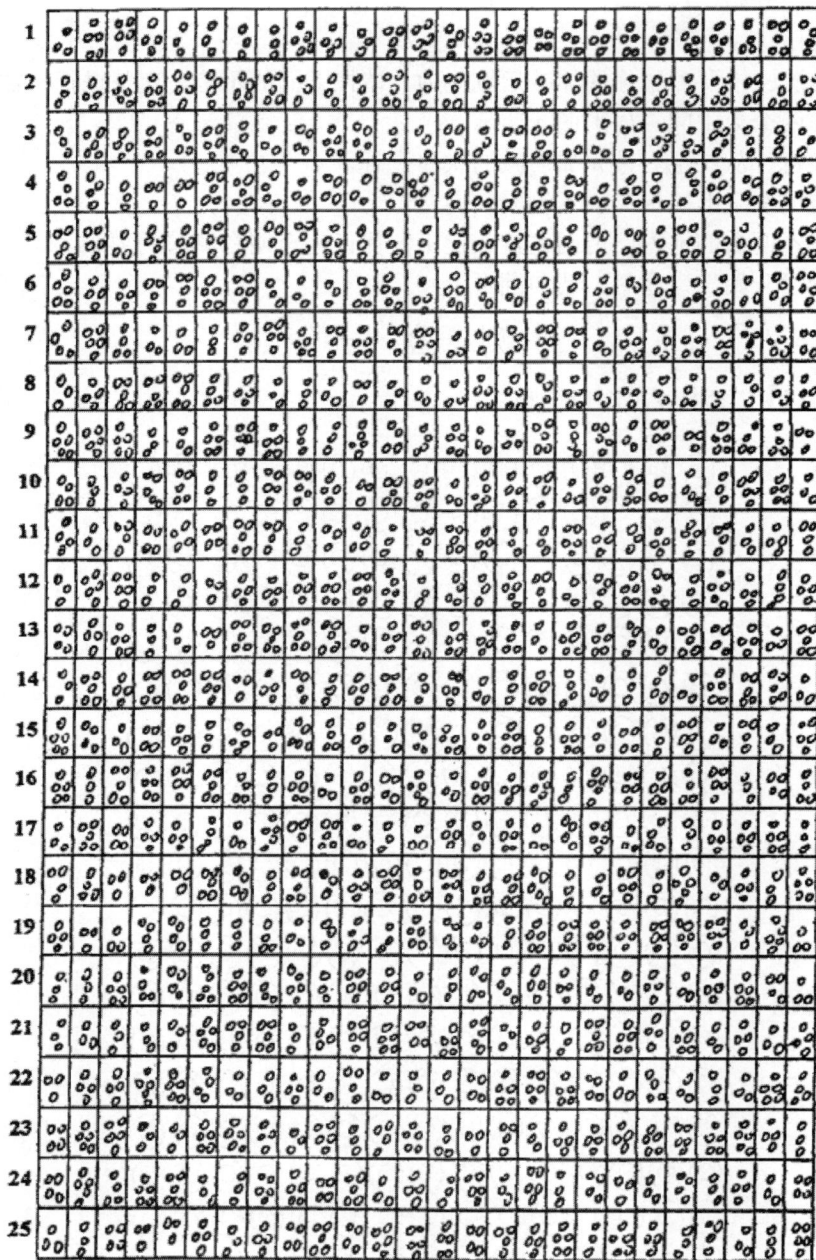

附图 2　选四圈测验

测 验 三

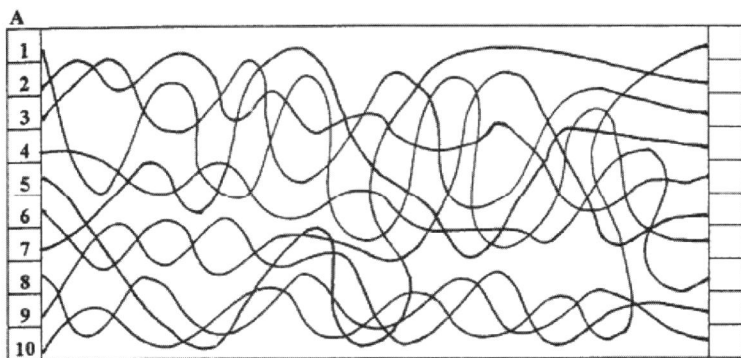

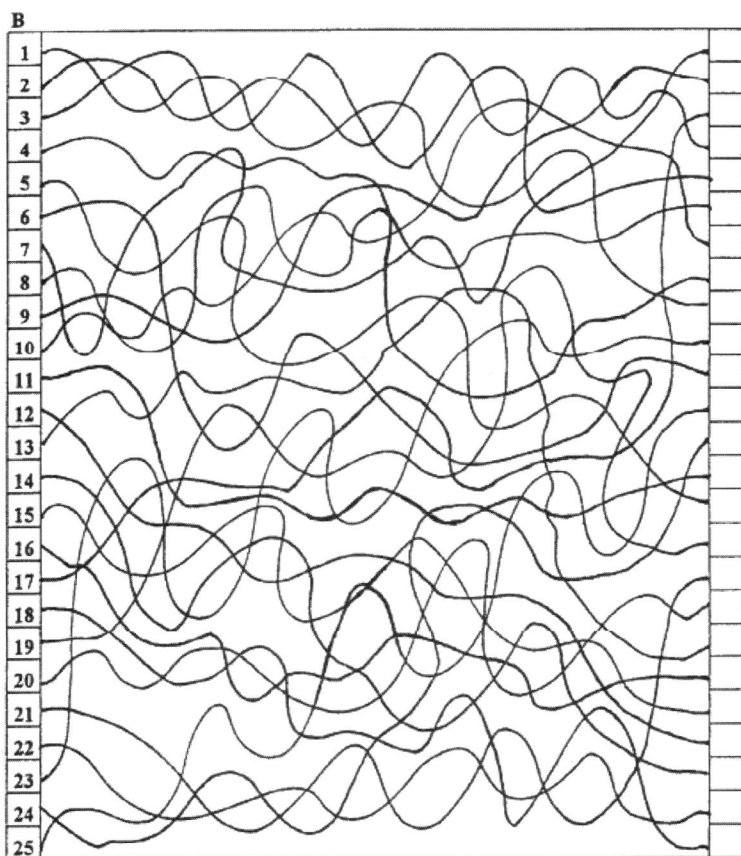

附图 3　视觉追踪测验

测 验 四

```
4 5 3 7 2 4 1 6 5 4 3 9 8 5 2 4 3 7 6 8 1 9 3

5 9 7 9 5 4 2 8 3 7 4 6 5 9 1 8 2 6 5 4 3 9 7

5 4 3 8 5 7 3 6 2 8 5 4 3 9 6 4 2 9 3 5 2 7 5

5 4 3 8 1 8 6 9 1 5 1 5 3 7 6 8 7 9 2 3 2 9 8

6 9 2 4 2 5 3 9 7 8 2 6 3 4 1 7 5 3 2 9 8 7 4

3 5 1 8 7 6 3 4 2 9 8 6 5 9 7 4 2 6 5 9 1 7 4

4 9 2 6 3 8 2 5 3 7 4 5 3 8 2 9 3 5 4 7 6 9 4

8 3 1 6 4 8 2 9 4 8 5 7 4 6 3 9 1 8 3 6 2 9 1

4 8 2 7 2 9 6 4 3 9 8 5 2 8 5 4 3 7 2 8 7 5 3

2 7 2 6 3 9 4 7 6 9 5 8 3 2 1 3 1 7 6 5 4 9 1

7 5 3 8 2 8 6 9 8 5 3 7 3 2 1 4 1 6 4 9 8 5 3

3 7 5 8 1 9 6 8 3 9 4 2 1 6 4 9 8 5 3 7 5 3 1
```

附图 4　加减法测验

本章小结

团体领导者在带领注意力训练前，应妥善设计团体心理辅导方案，明确团体性质、团体名称、团体目标、团体领导者、团体对象与规模、团体活动时间及频率、团体设计理论依据、团体活动场所和团体评估方法。在团体实施前，要依据团体方案规划每次团体的热身活动、主题活动和结束活动，其方案中需注明每项活动所需材料及时间。

本章通过知你知我、深呼吸与细观察(注意的广度)、注意如此重要、克服分心有妙招(注意的稳定性)、注意的魔力(注意的分配)、抗干扰我最强(注意的稳定性)，以及别跑开，我的注意力(注意的转移)和我的注意我做主这八个单元的实施，帮助学生掌握集中注意力的方法，提高注意力水平。

思考题

1. 小学生注意力训练主题团体方案设计的主要内容是什么？
2. 注意力训练主题团体在不同发展阶段设计的重点是什么？

第十章 心理韧性训练

课程目标

知识目标：学生通过八个单元的亲身体验描述心理韧性训练活动的理论基础，阐明其常用技术和评估方法，并分析不同单元对学生心理成长发展的作用。

能力目标：学生能够结合体验过的心理韧性训练，根据不同年龄段学生的特点设计出符合学生心理成长的心理韧性训练方案。在实施方案中，学生能够高效地组织、领导、沟通，并分析解决问题，独立带领团体。

素质目标：学生在体验与感悟中树立投身基础教育的职业理想，坚定心理育人的教育情怀。

重点与难点

➢ 小学生心理韧性训练方案设计的内容。
➢ 小学生心理韧性训练方案的实施。

第一节 心理韧性训练方案的筹划

一、团体性质与团体名称

团体性质：结构式、封闭式团体。
团体名称：QQ 弹弹队。

二、团体目标

1. 总目标

团体总目标为帮助成员正确理解什么是心理韧性，明确影响因素，并帮助小学生有效提升心理韧性。

2. 具体目标

(1) 提高团体成员的目标专注能力。
(2) 使团体成员学会积极认知，学会应对挫折和压力，学会保持乐观。
(3) 让团体成员意识到家庭支持和人际支持的重要性，学会珍惜并表达感激之情。

三、团体领导者

团体领导者需熟悉团体心理辅导的基础理论，并具备一定的个案咨询和带领团体的经验。

四、团体对象与规模

参加对象：小学中高年级学生。

团体成员人数：每个团体人数为 4～6 人，预计组建 7～8 个团体。

五、团体活动时间及频率

活动安排为每周一次，共 8 个单元，每个单元时长为 45 分钟。

六、团体设计理论依据

1. 青少年心理韧性量表

青少年心理韧性量表(Resilience Scale for Children and Adolescents，RSCA)由我国学者胡月琴和甘怡群于 2008 年编制而成，共包含五个维度：积极认知、情绪控制、目标专注、家庭支持和人际协助。量表共有 27 个题项，其中 12 道题为反向计分题。该量表采用李克特 5 点计分法，评分范围从 1(完全不符合)到 5(完全符合)。个体得分越高，表明其心理韧性水平越高。

在积极认知方面，学生的认知能力和信念体系对其心理韧性水平有重要影响。积极心理学强调乐观与希望的心理品质，通过解释风格理论改变学生的不合理信念，可以帮助学生在面对逆境时保持乐观和充满希望的态度。

在情绪控制方面，良好的情绪调节和控制能力是学生心理韧性的重要保障因素。积极心理学利用"ABCDE"乐观训练法，帮助学生在面对困境时及时捕捉并联结危机事件与不良情绪行为之间的消极想法，通过改变这些消极想法进而改善由此产生的不良情绪和行为。

在目标专注方面，学生自觉地树立合理的梦想与目标，以及持之以恒地完成目标的意志力和能力，对心理韧性的提升具有很大帮助。积极心理学中的自我决定理论、目标设置技术和执行意图理论能够指导学生学会合理设定目标，发掘实现目标的内在动机，并制订完成目标的具体计划。

在家庭支持和人际协助方面，学生心理韧性的提升不仅要从自身出发，还要学会调动环境资源以应对压力。积极的组织系统是构建积极人格的支持力量，也是个体不断产生积极体验的直接来源。根据积极心理学的人际情境影响模型，帮助学生构建心理韧性资源圈，通过三件好事、感恩练习等方式，学会利用家庭成员的支持和他人的帮助。

2. 青少年心理韧性模型

青少年心理韧性模型认为，在青少年的发展过程中，他们具有多方面的需求，包括安全感、爱与被爱、归属感、尊重、控制感、挑战性、才能和价值感等。这些需求的满足往往依赖于学校、家庭、社会和同伴群体提供的保护性因素和外部资源，具体包括亲密关系、高期望值和积极参与。研究者假设，如果青少年在亲密关系、高期望值、积极参与等方面的需求得到满足，他们就能自然地发展出一些个人特质，即心理韧性特质。这些心理韧性特质包括合作与交流能力、共情、问题解决能力、自我效能感、自我觉察以及目标和志向。

这些特质有助于保护青少年不受危险因素的负面影响，促进其心理健康发展。

3. 鲁特的发展模型

鲁特(Rutter)从环境和个体的角度出发，提出可以通过四种方式发展心理韧性：一是减缓风险因素的负面影响；二是削弱负面效应的扩散；三是提升自尊和自我效能感；四是探索机会。其中，减缓风险因素的负面影响主要涉及两个方面。一方面，改变个体对危机的认识。例如，教师在教育过程中有意识地引导学生改变认知，将失败视为学习过程，重视过程而非仅仅关注结果，这样个体在再次面临失败时能更好地自我调节。另一方面，避免或减少危机因素的消极作用，让个体学会在低风险环境中成功应对风险因素，从而减少在高危环境中遭遇风险因素时的不利影响。

削弱负面效应的扩散是指减少风险因素对个人的长期负面影响。例如，人际关怀和支持，有助于学生改变他们的沮丧看法和情绪。此外，在与他人建立良好和谐关系的过程中，可以提升自尊心和自我效能感。这两者都是心理韧性的保护因素，它们可以帮助个人有效管理和解决压力，探索获取资源的机会，完成重要的生活转变，激发希望，并创造成功的机会。例如，教师可以指导学生设立目标，在完成目标的过程中增强其意志力，使其能够持续地应对危机和逆境，最终获得成功。

4. 康普弗的心理韧性框架

康普弗(Kumpfer，1999)提出了心理韧性框架。在个体应对压力和挑战时，会受到多个方面、多种因素的共同影响。首先是外部环境因素，包括家庭、文化、社区、学校、同伴等。在这些环境中，可能存在危险因素或保护因素，它们产生的影响各不相同。在这一过程中，个体的内部心理因素，如认知、情感、行为、身体和精神等方面，与外部环境中的各种因素相互作用，共同影响心理韧性的发展。最终产生的结果有三种可能：一是心理韧性的增强；二是心理韧性退回到初始水平；三是心理功能水平过低，表现为缺乏心理韧性。

七、团体活动场所

团体活动场所为封闭、空旷、安静的教室或操场。

八、团体评估方法

评估工具通常使用"青少年心理韧性量表"(见附录)进行前测、后测。

九、团体方案

团体方案如表 10-1 所示。

表 10-1　团体方案

次　序	活动主题	活动目标	活动内容及时间
第一单元	有缘相识	(1) 调节气氛,激发学生参与团体活动的热情 (2) 创建小组,鼓励并引导学生逐渐放下防备,逐步增强团队动力 (3) 了解团队目标,形成相应的期望,确定团队规范,达成共识	(1) 兔子舞(5 分钟) (2) 寻找有缘人(15 分钟) (3) 小小记者(20 分钟) (4) 小结(5 分钟)
第二单元	高效课堂我能行	(1) 让学生意识到时间的宝贵 (2) 引导学生专注于目标,提高效率	(1) 争分夺秒(10 分钟) (2) 时间的主人(10 分钟) (3) 撕纸人生(20 分钟) (4) 小结(5 分钟)
第三单元	目标专注	(1) 认识到设定目标的重要性 (2) 学会合理设定目标 (3) 学会有效实现目标的方法	(1) 寻找小青蛙(5 分钟) (2) 我的小岛(15 分钟) (3) 建设岛屿(20 分钟) (4) 小结(5 分钟)
第四单元	积极认知	(1) 认识到积极应对的重要性 (2) 学会积极应对的策略	(1) 上下左右(10 分钟) (2) 观看视频《疯狂的蒲公英》(10 分钟) (3) 思维方向盘(20 分钟) (4) 小结(5 分钟)
第五单元	挫折伴我成长	(1) 增进团队互动,鼓励并引导成员放下戒备,逐步进行自我开放 (2) 促进团队凝聚力的大幅提升 (3) 鼓励成员培养积极心态	(1) 成长三部曲(15 分钟) (2) 破碎的画(25 分钟) (3) 小结(5 分钟)
第六单元	家庭支持	(1) 感受到家人在各方面给予自己的帮助 (2) 勇敢表达感激之情,感恩家人,学会感恩的方法 (3) 认识到家人是重要的支持资源	(1) 善爱冥想(10 分钟) (2) 我的家庭树(15 分钟) (3) 感恩表白(15 分钟) (4) 小结(5 分钟)
第七单元	人际协助	(1) 体会合作的力量,认识到在面对困难时可以寻求他人的帮助 (2) 回顾自己在面对困境时受到的帮助 (3) 发掘人际关系资源	(1) 坐地起身(10 分钟) (2) 急速 60 秒(15 分钟) (3) 天使的故事(15 分钟) (4) 小结(5 分钟)
第八单元	美好回忆	(1) 梳理团体辅导的整个过程,归纳并总结团队辅导经验 (2) 构建可靠的社会支持系统,对开展的所有辅导活动进行客观全面的评估	(1) 再回首《成长相册》(10 分钟) (2) 祝福卡片(15 分钟) (3) 珍重再见(15 分钟) (4) 小结(5 分钟)

第二节　心理韧性训练方案的实施

第一单元　有缘相识

教师引导语：同学们，欢迎参加我们的第一次团体辅导活动。我是你们的心理老师。我相信同学们在课前都已经清楚我们团体辅导的主题，那就是心理韧性。围绕心理韧性这一主题，我们共有八次团体辅导活动。这些活动都将在每周的同一时间，在教室中共同进行。今天，我们将进行首次活动。老师希望今天能与大家达成一个约定，在接下来的活动中，同学们要分组进行。希望大家热爱自己的小组，并在后续的每次团体辅导活动中，按照今天确定的小组来进行。同学们，让我们一起开始今天的活动吧。

热身活动：兔子舞(建议时长：5 分钟)

活动目标：团队热身，活跃气氛，激发学生兴趣。这个活动通常会让学生感到非常兴奋，在游戏中学生可以打破最初的沉默，减少彼此之间的陌生感。

活动材料：歌曲Gelato - Penguin's game (Single Version_English Version).ogg　SMiLE_dk - KissyKissy.ogg。

活动场地：教室。

教师引导语：同学们每天坐在教室里上课非常辛苦，所以今天的首要任务就是动起来。同学们，我们一起来跳操吧！

具体操作：老师请所有同学在不说话的情况下随机站成一排，双手平举，搭在前面同学的肩膀上。老师引导同学们练习左腿抬起跳、右腿抬起跳、双腿并拢向前跳和双腿并拢向后跳的动作。同学们熟悉后，就按照"左、左、右、右、前、后、前、前、前"的顺序进行练习。教师可以随意变换节奏，帮助同学们更加熟悉口令。当同学们已经能够很好地按照口令灵活变换速度后，教师播放兔子舞音乐，并站在队伍的最前面与同学们一起跳操，进行热身活动。

主题活动 1：寻找有缘人(建议时长：15 分钟)

活动目标：建立团队规范，树立集体意识。

活动材料：红色、绿色、黄色、蓝色、紫色、橙色、黑色、白色的卡片，白纸，彩笔。

活动场地：教室。

教师引导语：同学们刚才跳操跳得非常棒，让我们给自己一些掌声鼓励吧！热身活动结束后，我们将正式组建我们的小组。老师要提醒大家，我们组建的是心理小组，所以不一定非得和熟悉的同学在同一个小组内。接下来的小组组建将完全随机进行。同学们组成小组后，要尊重小组内的每一位成员，热爱自己的小组。

具体操作：教师展示放在讲桌中央的纸箱，向同学们介绍纸箱里有不同颜色的卡片，每种卡片的数量都是相同的。同学们可以依次到讲桌前随机抽取卡片，抽到相同颜色卡片的同学组成一个小组。小组组建完成后，教师将准备好的白纸和彩笔发给各小组。小组成员们要在组内讨论，确定小组的队名、口号和小组规则，并写在发放的白纸上。每个小组派代表上台展示并宣誓。

注意事项：教师要关注每个小组的进展情况，防止偏离活动主题，避免浪费时间。

主题活动 2：小小记者(建议时长：20 分钟)

活动目标：让学生相互熟悉，更深入地了解其他小组成员。

活动材料：无。

活动场地：教室。

教师引导语：同学们的小组已经组建好了，团队名称和团队契约也都设计好了。我相信还有很多同学对小组内的成员不太熟悉，所以老师接下来想和大家一起进行下一个游戏，叫作"小小记者"。

具体操作：教师引导小组成员相互进行自我介绍，内容包括姓名、性格特点、兴趣爱好等，并用一句话总结。每名同学介绍完后，下一位同学要复述上一位同学的介绍，并加入自己的介绍，依次类推，直到小组成员全部介绍完毕。例如，小 A 说"我是小 A，我很活泼，喜欢打球"；小 B 接着说"小 A 很活泼，喜欢打球；我是小 B，我很文静，喜欢跳舞"；小 C……依次类推。

注意事项：为了避免同学们的自我介绍过长，教师应先举例说明。

结束：小结(建议时长：5 分钟)

活动目标：总结活动中的收获和感悟。

教师总结语：同学们，我们今天的第一次团体辅导课程已经结束了。老师要表扬大家，同学们都非常积极地参与了今天的活动。我们今天成功地完成了热身活动，并且成功地组建了我们的小组，制定了团队契约，同学们也对小组成员有了一定的了解。接下来的七次课程，我们将深入探讨心理韧性的重要性。心理韧性对同学们非常重要。例如，当同学们遇到学习上的挫折和压力、与父母和朋友之间的矛盾等情况时，如果我们的心理韧性较强，就能够从容应对这些压力或挫折。心理韧性的影响因素包括目标专注、情绪控制、积极认知、家庭支持和人际协助。因此，在接下来的课程中，老师将从上述几个方面与大家共同探讨，以提高同学们的心理韧性。

第二单元　高效课堂我能行

教师引导语：同学们，欢迎参加我们的第二次团体辅导活动。通过上节课程，我们成功组建了小组，并制定了团队契约，同学们也对小组成员有了一定的了解。今天我们课程的主题是"高效课堂我能行"。老师希望通过这次活动，同学们能够养成目标专注的习惯，提高学习和日常做事的效率。

热身活动：争分夺秒(建议时长：10 分钟)

活动目标：活跃气氛，帮助学生集中注意力。

活动材料：无。

活动场地：教室。

争分夺秒

教师引导语：今天的第一个游戏叫作"争分夺秒"，同学们一定要集中注意力，听从老师给出的口令，避免受到惩罚。

具体操作：女生代表一分钟，男生代表两分钟。全体同学根据老师给出的要求自由组合。例如，如果老师喊出"五分钟"，可以是两个男生和一个女生进行组合，也可以是一

217

个男生和三个女生进行组合，或者是五个女生进行组合，只要满足老师给出的口令即可。每一轮未能成功组合的同学需做十个深蹲作为惩罚，游戏将根据时间进行5~10轮。

注意事项：如果某位同学连续组合失败，那么后续的惩罚可以改为"猪鼻子转五圈"。具体要求是，用右手捏住鼻子，将左手从右胳膊下方穿过，然后弯下腰转五圈。

主题活动1：时间的主人(建议时长：10分钟)

活动目标：让学生了解时间分配，并学会进行有效的时间管理。

活动材料：白纸，并在每张白纸上绘制十个表格。

活动场地：教室。

教师引导语：同学们对时间有什么看法？是认为时间充裕可以慢慢来，还是觉得时间宝贵，每做一件事都要抓紧时间？下面，老师将和大家一起做一个小游戏。同学们看到了老师刚发的白纸吗？上面有十个格子，请同学们根据老师描述的场景进行填写。

具体操作：老师在黑板上列出十项课余活动，包括叠衣服、洗碗、写作业、使用手机、吃饭、上下学路途时间、看电视、洗漱、与家人聊天、与同学玩游戏等。同学们要记录自己进行上述各项活动所需的时间。例如，叠衣服花费十分钟，洗碗花费五分钟，写作业花费一小时，使用手机花费一小时，吃饭花费一个半小时等。写完后，小组成员相互交流各自的时间表，了解其他人在某项活动上的时间分配情况，反思自己的时间分配情况。例如，自己使用手机的时间是否比其他同学长，需要缩短；与同学玩游戏的时间是否太短，需要增加。思考后调整自己的时间分配，然后根据调整后的时间安排，规划自己一天的事务，并制定个人的"目标卡片"。

注意事项：教师要观察同学们的时间分配情况，如果发现有学生没有安排使用手机的时间，应给予奖励，如一支笔或一颗糖。但在同学们填写时间规划前，不要提前透露奖励机制。

主题活动2：撕纸人生(建议时长：20分钟)

活动目标：引导学生具体了解时间的珍贵，珍惜时间，提高效率。

活动材料：纸条。

活动场地：教室。

教师引导语：同学们看到发的纸条了吧。现在老师和大家一起进行的游戏叫作"撕纸人生"。通过这个游戏，我们可以看到时间的有限性，明白时光在流逝，而我们则需要珍惜时间，提高效率。

具体操作：教师要求每位同学将手中的纸条等分成十份，并在每个格子里依次写上1~10的数字，数字5的位置应位于中间，确保每个格子均分。准备好之后，游戏就开始了。同学们要认真听老师的介绍，认真对待这个游戏，因为我们是在模拟我们的人生。

开始：这张纸条代表我们的人生，每个格子代表十年，假设我们的人生为一百年。

第一步：请撕掉代表你年龄的纸条部分。例如，如果你现在10岁，就撕掉一个格子；如果你现在11岁，就撕掉一个格子和一小部分。

第二步：现在你认为自己可以活到多少岁，就把超出这个岁数的纸条撕掉。比如，如果你觉得自己能活到80岁，那就撕掉80岁后面的所有纸条。看看你还剩下多少个格子。撕完后继续游戏。

第三步：把剩下的纸条折成三等份，撕掉 1/3，因为我们有 1/3 的时间在睡觉。接着，根据上个游戏中我们最终确定的目标卡片，撕掉代表自己吃饭和玩耍的时间，最后看看纸条剩下多长。

小组讨论如下。

(1) 随着纸条一点点变短，你有什么感受？

(2) 面对剩下的时间，你打算怎么做？

注意事项：小组讨论的问题可能有一定难度，教师可以适当举例，先分享自己的想法。例如，"老师看着纸条一点点变少，突然觉得原来我们真正可以把握的时间这么少。我们原来以为一天有 24 小时，多玩半小时没什么，现在才发现原来只有不到十小时是我们可以自由安排的。而且我们还要在这剩下的时间里安排好多其他的事情，我们一定要抓紧课堂上和自己学习的时间"。另外，在学生发言的时候，教师也要注意引导学生深入思考。例如，可以问学生："时间确实很短暂，那你打算如何把握如此宝贵的时间呢？"

结束：小结(建议时长：5 分钟)

活动目标：总结活动中的收获和感悟。

教师总结语：同学们，我们今天的第二次团体辅导课程已经结束了。老师还是要表扬大家，同学们都非常积极活跃地参与了今天的活动。我们今天成功地完成了热身活动，并且通过"撕纸人生"真切感受到了时间的短暂性和紧迫性。刚才也有不少同学分享了自己珍惜时间、提高效率的经验。老师希望同学们不但在本次课堂上能够认识到在有限的时间里提高效率的必要性，而且要把这种想法运用到自己的学习和生活中，真正做到在课堂上抓紧时间，提高效率。

第三单元　目标专注

教师引导语：同学们，今天是我们心理韧性团体辅导课的第三次课。今天的主题是"目标专注"。经过上一次的课程，老师相信同学们已经对时间和提高效率有了一定的心得。所以，在这节课的共同活动中，老师希望同学们首先了解目标的重要性，知道为什么要制定目标，如何能制定合理的目标，以及为达成目标需要付出哪些努力。那么，让我们一起开始今天的活动吧。

热身活动：寻找小青蛙(建议时长：5 分钟)

活动目标：活跃氛围，引出主题，让学生了解目标和终点的重要性，认识到它们能帮助我们更好地完成任务。

活动材料：带有各种动物图片的 PPT 和歌曲《小跳蛙》。

宝宝巴士 - 宝宝巴士-小跳蛙.ogg

活动场地：教室。

教师引导语：同学们应该对小动物都很熟悉吧，大家喜欢什么小动物呢？今天老师想和大家分享一些卡通小动物的图片，考验一下大家是否能认出来。请大家看大屏幕上的图片。

具体操作：老师播放包含十几种不同动物图片的 PPT，并与大家一起识别这些动物。全班同学大声说出每个小动物的名字。PPT 播放完成后，老师问同学们"小青蛙的图片在第几张？"随后，老师继续播放已经打乱顺序的 PPT，播放完成后再次询问同学们"小青蛙在第几张？"这次如果同学们回答正确，教师总结说"第一次同学们都没有答对，是因为大家没有带着寻找小青蛙的目标去看图片。第二次，大家都知道要寻找小青蛙，自然就都答对了"。这表明目标就像一面旗帜，当你有了目标，做事就有了方向。我们在生活和学习中带着目标去做，往往能事半功倍。因此，制定目标是非常重要的。

主题活动 1：我的小岛(建议时长：15 分钟)

活动目标：构建我的岛屿蓝图，帮助学生明确自己的目标，并学会如何设定目标。

活动材料：图纸，且每张图纸上有五个面积相等的区域，分别为学习区、生活区、人际区、能力区和自由区。

活动场地：教室。

教师引导语：同学们现在都已经知道目标是非常重要的了，大家想不想制订自己的目标计划呢？同学们看到了老师发给大家的纸张了吗？在上面，我们要在每个区域写下三个自己这学期想要完成的小目标。例如，在学习区，可以设定一个目标，每天回到家先完成作业再玩耍；在生活区，可以设定每天承担家里的擦桌子、扫地等家务；在人际区，可以设定这学期要交到五个好朋友；在能力区，可以设定每天少看半小时电视，以提高自己的自控能力；在自由区，可以设定这学期要学会打羽毛球等技能。同学们先独立完成，现在让我们开始吧。

具体操作：教师要在过程中关注同学们的状态，观察他们是否纠结或快速完成。在分享时，可以询问印象最深刻的同学，分享他们刚才的心路历程。同学们写完自己的目标后，在小组范围内互相分享，并共同选择出在各个区域中最可能完成的目标、最不可能完成的目标以及最有价值的目标。小组分享过后，同学们可以修订自己的目标，去除不合理的部分。教师可以邀请想要分享的同学在全班面前分享自己的计划。最后，老师带领同学们将自己修订好的目标用笔圈出来，形成自己的岛屿蓝图。

注意事项：教师要注意控制时间。

主题活动 2：建设岛屿(建议时长：20 分钟)

活动目标：确定执行意图，完善目标卡片，明确目标，具体制定实施方案和执行策略。

活动材料：白纸。

活动场地：教室。

教师引导语：同学们，我们每个人都已经形成了各自独特的目标岛屿。下一步，我们就要开始建设我们的目标岛屿了。同学们看到了老师发给大家的另一张白纸吗？这张纸是空白的，需要同学们自己来设计属于自己的岛屿。

具体操作：教师引导学生从刚才制定的五个目标区域中选择一个区域的目标，可能是从两到三个中选择一个最具挑战性目标，填写目标承诺卡。在目标承诺卡中，围绕影响自己目标实现的"情境"，阐述执行意图，并制定具体的目标承诺。例如，教师演示在学习区中选择"今年英语成绩达到 90 分"的目标，那么就要设计出具体的执行策略，包括每天记忆五个新单词，这样可以提高词汇量，为英语成绩的提升打好基础；每天睡前朗读英语课文，这样可以培养英语语感；每天尝试与父母进行简单的英语交流，这样可以让父母帮助我们改进表达。制定好目标后，小组成员相互分享，完善目标卡片，包括详细的目标描述、具体的计划和执行意图。最后，同学们可以发挥创意，装饰自己的目标岛屿蓝图。

注意事项：学生在制订目标达成计划时可能会遇到困难，不知如何制定合适的方案，教师需要多观察、多引导，帮助学生深入探究自己的目标。

结束：小结(建议时长：5分钟)

活动目标：总结活动中的收获和感悟。

教师总结语：同学们今天真的很棒！在大家的共同努力下，我们不仅发现了属于自己的目标岛屿，还精心设计了它们。老师看到每个同学的岛屿都建设得非常漂亮，内容也十分精彩。让我们一起来鼓掌表扬一下自己吧！同学们今天设计的目标都非常精彩，老师希望同学们放学后能把目标岛屿带回家给爸爸妈妈看，让爸爸妈妈监督并帮助完成我们的目标。这样，同学们会变得越来越优秀。另外，老师还希望同学们在完成今天设计的目标的同时，能在学习和其他事务中也秉持目标思维。只有先设定目标，我们才能更好地远航！

第四单元　积极认知

教师引导语：同学们，今天是我们心理韧性团体辅导课的第四次活动了。今天我们的任务是培养积极认知。老师相信，同学们对"积极认知"的概念可能还不太清晰。那么，什么是积极认知呢？积极认知，就是让同学们学会发现生活中的乐趣、投入和意义等积极方面，培养积极的认知框架。因此，我们今天的活动课程，引导同学们如何以积极主动的视角去看待自身周围的环境，是非常必要的。这不仅能够帮助同学们在学习过程中保持良好的心态，还能够为同学们未来融入社会环境积累宝贵的经验。

热身活动：上下左右(建议时长：10分钟)

活动目标：调动学生的注意力和兴趣。

活动材料：音乐。

Deep East Music - Bygone Bumps.ogg

活动场地：教室。

教师引导语：好了，同学们，让我们开始今天的第一个游戏——"上下左右"。老师会播放一段音乐，在音乐中，同学们要仔细听老师的口令。当老师喊"上"的时候，同学们要举起一只胳膊向上；当老师喊"左"的时候，同学们要举起左手向左；当老师喊"右下"的时候，同学们就要举起右手向下。好的，让我们随着音乐开始吧。

具体操作：音乐将播放两次。第一次播放时，要求同学们按照老师给出的指令做出正确的动作；第二次播放音乐时，同学们要根据老师给出的口令做出相反的动作。比如，当给出口令"左上"的时候，同学们要做出"右下"的动作；给出口令"向上"时，要做出"向下"的动作。游戏期间，小组成员要互相监督对方的动作。两轮游戏结束后，小组成员要分享第一轮游戏时的感受，以及第二轮游戏改变规则后自己的变化和状态。

主题活动1：观看视频《疯狂的蒲公英》(建议时长：10分钟)

活动目标：让学生体验认知，了解积极思考能给生活带来更多的美好。

活动材料：视频

疯狂的蒲公英.mp4

活动场地：教室。

教师引导语：经过刚才的热身活动，同学们已经非常活跃了。接下来，就让我们带着这活跃的头脑一起观看一个视频，看看它能带给我们什么启示。

具体操作：播放视频并观察学生的反应。观看视频后，小组内进行讨论，以积极主动的视角看待自身周围的环境和事物，可以给我们的生活带来哪些变化？我们怎样才能培养积极的认知，发现生活中的乐趣和美好？

主题活动 2：思维方向盘(建议时长：20 分钟)

活动目标：让学生通过体验不同的认知方式，感受积极认知的优势，并提高积极认知能力。

活动材料：蓝色纸盒，里面装着带有不同情境描述的纸条。

活动场地：教室。

教师引导语：根据刚才小组成员互相分享的感悟，老师发现同学们对积极认知已经有了一定的了解。接下来，老师想用一个游戏来带领大家具体感受看待事物的积极面和消极面带来的不同结果。请看老师手里的这个纸盒，纸盒里装有描述不同情境的纸条。同学们要根据抽到的情境分享一个故事。

具体操作：随机选择一半的小组，每个小组派一名代表上来抽取纸条。抽取完毕后，将纸条放回纸盒中，再由另一半小组分别派代表来抽取。抽取到同一情境的两个小组相互商量，一个小组从积极方面讲故事，另一个小组则从消极方面讲故事。故事可以是个人的亲身经历，也可以是他人的事例，或者是虚构的情节。老师提供几个情境示例 "欣赏玫瑰花却被刺扎了手""上完体育课发现杯子里有半杯水""一向数学成绩很好的你在一次课堂测试中犯了一个大错误导致成绩不佳"。最后，老师给同学们讲述一个故事，假如你有一天在公园的长椅上休息，把你最喜欢的玩具放在了长椅上，这时有一个人一屁股坐在了你的玩具上，并把它压坏了，这时你会怎么想？接下来老师告诉同学们，这个人其实是个盲人。知道这一点后，同学们的情绪是不是发生了变化？你们还会对他感到愤怒吗？这说明，同学们对待一件事情的态度会影响我们的情绪体验。

结束：小结(建议时长：5 分钟)

活动目标：总结活动中的收获和感悟。

教师总结语：同学们今天在课堂上表现得很棒，让我们给自己一点掌声吧！通过今天的活动，同学们对积极认知有了新的认识吗？希望通过今天的活动，同学们首先建立起积极看待事物的观念，然后在生活中学会转换态度去看待其他事物。这时我们会发现，当同学们有了可以享受和期待的事情，也就是学会了发现生活的乐趣，也有了能让自己全心投入的事物，以及让生活拥有目的感和方向感，便有能力过上一种更完美、更幸福的生活。

第五单元　挫折伴我成长

教师引导语：同学们大家好，今天是心理韧性团体辅导的第五次活动。今天我们的任务是认识挫折。上次活动我们练习的是积极认知，这两次活动也有一定的联系。比如，当我们遇到挫折的时候，关注它带给我们的积极一面，这对我们也有一定的帮助，不是吗？通常同学们在外部遇到的情况是一些挫折的来源，这些情况可能成为你完成想做的事情的障碍。例如，最普遍的沮丧之源是任何让你浪费时间的事情，如交通延误、排队、去商店却发现它已经关门或者没有你想要的商品而造成的时间损失。面对这些挫折时，让我们一起开始今天的活动。

热身活动：成长三部曲(建议时长：15分钟)

活动目标：让学生认识到生命的珍贵，学会尊重生命、珍惜生命。

活动材料：无。

活动场地：教室。

成长三部曲

教师引导语：今天的第一项活动，老师想和大家一起玩一个"小鸡鸡蛋"的游戏。这个游戏规则有一定的难度，所以请同学们仔细听好老师的解释。

具体操作如下。

(1) 以"蹲着"代表"鸡蛋"，"半蹲"代表"小鸡"，"站立"代表"大鸡"。然后，与处于相同成长阶段的人进行猜拳，获胜者向上一个成长阶段进化。

(2) 开始时，所有人都是"鸡蛋"状态。接着，两人一组进行猜拳，赢者进化为"小鸡"，输者保持"鸡蛋"状态。

(3) "小鸡"之间继续进行猜拳，赢者进化为"大鸡"，输者退回到"鸡蛋"状态。"鸡蛋"之间也要继续猜拳，赢者成为"小鸡"，输者保持"鸡蛋"状态，并继续寻找处于同类状态的人进行猜拳。

(4) 变成"大鸡"后，继续进行猜拳。赢者可以进化为"凤凰"，并可以坐下(代表胜利)，输者退回到"小鸡"状态，并与其他"小鸡"继续猜拳。如此循环，直到游戏时间结束。游戏结束后，小组内成员分享经验，具体如下。

① 在自己逐步成长的过程中，感受如何？

② 每一次成长是否让自己对未来增添了更多自信？

③ 当别人都在向上一阶段成长，而自己仍在原地时，会感到自卑或焦虑吗？

注意事项：在游戏过程中，学生可能会过分关注猜拳的胜负，而忽略了游戏本身带来的成长乐趣和倒退带来的不安。因此，教师在学生游戏过程中要强调降低猜拳频率，如果学生连续两次猜拳都输掉，需要休息10秒钟。

主题活动：破碎的画(建议时长：25分钟)

活动目标：引导学生体验挫折，学会以乐观的心态应对挫折。

活动材料：白纸、彩笔。

活动场地：教室。

教师引导语：同学们，今天我们将通过一个特别的游戏——"破碎的画"来探索和表达我们对挫折的感受。我们每个人都会拿到一张白纸，开始时，请大家尽情发挥，用彩笔绘制出自己心中理想的画面，它可以代表你的梦想、愿望或任何对你来说重要的东西。

然而，生活并不总是一帆风顺，我们的计划和梦想有时会遭遇意外的打击。当教师发出指令时，请大家暂时停下手中的画笔，将这份未完成的作品传递给你的同伴。接下来，同伴们将用自己的笔触，在你的画作上添加一些意料之外的"挫折"。这可能看起来像是破坏，但请大家以开放的心态接受这一过程。

通过这个游戏，我希望你们能够体会到，即使在遭遇挫折和不可预见的变故时，我们仍然可以找到方法，重新审视和塑造我们的生活。当画作再次回到你手中时，你将有机会重新思考，如何将这些"破碎"的部分融入你的创作，使之变得更加独特和完整。现在，让我们一起开始这次心灵的绘画之旅吧。

具体操作：每位同学手中都有一张白纸和一套彩笔，在教师的指挥下进行以下操作。

(1) 每个成员都尽可能地画出自己理想中的人生，可以是一幅人像，也可以是一个场景。

(2) 在绘画过程中，教师要求大家停止绘画，并将自己的画作传递给旁边的人，最终每个小组成员手中拿到的都是他人的画作。

(3) 在依次传递过程中，对他人的画作进行随意涂抹，直到画作再次回到自己手中。

教师提出问题，小组成员进行讨论，具体如下。

(1) 这个活动给你留下最深刻印象的是什么？

(2) 当你看到自己的画被他人涂改后，你当时的感受是什么？

结束：小结(建议时长：5分钟)

活动目标：总结活动中的收获和感悟。

教师总结语：同学们，我们知道每个人的人生都不会一帆风顺，在生命的旅途中可能会遇到这样或那样的困难，经受不同的挫折，但这是一个人成长中必然经历的过程。面对挫折时，我们可以从班级中获得鼓励与支持，让自己拥有坚实的后盾。当其他同学遭遇挫折时，我们应尽力帮助他人、鼓励他人，并与他人分享自己的经验，这既帮助了他人，也是提升自己的一种方式。在互帮互助中，我们能够更快地克服挫折带来的心理恐惧。每个人通过自己的努力，积极面对困难，培养乐观心态，就能拥有一个更美好、更充实的人生。

第六单元　家庭支持

教师引导语：同学们，大家好，欢迎参加我们第六次团体辅导活动。今天活动的主题是"家庭支持"。老师首先想问大家一个问题，家庭对我们来说意味着什么？家庭是我们的依靠，是我们避风的港湾，也是我们做人做事的底气。家庭是我们最先接触的地方，也是我们长期生活的场所。我们日常的吃、穿、住、用都是由家庭提供的，日常生活中的问题大多是在家庭中解决。我们在日常生活中的各种活动都受到家庭潜移默化的影响，可见家庭给予了我们无限的力量与支持。我们的第六次团体辅导课之所以选择"家庭支持"为主题，是因为同学们在前面的活动中获得的积极思维以及直面挫折的能力，都与家庭息息相关。家人在生活中为我们承担了压力，解决了困难，教会了我们知识。同学们，这节课就让我们一起体会家庭给予我们的支持。

热身活动：善爱冥想(建议时长：10分钟)

活动目标：让成员放松身心，引出主题。

活动材料：冥想音乐。

活动场地：教室。

教师引导语：同学们，今天我们的第一项活动是冥想。老师将带领大家一起进行。可能有同学会问，什么是冥想？简单来说，冥想是一种通过静心来放松身心的练习。老师会播放一段冥想音乐，同学们只需闭上眼睛，放松身体，放缓呼吸，跟随音乐的节奏。在播放音乐时，请大家保持安静，不要相互打扰。现在，让我们慢慢地闭上眼睛，开始我们的冥想之旅。

具体操作：播放冥想音乐，成员跟随音乐进行冥想。播放完毕后，老师提问如下。

(1) 在冥想过程中，你想到了谁？

(2) 这些人在你的生命中扮演了什么角色？起到了什么作用？

同学们进行小组内部讨论。讨论结束后，教师邀请几位同学分享自己的感受，并引出主题：社会支持的重要性，尤其是家庭支持。我们要感恩家人，感谢他们为我们所做的一切以及给予我们的支持。

注意事项：在冥想过程中，教师要注意维持课堂秩序，防止个别同学因过于兴奋导致课堂混乱，影响冥想效果。

主题活动 1：我的家庭树(建议时长：15 分钟)

活动目标：通过绘制家庭树，了解自己在家庭中的资源和支持系统。

活动材料：大树图纸。

活动场地：教室。

教师引导语：同学们，刚刚我们通过冥想，想到了我们最重要的家人。在同学们的分享中，我们听到有的同学想到了爸爸妈妈，有的同学想到了姥爷姥姥、爷爷奶奶或者哥哥姐姐等。这表明家庭支持是多层次的，不仅包括我们最亲近的父母，还包括其他长辈、兄弟姐妹以及表亲等。同学们已经看到了老师发给每个人的大树图，这张图上的大树目前没有果实。现在，让我们一起动手，为它添上果实，绘制出属于我们每个人独特的家庭树。

具体操作：教师指导学生绘制家庭树，在家庭树中，每个果实代表一位家庭成员，并在果实旁边的方框里写下该家庭成员的特点，如"严厉的妈妈""宽容的姐姐"等。之后，在大树图纸的背面记录这位家庭成员做过的一件让你感动的事，也可以记录多件事。教师可以举例说明。比如，"在学校里，我与一位同学发生了矛盾，那位同学很霸道，威胁说放学后要找人欺负我。我很害怕，课间找到了高年级的姐姐。姐姐放学后在班级门口等我，陪我一起回家，还告诉那个同学不要欺负我，并帮助我们解决了矛盾。这件事让我非常感激我的姐姐，让我觉得有姐姐是一件幸福的事"。在同学们绘制好自己的家庭树后，小组内分享这些故事，交流各自的感受。

主题活动 2：感恩表白(建议时长：15 分钟)

活动目标：通过感恩教育，让学生认识到在遇到挫折和困境时，也可以向家人寻求帮助。

活动材料：纸、笔。

活动场地：教室。

教师引导语：同学们，我们的家庭树已经绘制完成，刚才每个人分享的故事也让我们深受感动。家人确实是在我们感到孤单、无助、脆弱时最坚定的依靠。在遇到挫折和困境时，家人也会给予我们关怀和帮助。老师相信同学们现在一定有很多话想对家人说。那么，让我们一起给家人写一封信吧。

具体操作：同学们可以给一位或几位家人写信，表达对他们的支持与帮助的感激之情，并向他们送上真挚的祝福。

结束：小结(建议时长：5 分钟)

活动目标：总结活动中的收获和感悟。

教师总结语：同学们，我们今天的家庭支持活动课就结束了。老师刚刚阅读了同学们给家人写的信，深受感动。实际上，我们时时刻刻都沐浴着家人的爱。比如，爸爸妈妈早起为我们准备早餐，为我们的生日制造惊喜，在我们生病时给予我们无微不至的关怀，在我们想要尝试新事物时给予支持和勇气，等等。在生活中，我们常常会忽视这些习以为常的爱，正是因为这些爱每天都在我们身边，环绕着我们，拥抱着我们，我们才觉得它们理所当然。通过在本节团体辅导课中的分享和讨论，老师感受到了每个同学背后家庭的温暖，那些日常的争吵和喧嚣也是爱的一种表达方式，它们构成了我们的家。课程结束后，老师希望同学们能把我们在课上写的信读给信中提到的人听，让爱我们的人知道，我们也在爱着他们。

第七单元　人际协助

教师引导语：同学们，欢迎大家再次参加我们心理韧性主题的团体辅导课。同学们还记得吗？上一次团体辅导活动的主题是家庭支持，我们回忆并感激家人给予我们的支持，这使我们更加坚强有力。而今天，我们第七次活动的主题是探索除了家人之外，还有谁给予我们力量与支持。同学们应该都知道，一支筷子容易折断，一把筷子则不易折断，这表明人际交往的重要性。一个人如果处于一个相互关心、关系融洽的人际环境中，一定心情舒畅，有益于身心健康。良好的人际关系能够使人保持轻松平稳的心境，保持乐观的态度；相反，不良的人际关系可能会干扰情绪，导致焦虑、不安和抑郁。人生幸福离不开精神生活的满足，而精神生活的状况，如思想道德、理想情操、心理状态等，都与人际关系密切相关。人需要在思想感情上的交流。在一个志同道合且积极向上的人际关系群体中，和谐健康的人际关系能够形成一个和谐、信任、友爱、团结、理解和互相关心的环境。在这样的环境中，人与人之间的思想感情交流，不仅能使人在遇到挫折和困难时得到及时的帮助，还能使人保持一种舒畅、快慰、奔放的精神状态，有助于形成乐观、自信、积极的人生态度，净化心灵，陶冶情操，升华思想境界。

热身活动：坐地起身(建议时长：10 分钟)

活动目标：引导学生理解集体的力量，认识到团队可以激发我们无限的潜力。

活动材料：无。

活动场地：教室。

坐地起身

教师引导语：同学们，今天的第一个热身活动老师希望大家能够积极参与。我们不仅要维护心理健康，还要关注身体健康。我们的第一个游戏叫作"坐地起身"。

具体操作：活动首先在每个小组内部进行。小组成员背对背围成一圈坐地上，在不用手撑地的情况下站起来即为成功。随后，两个小组合并，保持一个小组的成员位置不变，另一个小组的成员每次增加两人加入，继续尝试坐地起身，直至两个小组的所有成员都能成功站起来，任务才算完成。

注意事项：老师在游戏过程中要关注同学们的安全，监督同学们量力而行，并在遇到困难时鼓励同学们坚持下去。让大家在游戏过程中明白合作和耐心的重要性，认识到团队合作能带来更大的力量。

主题活动 1：急速 60 秒(建议时长：15 分钟)

活动目标：培养团队成员主动沟通的意识，让团队成员体会到相互合作、相互支持的力量。

活动材料：卡片，卡片样式如图 10-1 所示。

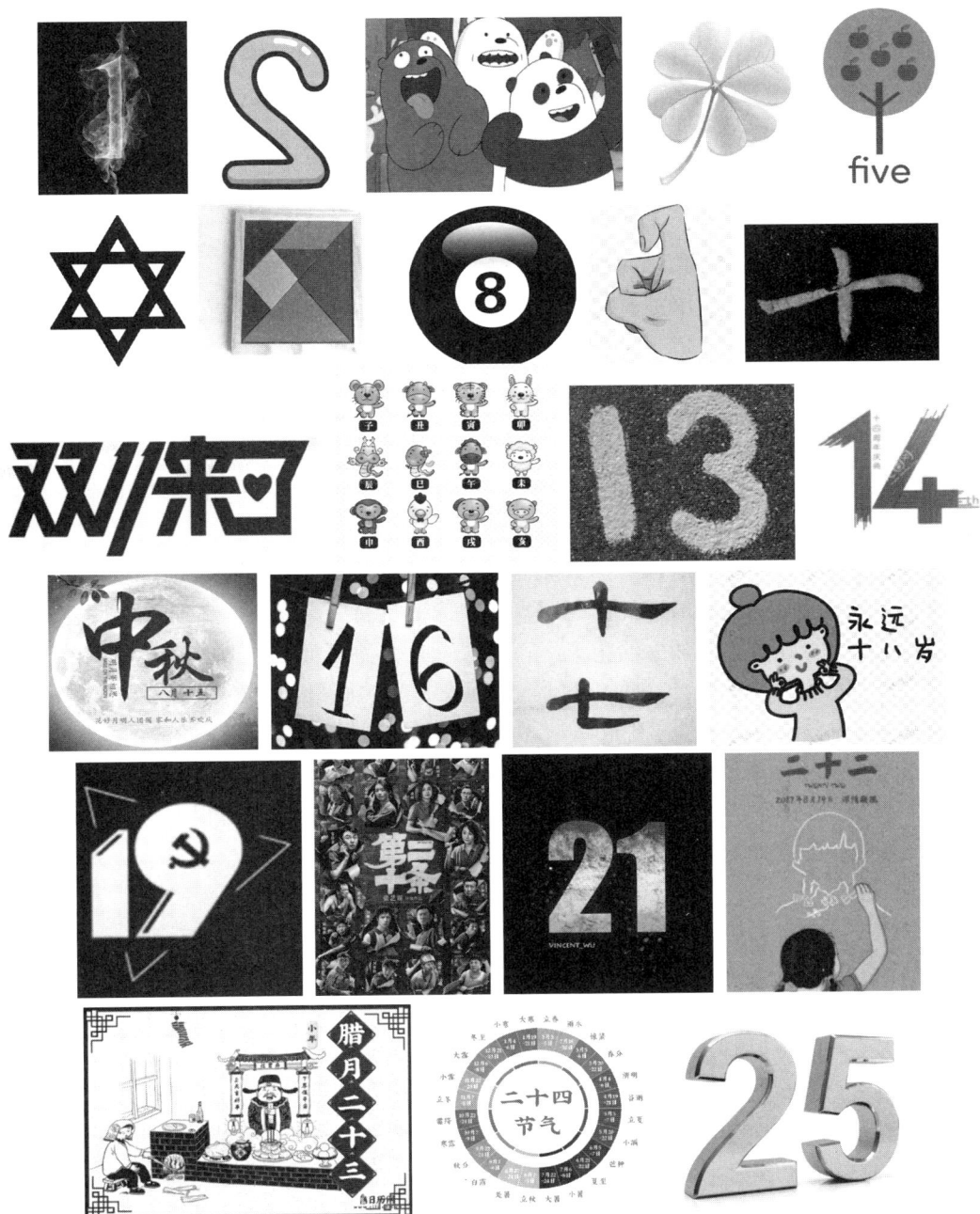

图 10-1 卡片样式

活动场地：教室。

教师引导语：同学们，我们在之前的课程中已经进行了六次团体辅导。老师相信，同学们对自己的小组成员已经非常了解。现在，老师想通过一个活动考验一下大家的默契程度。这个游戏叫作"急速60秒"。接下来，请每个小组讨论，选出一名代表来参加游戏。

具体操作：每个小组在指定区域内随机放置25张卡片，每张卡片代表一个数字，卡片上可以是数字或图像。挑战任务是，小组内派出一名代表到区域内按顺序收集卡片，必须按照1~25的顺序进行。小组其他成员只能在区域边缘用语言协助收集卡片的代表，身体的任何部分都不能接触区域内的人或卡片。违反规则将受到相应惩罚。每个小组进行游戏时，每轮挑战的时间不得超过60秒。

注意事项：教师应根据学生的实际情况调整卡片的数量或难度。

主题活动2：天使的故事(建议时长：15分钟)

活动目标：分享感人的事迹，帮助学生回忆、发现并寻找身边的支持。

活动材料：音乐。

hideyuki hashimoto - haru.ogg

活动场地：教室。

教师引导语：同学们，在刚刚的游戏中，你们是否发现，"急速60秒"这个游戏单靠一个人的力量在60秒内完成是相当困难的。但是，如果有小组成员在旁边给予提示和帮助，就有可能完成任务。因此，老师想请大家回想一下，在生活中，有谁帮助过我们、保护过我们。同学们还记得我们上节课的主题吗？是"家庭支持"。因此，我们今天尽量列举除家人之外的人做的好事。老师来给大家举个例子，老师刚开始工作时，对学校的一切都很陌生。但那时我遇到了以前上学时的老师，她现在是我的同事。她像对待孩子一样对待我，手把手地教我熟悉课程、了解学生和适应学校。在她的帮助下，我很快适应了学校的生活。因此，我非常感谢我的老师，她既是我的老师，又是我的朋友，帮我消除了面对陌生环境的不安和初次接触学生的紧张。听了老师的分享，我相信同学们也有很多故事想要分享。接下来，我们小组成员就互相分享自己感动的事迹，每个同学分享一个故事，完成一轮，我们进行三轮。

具体操作：思考"有一个天使，他可能是你的朋友、老师、同学，甚至可能是你自己。你觉得是什么一直在保护和支持着你？"伴随着音乐，回忆往事，分享一个你被关怀、被照顾、被支持的故事。

结束：小结(建议时长：5分钟)

活动目标：总结活动中的收获和感悟。

教师总结语：今天的课程又要结束了，老师看到同学们今天的表现非常出色！同学们，我们今天一起经历了许多活动，让我们共同回忆一下。我们发现，原来集体赋予我们的力量可以帮助我们做到靠自己一个人做不到的事。我们意识到，想要突破自我，有时候仅靠自己的努力是不够的，往往需要他人的支持。在我们最后的"天使的故事"中，我们发现在我们的成长过程中，原来有许多人给予了我们帮助和支持。在回忆的过程中，我们会发现，原来我们身边有那么多人关心着我们，带给我们力量，只是我们有时候忽略了他们。其实我们并不孤单。因此，老师希望通过这次团体辅导活动，同学们可以带着发现美好的心去对待身边的一切，并且借助我们周围人的关心和支持，使我们更加自信、更加勇敢、更加有力量去面对学习，面对生活中的困难和挫折。

第八单元　美好回忆

教师引导语：同学们，大家好！今天是我们心理韧性团体辅导活动的最后一次课。今天我们不再设定一个明确的主题进行活动，老师想带大家回顾一下我们前面经历过的团体辅导活动主题，看看同学们有什么收获与进步。首先，在第一次活动中，我们组建了小组并熟悉了彼此；第二次活动的主题是提高学习效率，珍惜并把握时间；第三次活动的主题是目标专注，我们在做事情之前如果能确立一个明确的目标，往往会事半功倍；第四次活动的主题是积极认知，在生活和学习中，我们要养成用积极的视角和思维看待事物，发现事物的积极面，这会改变我们的情绪体验；第五次活动的主题是正视挫折，挫折是我们每个人都会经历的，一味逃避是不可取的，我们要直面挫折、正视挫折，才有机会去战胜挫折，我们还可以结合积极认知，在挫折中发现积极面；第六次团体辅导活动的主题是家庭支持，我们回忆并感谢家人给予我们的支持，这让我们更有力量；第七次活动的主题是发现除了家人之外，还有哪些人给予我们力量与支持。

热身活动：再回首《成长相册》(建议时长：10 分钟)

活动目标：回忆点滴，回顾过往的经验与收获。

活动材料：音乐。

OCTOBER - Time to love (相爱时间).ogg

活动场地：教室。

教师引导语：经过刚才的回忆，我发现同学们已经有了这么多的收获。刚才老师带领大家进行的回忆可能不够清晰，那么接下来老师想具体展示同学们的优秀表现。

具体操作：老师将每节课拍摄的照片制作成纪念 PPT 播放。小组成员可以相互交流自己的收获，并在班级中分享自己所学习的方法，并将每次的具体收获与心理韧性主题联系起来。

主题活动 1：祝福卡片(建议时长：15 分钟)

活动目标：引导学生感谢同伴，并减轻同学们对团体活动结束的离别情绪。

活动材料：卡片。

活动场地：教室。

教师引导语：原来同学们在前面的活动中表现得这么好！老师相信这与每一个同学的积极配合与参与密切相关，同时也与我们在小组内的伙伴有着重要的关系。正是每一个同学的相互配合、相互鼓励，我们才能在小组活动中取得理想的进步与成长。我们八次团体辅导活动马上就要结束了。之前在活动中，我们其实给家人、朋友、重要的人写过不少祝福。现在，让我们写下对小组成员的祝福吧！

具体操作：成员填写祝福卡片，写下对其他小组成员的祝福。同学们写好祝福卡片后，由教师收集起来，再随机分发给同学们，让大家相互阅读交流。

注意事项：同学们写祝福卡片时需写出对方的名字，可以是对一个同学的祝福，也可以是对多个同学的祝福。同学们也可以选择是否写上自己的名字。

主题活动 2：珍重再见(建议时长：15 分钟)

活动目标：带领同学回顾整个团体活动中自己的收获，引导学生整理自己的进步，学会欣赏自己与他人的优点。

活动材料：无。

活动场地：教室。

教师引导语：老师刚刚听到同学们写给彼此的祝福语，非常感动。老师相信同学们也很感动。我们已经进行了八次团体辅导活动。老师想请同学们分享一下自己的收获，谈谈自己的变化和成长。老师给大家举个例子，在前面的活动中，老师觉得最大的收获就是正在慢慢养成用积极的心态和视角来看待事情。就像今天早上下雨了，路上非常不方便。但是换个角度想想，今天的天气很凉爽，空气也很好，换个角度看天气也有不同的体验，老师就不再那么讨厌雨天了。老师希望在团体活动结束后，同学们依然可以保持良好的关系，形成继续相互陪伴的自助团体。

具体操作：老师进行总结，正式结束团体活动，回顾活动中的收获和感悟，提升团体辅导活动的意义与价值。

注意事项：老师在听完每一个同学的分享与交流后，要运用赞许技术鼓励成员为成长做出的努力。例如，在团体活动中，这位同学的人际关系得到了很大改善，老师祝贺你，同学们也鼓励一下这位同学吧！

结束：小结(建议时长：5 分钟)

活动目标：总结活动中的收获和感悟。

教师总结语：同学们，刚刚我们已经听到了很多同学分享的收获和感想，老师相信我们每一位同学都有了很大的成长。我们团体辅导的主题是心理韧性，心理韧性是个体从消极经历中恢复，并灵活适应外界多变环境的能力。老师解释一下，就是同学们在学习上或者生活上遇到困难、挫折、压力等时，可以不被这些事情压倒，不变得一蹶不振，反而能从困难中变得更加坚强、勇敢、有力量。比如，在学习中，我们比以前更专注，效率更高，带着目标进行学习，更有方向，更有动力，知识的掌握也会更深刻。遇到困难与麻烦时，学会积极看待，也可以直面挫折不逃避，不仅获得更好的情绪体验，也更有机会解决问题。如果实在觉得困难，我们可以想到有家人、朋友、老师等会给予我们鼓励、帮助与支持，这些都使我们更有力量。希望同学们今后以健康的心理和积极的心态对待学习与生活，变得越来越好！

附　　录

青少年心理韧性量表如附表 1 所示。

附表 1　青少年心理韧性量表

题　目	完全不符合	比较不符合	不清楚	比较符合	完全符合
(1) 失败总是让我感到气馁	1	2	3	4	5
(2) 我很难控制自己的不愉快情绪	1	2	3	4	5
(3) 我的生活有明确的目标	1	2	3	4	5
(4) 经历挫折后我一般会更加成熟，有经验	1	2	3	4	5
(5) 失败和挫折会让我怀疑自己的能力	1	2	3	4	5
(6) 当我遇到不愉快的事情时，总找不到合适的倾诉对象	1	2	3	4	5
(7) 我有一个同龄朋友，可以把我的困难讲给他听	1	2	3	4	5
(8) 父母很尊重我的意见	1	2	3	4	5
(9) 当我碰见困难需要帮忙时，我不知道该找谁帮助	1	2	3	4	5
(10) 我觉得和结果对比，事情的过程会更有利于人成长	1	2	3	4	5
(11) 面临困境时，我通常会制定某个计划和解决方案	1	2	3	4	5
(12) 我习惯把事情闷在心里，不会向其他人倾诉	1	2	3	4	5
(13) 我觉得逆境可以激励人	1	2	3	4	5
(14) 逆境有时候是对成长的一种帮助	1	2	3	4	5
(15) 父母总是喜欢干涉我的想法	1	2	3	4	5
(16) 在家中，我说什么总是没有人听	1	2	3	4	5
(17) 父母对我缺少信心和精神上的支持	1	2	3	4	5
(18) 我有困难的时候会主动找别人倾诉	1	2	3	4	5
(19) 父母亲从来不责怪我	1	2	3	4	5
(20) 面对困难时，我会集中自己的全部精力	1	2	3	4	5
(21) 我一般要过很久才忘记不愉快的事情	1	2	3	4	5
(22) 父母总是鼓励我全力以赴	1	2	3	4	5
(23) 我可以在很短的时间内把自己的情绪调整好	1	2	3	4	5
(24) 我会为自己设定目标，以推动自身进步	1	2	3	4	5
(25) 我认为所有的事情都有积极的一面	1	2	3	4	5
(26) 心情不好时，我也不愿意和其他人说	1	2	3	4	5
(27) 我的情绪波动很大，心情极容易大起大落	1	2	3	4	5

(资料来源：胡月琴，甘怡群. 青少年心理韧性量表的编制和效度验证[J]. 心理学报，2008，40(8)：902-912.)

本章小结

团体领导者在开展心理韧性训练前，需精心设计团体心理辅导方案，明确团体性质、团体名称、团体目标、团体领导者、团体对象与规模、团体活动时间及频率、团体设计理论依据、团体活动场所和团体评估方法。在团体实施前，要依据团体方案规划好每次团体的热身活动、主题活动与结束活动，方案中需详细注明每项活动所需的材料和时间。

本章通过有缘相识、高效课堂我能行、目标专注、积极认知、挫折伴我成长、家庭支持、人际协助、美好回忆八个单元的实施，帮助学生正确理解什么是心理韧性，明确其影响因素，并达到帮助学生有效提升心理韧性。

思考题

1. 小学生心理韧性训练主题团体方案设计的主要内容是什么？
2. 心理韧性训练主题团体在不同发展阶段设计的重点是什么？

参 考 文 献

[1] 张文霞. 团体心理辅导[M]. 北京：清华大学出版社，2022.

[2] 樊富珉. 结构式团体辅导与咨询应用实例[M]. 北京：高等教育出版社，2015.

[3] 樊富珉，何瑾. 团体心理辅导[M]. 上海：华东师范大学出版社，2010.

[4] 樊富珉. 团体咨询的理论与实践[M]. 北京：清华大学出版社，2004.

[5] [美]马丁·塞利格曼(Martin E. P. Seligman). 活出最乐观的自己[M]. 洪兰，译. 沈阳：万卷出版公司，2010.

[6] [美]马丁·塞利格曼(Martin E. P. Seligman). 真实的幸福[M]. 洪兰，译. 沈阳：万卷出版公司，2010.

[7] [以]泰勒·本-沙哈尔(Tal Ben-Shahar). 幸福的方法[M]. 汪冰，刘骏杰，译. 北京：当代中国出版社，2007.

[8] 奚恺元. 撬动幸福[M]. 北京：中信出版社，2008.

[9] [澳]朗达·拜恩. 秘密[M]. 谢明宪，译. 长沙：湖南文艺出版社，2013.

[10] 司家栋，张付山，牟红梅，等. 班级团体心理辅导课程操作实务[M]. 北京：蓝天出版社，2012.

[11] 杜志敏. 心理素质与综合能力训练教程[M]. 2 版. 北京：化学工业出版社，2007.

[12] 肖永春，齐亚丽. 成功心理素质训练[M]. 上海：复旦大学出版社，2005.

[13] [英]哈罗德-贝尔(Harold Behr)，莉赛尔·赫斯特(Liesel Hearst). 心理动力学团体分析——心灵的相聚[M]. 武春艳，徐旭东，李苏霓，译. 北京：中国轻工业出版社，2017.

[14] 袁章奎. 中学班级心理团体活动 142——为学生创造积极的心灵成长体验[M]. 北京：中国轻工业出版社，2013.

[15] 田国秀. 团体心理游戏实用解析[M]. 北京：学苑出版社，2019.

[16] 林甲针. 班级团体辅导活动课[M]. 福州：福建教育出版社，2012.

[17] 周圆. 团体辅导：理论、设计与实例[M]. 上海：上海教育出版社，2013.

[18] 罗家永. 心理拓展游戏 270 例[M]. 福州：福建教育出版社，2014.

[19] 刘勇. 团体心理辅导与训练[M]. 广州：中山大学出版社，2007.

[20] 优才教育研究院. 中小学生团体心理辅导的理论与实践[M]. 成都：电子科技大学出版社，2013.

[21] 崔颜颜. 自我成长团体辅导对大一新生的一般自我效能感的影响研究[D]. 华中师范大学，2015.

[22] 廖云会. 小组工作提升农村小学生自我意识的实践研究[D]. 云南大学，2019.

[23] 张振梅. 小学高年级学生自我意识与心理健康的关系及其干预研究[D]. 河北师范大学，2017.

[24] 李佑发. 意志品质的质性分析、模型建构与测评[D]. 北京体育大学，2007.

[25] 苏林雁，罗学荣，张纪水，等. 儿童自我意识量表的中国城市常模[J]. 中国心理卫生杂志，2002(1)：31-34.

[26] 蒋灿. 自我意识量表的初步修订及相关研究[D]. 西南大学，2007.

[27] 刘敏. 焦点解决团体辅导对小学高年级学生负性情绪的干预研究[D]. 南昌大学，2018.

[28] 孙鸿蕾. 积极情绪团体辅导对高一学生亲子冲突的干预研究[D]. 河北北方学院，2022.

[29] 袁陈玲，杨梦秋. 与情绪对话——小学生情绪管理团体辅导[J]. 中小学心理健康教育，2022(26)：33-35.

[30] 雷湘竹. 城市小学高年级学生同伴交往的现状与对策[J]. 教育科学论坛，2007(4)：72-74.

[31] 闫馨. 角色扮演团体辅导对小学四年级学生同伴关系的促进研究[D]. 沈阳大学，2022.

[32] 霍一丹. 绘画疗法对提升小学生同伴关系的干预研究[D]. 青海师范大学，2022.

[33] 何金晶. 双亲冲突、心理应对方式对中学生同伴关系影响的研究[D]. 浙江大学，2010.

[34] 袁媛. 亲子关系对儿童网络成瘾的影响：情绪调节和同伴关系的链式中介作用及性别差异[D]. 贵州师范大学，2023.

[35] 陈敏. 小学高年级学生学习投入与感恩、心理韧性的关系及干预研究[D]. 重庆师范大学，2023.

[36] 刘林英. 团体辅导对六年级小学生感恩品质的影响[D]. 湖南师范大学，2016.

[37] 徐升. 小学生感恩的初步研究[D]. 重庆师范大学，2016.

[38] 张祺. 初中生感恩教育的团体心理辅导教学设计研究[D]. 南昌大学，2023.

[39] 孟庆玲. 焦点解决短期治疗提升初中生班级凝聚力的干预研究——以锦州市某初中为案例[D]. 渤海大学，2018.

[40] 蔡中元. 如何上好心理课：从课堂分享到团体动力[J]. 中小学心理健康教育，2021(30)：36-38.

[41] 张文霞，王鑫焱. 小学生品格优势的培养与运用[J]. 教学与管理，2023(20)：18-20.

[42] 胡金凤. 探索品格优势，遇见更好的自己——正念疗法运用于初中生命教育心理课[J]. 中小学心理健康教育，2024(13)：33-35.

[43] 陆梦菲. 积极心理剧提升小学生优势品格的实践研究[J]. 教育，2024(14)：72-74.

[44] 王江洋，梁祎婷，关强，等. 小学生品格优势问卷的编制与应用[J]. 辽宁师范大学学报(社会科学版)，2020，43(4)：59-68.

[45] 刘越. 高校高水平男子篮球队凝聚力生成机制与培育研究[D]. 中南大学，2023.

[46] 秦可斌. 六年级小学生注意力的训练研究[D]. 沈阳师范大学，2020.

[47] 肖仕琳. 小学六年级学生意志品质、注意稳定性与学业成绩的关系及干预研究[D]. 湖南师范大学，2020.

[48] 王称丽. 中小学生注意力发展及培养研究[D]. 上海师范大学，2011.

[49] 殷悦. 提升小学低段学生注意力水平的行动研究[D]. 上海师范大学，2023.

[50] 胡月琴，甘怡群. 青少年心理韧性量表的编制和效度验证[J]. 心理学报，2008，40(8)：902-912.

[51] 李海垒，张文新，张金宝. 青少年心理韧性量表(HKRA)的修订[J]. 心理与行为研究，2008(2)：98-102+111.

[52] 赵鑫. 积极心理学视角下初中生心理弹性的团体辅导干预研究[D]. 天津师范大学，2022.

[53] 邹泓. 青少年同伴关系的发展功能及其影响因素的研究[J]. 体育教学，2006(5)：54.

[54] 陈珂. 家庭教养方式对儿童攻击性行为的影响：同伴关系的中介作用[D]. 青海师范大学，2019.

[55] 罗芯敏. 小学五年级情绪智力心理辅导课方案设计及教育干预[D]. 西南大学，2022.

[56] 闫静怡. 家庭亲密度、认知情绪调节策略与青少年抑郁的关系及干预研究[D]. 承德医学院，2023.